21世纪社会工作案例教材

妇女儿童家庭
社会工作实务案例

江苏省妇女联合会　组编

中国人民大学出版社

·北京·

江苏省妇女联合会　组编

主　任

张京霞

副主任

缪志红　陈　芬　唐卫民　李　蓁　顾　敏

陈秀云　邓　红

委　员（以姓氏笔画为序）

李　萍　肖　萍　沈美华　宋江英　苗　宁

施郁佩　骆凤琴　常胜梅　康　莉　彭华民

主　编

李　蓁　彭华民

副主编

沈美华　肖　萍　许春芳

编　委（以姓氏笔画为序）

王　丽　刘希刚　孙睿雯　李　文　李　凯

张茜茹　施　健　徐振敏

前 言

党的十八大确立了全面建成小康社会和全面深化改革开放的宏伟目标，明确了中国特色社会主义事业“五位一体”的总体布局，在改善民生和创新社会管理中强调指出要“强化企事业单位、人民团体在社会管理和服务中的职责”，加快形成党委领导、政府负责、社会协同、公众参与、法治保障的社会管理体系，全面提升我国社会管理和公共服务科学化水平。

当前我国正处在社会加速转型时期，工业化、现代化、城市化叠加发展，利益格局发生深刻调整，社会流动和分化加快，社会组织化程度偏低，对原本处于相对弱势的妇女儿童群体形成了较大冲击。原有的社会管理和公共服务模式依然存在重管理轻服务、重标准统一轻个人差异、重政府责任轻社会参与等弊端，留守流动妇女儿童、单亲贫困母亲、空巢老人等弱势群体的生存发展问题日益突出，广大妇女群众的发展愿望和日趋多元的利益诉求还难以得到及时回应，这与我国贯彻落实男女平等基本国策，促进妇女全面发展，维护社会和谐稳定的目标不相适应。作为现代社会管理和公共服务的一种重要手段，西方社会工作理念的引入较好地弥补了我国传统管理服务方式的不足，在服务目标上更强调从“解决困难为主”向“助推成长为主”转变，在服务方式上更主张从“家常式关心”向“专业化共情”转变。这种“助人自助”的服务理念能够在更深层面上提供满足妇女儿童家庭实际需要的公共服务，也为我国社会管理体制改革和妇女工作创新发展开辟了科学路径。由于社会工作在中国的发展时间不长，妇女社会工作者在学习和实践过程中更多的还是在参照西方经验，有时会出现水土不服的现象，成为制约妇女社会工作发展的短板。

妇联组织是党和政府联系妇女群众的桥梁纽带，在加强和创新社会管理中发挥着独特而重要的作用。作为妇女事业发展的先行区和妇联工作创新发展的实践区，江苏省妇联近年来在推动妇女社会工作的专业化进程，探索和挖掘妇女社会工作本土化经验方面做出了积极探索。各级妇联主动与高校社会工作专业合作开展妇女社会工作项目实践，积累了有益经验。为进一步凝聚全国各地社会工作者的智慧，总结推广妇女社会工作的本土化实践经验，2011年至2012年，我们率先在全国范围内开展了“妇女社会工作方案征集评选”活动，公开征集服务社区妇女、儿童和家庭的社会工作实践和创意方案，得到了全国各地社区社工、高校社工专业师生、妇联干部、各类社会公益组织及公益人士的广泛好评和积极响应。

《妇女儿童家庭社会工作实务案例》一书正是本次活动中脱颖而出的社会工作实践方案和创意方案的集锦。全书包括儿童篇、妇女篇、家庭篇三个部分。儿童篇根据儿童的成长特点和现实需求，选取了以科学理论为基础，充分运用社会工作方法和技巧开展的儿童照顾、教育、救助等服务案例；妇女篇针对不同妇女群体的发展需要，选取了以专业价值为指导，服务妇女身心健康、提升女性发展能力、培养自助助人精神的案例；家庭篇围绕促进家庭与社会和谐，选取了以温暖互助为理念，改善家庭生活、帮扶孤老家庭、化解邻里矛盾等案例。这些生动写实的优秀案例均来自基层一线，覆盖妇女、儿童与家庭工作的重点领域，是社会工作者结合实践经验精心思考所形成的智慧结晶，具有鲜明的时代特征和较强的指导价值。该书作为全国首部本土化妇女社会工作实务案例集锦，被列入中国人民大学出版社“21世纪社会工作案例教材”系列丛书。它的出版填补了国内妇女社会工作实践领域的一项空白，将为社工理念和方法融入妇女工作实践，开启妇女社会工作新局面发挥积极的推动作用。

衷心希望《妇女儿童家庭社会工作实务案例》成为深受高等院校社会工作专业学生喜爱的教科用书，成为深受妇女社会工作者欢迎的工作指南。作为一种新的探索和尝试，书中所选取的案例在典型性和专业程度上还有待进一步完善，随着社会工作理念、技术在妇女工作实践中不断推广，我相信会有更多更好的社工实践经验涌现，当这本书再版的时候可供参考的案例会越来越丰富，案例的编写也会越来越成熟和完善！

为此，让我们共同期待吧！

江苏省妇联主席　张京霞

目录

儿童篇

“抗逆小童星”社会工作实务项目

一 项目背景

随着我国经济的发展，流动儿童的数量正逐步地增加。大批的适龄儿童随其父母进入城市，成为城市流动儿童。根据2005年全国1%人口抽样调查数据，14周岁及以下城市流动儿童占全部流动人口的比例为12.44%，其中农村户口的占71.7%，大约有1 314万。就南京市而言，流动儿童数量巨大。据统计，2008年，南京市义务教育阶段的学生有46.94万，其中在南京市接受义务教育的农民工子女达6.24万，占13.3%。目前，在建邺区内就读的流动儿童青少年达8 341人，其中7 189人就读于公办中小学，1 152人就读于外来工子弟中小学。“抗逆小童星”社会工作实务项目的实施社区HY社区内有流动儿童389名。

流动给儿童的成长和发展带来了各种困难和风险。比如：流动儿童大多生活和学习条件比较差，往往没有自己独立的房间；流动儿童遭受歧视的比例较高，童工现象依然时有发生。也有学者发现，流动儿童无论是否在公立学校就读，其孤独感和抑郁感都始终强于本地儿童。流动儿童心理存在许多负面的、消极的因素。比如：自卑，感情脆弱敏感；内心充满一定程度的不平等感、对立感；感到被歧视，没有归属感；性格相对孤僻，与人交往合作能力较差等。如何协助流动儿童在城市中更好地发展，成为社会极为关注的重大问题。

“抗逆小童星”社会工作实务项目的理论基础是抗逆力理论。所谓抗逆力（resilience），是一种适应能力，即纵使面对不幸的生活经验，个人亦能克服而健康成长的能力。它是当代国际社会工作领域理论研究与实务探索的热点。它从积极心理学的视角挖掘案主（client）的内在潜能，强调人在面对压力、挫折时的潜能激发和自我超越。

香港的相关实务和研究经验认为，抗逆力包括效能感（sense of competence)、归属感（sense of belongingness)、乐观感（sense of optimism）三大元素，它们被简称为CBO。效能感包括人际技巧、解决问题的能力、情绪管理及目标制定等；归属感指人在被照顾及被支持的关系里，对这段关系存有期望并积极参与其中；乐观感相信未来是光明的、充满希望的。因此，我们应该协助案主发掘抗逆力的内在资源和外在资源，以帮助案主更好地面对和克服成长的挑战。

国内外的研究表明，抗逆力对儿童的成长起着关键作用，抗逆力的某些特征在心理健康方面所起的作用比人们想象的大：儿童的抗逆力能促进其良好的行为表现；抗逆力将传统的个人视角转向系统视角，注重内外资源的结合。本项目的目标，即通过活动的设置，使流动儿童的效能感、归属感和乐观感增强，提升流动儿童社会交往的技巧、情绪认知的能力、学习能力，从而增强流动儿童抵抗逆境的能力。

本项目的主持人彭华民教授从事儿童抗逆力研究多年。她曾带领三所大学的社会工作教师与美国北卡罗来纳大学社会工作学院开展“做出选择”项目五年，为开展本项目积累了丰富的社会工作理论和实务经验。我们在南京市建邺区民政局开展的购买社会工作服务活动中申请到了项目活动经费，并得到了社区的支持，寻找到了低收入社区流动儿童作为我们的服务对象。

二 项目基本信息

“抗逆小童星”社会工作实务项目是南京大学社会学院社会工作硕士（MSW）教育中心于2010年12月—2011年10月开展的提升流动儿童抗逆力的社会工作实务项目，本项目的经费支持单位为江苏省南京市建邺区民政局。本项目的主持人为南京大学社会学院副院长、社会工作硕士（MSW）教育中心主任彭华民；项目助理为南京大学社会学院研究生刘玉兰、高丽茹；项目实施人员为南京大学社会学院社会学系博士研究生或硕士研究生、南京大学社会学院社会工作硕士（MSW）教育中心社会工作专业硕士研究生。

“抗逆小童星”社会工作实务项目选取南京市建邺区 HY 社区作为项目实施社区，社区内的 HY 外来工子弟小学作为项目实施单位。南京市建邺区 HY 社区现有居民 4 015 户，共 10 562 人。该社区主要是失地农民安置社区，整体收入水平偏低。HY 社区内有一所外来工子弟小学，兴办于 1999 年，校舍在 HY 社区居委会楼上，共两层楼，整个学校没有操场、图书室等基础设施，只有一间活动室，供学生上体育课及课间休息使用。该校共有学生 600 名，教师 11 人。由于南京市建邺区从 2005 年开始逐步实施“将流动儿童纳入公办教育”的规定，该校规模在不断缩小，且于 2012 年上半年停办。所以，对在这一学校就读的流动儿童而言，他们面临的困境更突出。选取该校作为抗逆力提升实务项目的实施单位，是比较合适的。项目前期评估对象为 HY 外来工子弟小学的全部学生，共 600 名，基于评估结果最终选取其中一部分五年级学生作为服务对象。

三　需要分析

需要是指个人、家庭或者群体因受到环境及其他因素的限制，在面对一些社会、经济或健康问题时，未能发挥自身内在潜能。而社会工作的目标，正是要通过不同的服务及程序，发掘社区的资源，协助受助对象消除心理上或环境上的障碍，发挥他们的潜能，从而满足他们的需要。通过对流动儿童的相关研究结果的回顾和建邺区 HY 外来工子弟小学的前期调研，本项目将外来工子弟小学的儿童作为“抗逆小童星”社会工作实务项目的服务对象，通过进一步的需要评估，全面了解其需要，从而更好地设计实务方案。

（一）流动儿童需要的评估方法

需要评估往往需要两个步骤：首先，社会工作者需要全面了解社区的基本情况；其次，确立服务的目标对象。“抗逆小童星”社会工作实务项目中，为了更好地了解 HY 外来工子弟小学儿童的需要，主要采取了个案访谈、座谈会和问卷调查的方法。

1. 个案访谈

个案访谈主要以半结构式访谈为主，了解社区情况和服务对象的需要状况。“抗逆小童星”社会工作实务项目访谈的对象主要包括社区工作人员、学校工作人员、流动儿童、社区居民四类。

2. 座谈会

座谈会主要以半结构式访谈为主，通过交流，工作员可以收集到更全面和多样化的资料。“抗逆小童星”社会工作实务项目通过与建邺区民政局工作人员、HY 社区工作人员和外来工子弟小学教师的座谈，较好地了解了社区、学校以及儿童的基本情况。

3. 问卷调查

此次问卷调查，采用全面调查的方法，共调查学生 600 人。

（二）流动儿童需要的情况介绍

通过社区基线调查、个案访谈和座谈会，“抗逆小童星”社会工作实务项目组发现，HY 社区外来工子弟小学的儿童有以下几方面的需要。

1. 安全的需要

流动儿童从农村进入城市，面对城市陌生的环境和不同的行动规则，往往缺乏必要的保护性措施和安全意识。调查发现，HY 社区外来工子弟小学的儿童在上学和放学途中存在一定的安全风险。与城市孩子相比，他们往往独自或者与小伙伴结伴而行，缺乏相应的通信工具与家人、老师保持联系，对可求助的公共资源也不清楚（如 110、120），家长对其何时回家也缺乏管理。基于此，项目组认为流动儿童有安全的需要。

2. 关系建立的需要

流动儿童的父母普遍工作比较繁忙，缺乏合适的亲子沟通技巧，所以亲子关系往往比较紧张，流动儿童和父母之间的交流比较少。通过调查，流动儿童男女同学之间的关系建立不是很好，特别是男生对于如何正确建立同辈关系存在一定的问题。HY 社区流动儿童具有亲子关系和同辈关系建立的需要。

3. 归属的需要

项目组在对流动儿童的访谈中，获知流动儿童的业余时间活动普遍比较少。很多儿童都表示，回家一般做作业，除此之外就是看电视（部分人上网玩游戏）。他们没有任何属于儿童青少年的活动和社会参与机会，对城市的了解也比较少，缺乏归属感。

4. 情绪管理的需要

情绪管理主要包括情绪的认知和合适的自我表达。调查发现，流动儿童在情绪的认知和表达上存在一定的问题，特别表现在一些男生往往以暴力的形式对待其他同学，一些学生不知如何表达自己对父母的暴力行为的感受。

5. 目标建立的需要

家庭往往对流动儿童的未来缺乏规划，使得流动儿童对未来也缺少规划，对未来缺乏合理的期望，目标感较缺乏。在调查中，很多流动儿童表示自己对小学六年级毕业之后究竟在哪里读书，应该怎么努力等并不清楚。

6. 学习能力提升的需要

流动儿童的学习普遍依靠自己和学校的教育。外来工子弟学校教学资源相对缺乏，进一步影响了儿童的学习能力。在调查中一些流动儿童表示，对学习不感兴趣，学习成绩也不理想。

四 项目实施过程

（一）服务方式

基于前面的需要评估，“抗逆小童星”社会工作实务项目采取整合性的服务方式，即综合利用多种方式来共同推动流动儿童抗逆力的提升，主要的服务方式包括以下几种。

1. 小组社会工作

小组社会工作是社会工作方法之一，它通过社会工作者的参与，组织小组活动及小组成员的互动，使小组成员获得行为改变、社会功能的恢复与发展，并达到小组目标。“抗逆小童星”社会工作实务项目组根据流动儿童的特点和需要，设计了 8 次专业的小组活动。随着活动逐步展开，流动儿童的抗逆力得到逐步提升。

小组社会工作的开展有多种方式，本项目组主要采用的形式有：工作员讲授、小组组员发言分享、角色扮演、家庭作业、小组讨论等多样化的形式，符合流动儿童的发展特点，因而流动儿童对活动的投入度很高。

2. 社区大型活动

社区活动也是社会工作方法之一，它通过动员社区资源，促进服务对象与社区之间的整合，从而加强社区的凝聚力，增强服务对象的个人权能。“抗逆小童星”社会工作实务项目组认为流动儿童抗逆力的持续提升，需要流动儿童所处的系统环境的改善和协助。基于此，项目组策划了两次大型的社区活动：“抗逆小童星”社会工作实务项目启动典礼和结束典礼，邀请流动儿童家长和社区居民参加，促进其对流动儿童的了解和对本项目实务活动的支持，从而促进亲子关系的发展，推动社区居民和儿童关系的建立。

在两次大型社区活动中，为了增加流动儿童对活动的自主性，项目组编排了话剧《小乌龟的一天》，全部演员均为流动儿童，道具也由他们自己制作。一方面提供了让流动儿童展示自己的机会，有助于增强其自信心；另一方面有利于流动儿童建立自助网络，可以提高项目的可持续性和有效性。

3. 个案社会工作

个案社会工作也是社会工作方法之一，它以个人或家庭为服务对象，通过专业关系的建立和发展，针对个人的特殊情况和需要，了解个人内在的心理特性和问题，激发个人潜能，增强和发展个人或家庭的社会适应能力。“抗逆小童星”社会工作实务项目针对在小组活动和社区大型活动中表现出独特需要的流动儿童，特别是活动中的破坏者、垄断者和沉默者，在活动后专门采取个案辅导的方式跟进。在为期一年的服务周期中，共持续跟进了五个个案。

(二) 实施过程

“抗逆小童星”社会工作实务项目的实施过程包括六个阶段，分别为需要评估阶段、方案启动阶段、方案实施阶段、方案结束阶段、评估阶段、回访阶段。具体安排如下。

1. 第一阶段：需要评估阶段（2010 年 12 月—2011 年 3 月）

需要评估是指了解服务对象的需要和社区的资源，从而指导实务介入。需要评估有两个步骤：首先，对社区资源进行评估；其次，对服务对象的需要进行评估，确立目标对象。需要评估阶段目标为：了解社区资源，了解流动儿童的需要状况。

“抗逆小童星”社会工作实务项目组主要采取了个案访谈、座谈会、问卷调查等方式，评估社区资源和流动儿童需要，具体开展情况如下。

(1) 个案访谈。主要以半结构式访谈为主，了解流动儿童的需要状况。“抗逆小童星”社会工作实务项目的访谈对象主要包括社区工作人员、学校工作人员、流动儿童、社区居民四类。“抗逆小童星”社会工作实务项目共访谈了 8 位流动儿童、4 位社区工作人员、7 位学校工作人员。

(2) 座谈会。主要以半结构式访谈为主，通过交流，工作员可以收集到更全面和多样化的资料。“抗逆小童星”社会工作实务项目通过与建邺区民政局工作人员、HY 社区工作人员和外来工子弟小学教师的座谈，较好地了解了社区、学校以及儿童的基本情况。“抗逆小童星”社会工作实务项目共举行了三场座谈会，分别针对政府工作人员、社区工作人员和流动儿童。

(3) 问卷调查。此次问卷调查，采用全面调查的方法，共调查学生 600 人，问卷有效回收率为 94.8%。服务对象的基本情况为：男生占 64.0%，女生占 36.0%；平均年龄为 12 岁；农村户口的占 84.2%，非农户口的占 15.8%；父母文化水平较低，二者的文化水平在高中及以上的分别为 19.1%和 8.5%；家庭经济条件较差，比较好和好的仅占 16.1%。

2. 第二阶段：方案启动阶段（2011 年 3 月）

举办“抗逆小童星”社会工作实务项目启动典礼，邀请社区工作人员、学校老师、学生家长、流动儿童、建邺区民政局相关领导共同出席。

本次活动目标包括：举办启动典礼象征整个抗逆力实务活动的开始；向社区居民、家长介绍抗逆力活动；建立与社区居民、家长的关系；建立关怀和支持的气氛，强化对“抗逆小童星”社会工作实务项目的配合。

3. 第三阶段：方案实施阶段（2011 年 4 月—2011 年 6 月）

方案实施阶段，即按照设计的活动流程展开对流动儿童的实务介入。“抗逆小童星”社会工作实务项目方案实施的理论基础是抗逆力理论。通过活动的设置，增强流动儿童的效能感、归属感和乐观感，从而帮助他们提升社会交往的技巧、情绪认知的能力、学习能力。基于此，本项目组设计了 8 次小组活动（如图 1—1），随着活动的逐步展开，流动儿童的抗逆力得到提升，从而实现了活动的总目标。8 次小组活动分别如下。

（1）小组活动一：我是小童星。

（2）小组活动二：情绪连连看。

（3）小组活动三：情绪秘籍。

（4）小组活动四：小乌龟的一天。

（5）小组活动五：目标进行时。

（6）小组活动六：沟通大作战。

（7）小组活动七：资源大作战。

（8）小组活动八：我们的梦想。

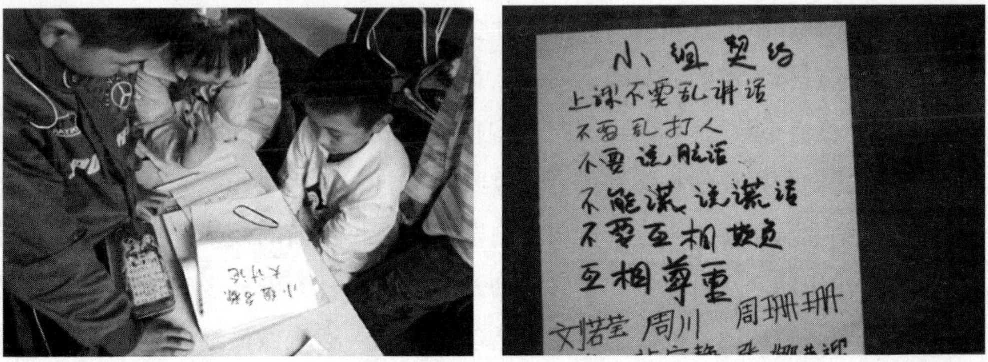

图 1—1　小组活动现场

4. 第四阶段：方案结束阶段（2011 年 6 月）

举办“抗逆小童星”社会工作实务项目结束典礼（如图 1—2），邀请社区工作人员、学校老师、学生家长、流动儿童、建邺区民政局相关领导共同出席。

图 1—2　结束典礼后获奖小组合影

本次活动目标包括：表扬学生在参与此项目中所付出的努力，以肯定他们的付出和成就；让家长及教师能分享对组员的欣赏与期望；感谢所有支持项目的人和单位；祝福组员，希望他们以后能努力面对逆境，创造美好的未来。

5. 第五阶段：评估阶段（2010 年 12 月—2011 年 6 月）

评估工作对社会工作实务的帮助很大。通过对参加者的分析、目标达成度评估和参加者满意度评估，社会工作者可以了解到实务活动是否达到原定的目标，参加者对活动有什么意见等。

“抗逆小童星”社会工作实务项目采取过程评估和目标达成度评估两种形式。过程评估是指评估者着重收集资料，对活动开展的每一步骤都进行评估，从而改善服务。本项目制定了 8 套小组活动效果评估问卷，对每一次小组活动进行评估，了解活动开展的情况，为下一步改善服务方案提供资料。目标达成度评估主要对活动目标是否达成做最终的评估。本项目设计了流动儿童抗逆力前测问卷和后测问卷，通过测量流动儿童在活动前后抗逆力的情况，来衡量实务活动在促进流动儿童抗逆力提升过程中所发挥的作用。

6. 第六阶段：回访阶段（2011 年 9 月—10 月）

回访是社会工作者进一步评估服务效果，缓解服务对象由于介入活动结束而导致的不适感的一种方法。此阶段的目标主要有：进一步评估服务效果，从而修正服务模式；顺利做好交接工作，缓解服务对象的分离情绪。

“抗逆小童星”社会工作实务项目组在活动结束之后，按照一个月回访两次的频率，与服务对象进行交流。从回访的过程来看，服务对象对工作员的到来感到很高兴，同时也逐渐认同了“抗逆小童星”社会工作实务项目的结束，并没有出现像 2011 年 6 月结束典礼时不愿意接受活动结束的事实的情况。同时，通过回访，工作员也就活动内容是否对流动儿童的学习和生活产生影响做了交流，有利于改进以后的活动设计。

五 项目评估

（一）评估方式

1. 过程评估

过程评估，即每一次活动之后，评估参加者对安排的满意程度。这一过程采用了两种方法：一种是观察法，即通过观察小组组员在活动中的投入度来了解活动的合适性；一种是问卷调查法，即根据每次活动的形式和活动的内容，编制相应的问卷来了解参加者对活动的评价。此次活动共编制了 8 份小组活动过程评估问卷。问卷的内容包括以下几个部分。

（1）你认为各种活动采取的形式，分别对你的帮助有多大？例如，小组讨论、工作员讲授、课堂练习、角色扮演、家庭作业。

（2）对工作员有怎样的评价？例如，工作员给了我很大的鼓励，工作员协助我做出改变，工作员协助我处理自己的问题，工作员让我有机会说出我的困难，工作员协助我学习有关的内容。

（3）你对活动安排有什么意见？例如，节数、每节时间、人数。

（4）你对活动有什么评价？例如，满意度、哪些最有帮助、学到的内容、是否愿意继续参加后期活动。

2. 目标达成度评估

目标达成度评估，即评估目标的实现情况。了解活动是否达到预期的目标，是评估工作的主要任务之一。目标达成度的相关资料，对反思活动设计有很大的作用。活动设计者可以就那些没有达成的目标，反思活动的设计，做出改进。“抗逆小童星”社会工作实务项目对于活动的展开是否有效提升了流动儿童抗逆力也做了目标达成度的评估，主要包括两部分：活动开展前的前测和活动结束后的后测。

通过前测和后测，评估流动儿童抗逆力提升的程度。采用的是问卷调查的形式。问卷编制的主要内容有：

（1）流动儿童基本情况：性别、年龄等。

（2）流动儿童抗逆力情况：效能感、归属感、乐观感。

（二）项目成效

“抗逆小童星”社会工作实务项目组从服务对象参与度、目标达成度、服务对象对社会工作者和活动的满意度、对活动形式的满意度四个方面分别进行了评估，结果如下。

1. 服务对象参与度

整个项目过程中，每次活动组员都准时参加，服务对象参与度为100%。如果从投入度来看，仅有一个小组的四名组员在某些小组活动中的投入度略低，整体投入度达到96%。

2. 目标达成度

服务对象认为，通过活动他们学到了增强抗逆力的技巧，对未来的成长和发展有很大的帮助。具体来看，76%的儿童认为学到了相应的沟通技巧，76.9%的儿童表示知道在哪里寻找资源，79.6%的儿童对情绪了解得更加清楚，79.9%的儿童知道了处理生气的方法，74.2%的儿童能认识到自己的优点，75.8%的儿童能更加积极地看待自己，79.4%的儿童能清楚知道自己的梦想。

3. 对社会工作者和活动的满意度

服务对象对活动的满意度高达81.0%，对社会工作者的满意度达到

78.4%。具体而言，74.5%的儿童认为工作员给了自己很大的鼓励，77.3%的儿童认为工作员协助其做出改变，81.3%的儿童认为工作员协助其处理自己的问题，82.6%的儿童认为工作员让其有机会说出自己的困难，80.0%的儿童认为工作员对其帮助很大。

4. 对活动形式的满意度

服务对象对工作员讲授、个人发言分享、角色扮演、小组讨论和家庭作业这五项小组活动中采用的形式都比较满意。具体而言，82.6%的儿童认为工作员讲授的形式对其帮助很大，73.2%的儿童认为个人发言分享的形式对其帮助很大，78.5%的儿童认为角色扮演的形式对其帮助很大，77.5%的儿童认为小组讨论的形式对其帮助很大，72.5%的儿童认为家庭作业的形式对其帮助很大。

从上面的评估结果可以看出，“抗逆小童星”社会工作实务项目组通过为期一年的持续服务，共开展了8次小组活动，2次大型活动，并做了持续的跟进服务，整体来看实现了预期目标。

(1) 有效地协助HY社区外来工子弟小学儿童认识自我和社区资源，提升了他们的安全意识和利用资源的能力，使他们能够有效地利用身边的资源去处理各种困难，提升他们的问题解决技能。

(2) 有效地协助流动儿童提升社交技巧，使他们能与家长、同辈、教师建立正面的社交关系，懂得与人相处和沟通的技巧。

(3) 有效地协助流动儿童认识自我的情绪，使他们懂得合适的情绪表达，能有效地控制不恰当的情绪表达，学到相应的情绪表达技巧。

(4) 有效地协助流动儿童认识目标制定的相应规则，从而提升其目标感，进一步促进其学习能力的提升。

六 经验与反思

(一) 经验总结

“抗逆小童星”社会工作实务项目具有极强的可持续性，这主要与活动形式、社会工作者、活动模式等因素有关。

1. 环境系统基础的建立

项目组协助流动儿童，建立了流动儿童抗逆力持续提升的环境系统基础。本项目立足于流动儿童所生活的环境系统和资源优势，期望为流动儿童构建一个可以提升其抗逆力的良好环境，这包括四个方面：提升外来工子弟学校的抗逆文化；增进社区管理，促进流动儿童和城市社区的融合；推动流动儿童家庭抗逆力文化；强调从流动儿童和社区的优势出发，有效提升流动儿童的抗逆力。这种“学校—社区—家庭”加上“儿童优势资源”的服务模式，可以保证在社会工作者结束活动之后，仍然有利于儿童能力的提升，这是项目可持续性的关键。

2. 活动形式的合适性

活动形式的合适性，可以有效地使流动儿童内化活动的理念和内容。本项目采用符合儿童年龄和发展阶段的多样的活动形式，如工作员讲授、个人发言分享、角色扮演、小组讨论和家庭作业等，有利于儿童对活动的投入，有利于项目目标的实现。同时，合适的活动形式可以保证活动结束之后，流动儿童仍然能够清楚地记得相关的知识要点，并在现实生活中推广应用。

3. 工作员的专业性

工作员的专业性，能最大限度地提升活动的服务质量，保证服务效果，这对项目本身的可持续性有积极的促进作用。本项目所有的工作员均是社会工作专业的博士研究生或硕士研究生，这保证了服务的专业性，并使得项目中的小组社会工作、个案社会工作和社区社会工作相结合的整合型的服务模式可以发挥最大的作用，同时也能够保证项目结束后的服务跟进，从而提升流动儿童的抗逆力，并保证服务的可持续性。

4. 督导团队的专业性

本项目有高校专业的社会工作教师作为督导，可以给予工作员专业的服务技巧、服务理念和情绪支持，从而有效地保证了服务质量。

5. 多方合作模式

本项目是南京市建邺区民政局、南京大学社会工作与政策系、HY社区外来工子弟小学、HY社区共同合作的社会工作实务项目。这种高校和政府的合作模式可以有效地提升资源的整合能力，同时无论哪一方由于某种原因撤离项目，其他服务主体仍然可以继续保持对流动儿童抗逆力提升的关注和介入，也有效地提升了项目的可持续性。

（二）项目反思

“抗逆小童星”社会工作实务项目在实施过程中遇到的问题主要体现在以下两个方面。

1. 活动对象的局限性

限于活动的周期和经费，本项目在实施过程中，仅向社区中的流动儿童提供了抗逆力提升服务，对社区中的普通儿童，特别是HY社区138户低保家庭的贫困儿童，并没有做服务的跟进。

2. 活动的整合方面

由于项目是在流动儿童学校开展的，为了不破坏学校原有的课堂秩序，以及不推迟学生回家的时间，只能利用学生上副课的时间开展活动，这便限制了活动开展的时间，以及服务跟踪的时间。如何将抗逆力项目和现有的学校课程相整合，形成制度化的服务提供机制，应该是未来儿童社会服务发展的方向。

基于以上两个方面的问题，我们认为要想提高社会工作实务项目的介入效果，需要在以下几个方面做进一步的调整。

1. 实务社会工作者的角色定位

针对流动儿童能力提升的社会工作实务项目，社会工作者的角色除了是活动的领导者之外，还应该承担起政策倡导者的角色。中国流动儿童现象的产生来自于家庭和社会两个方面：一方面，家庭贫困使孩子的父母不得不走出农村到城市务工；另一方面，中国长期的城乡二元制以及社会对农民工的不公平待遇，使广大农民没有办法和能力关注儿童的成长。基于这两个原因，作为社会工作者，应该从政府的政策方面入手，极力推动政府建立与完善保障流动儿童利益的政策，尽力消除一切对他们不公平的待遇和经济上的歧视。

2. 社会工作实务模式的多元整合

目前中国社会工作实务发展模式仍然处于探索阶段，如何总结出适合服务对象需要、政府需要以及社会工作服务机构需要的多元整合的实务模式，是当前的重点。从“抗逆小童星”社会工作服务项目的实践中，我们认为应该建立政府、高校、社会工作服务机构的多元整合的服务模式，唯此方能保证服务的可持续性和有效性，单纯依靠某一方均不能达到提升服务对象能力的目的。

参考文献

［1］彭华民．需要为本的中国本土社会工作模式研究．社会科学研究，2010（3）.

［2］［美］萨利贝．优势视角：社会工作实践的新模式．上海：华东理工大学出版社，2004.

［3］叶斌．抗逆力：青少年抗逆力培育手册．上海：华东师范大学出版社，2011.

［案例来源：南京大学社会学院副院长、社会工作硕士（MSW）教育中心主任彭华民；常州大学社会工作系讲师刘玉兰。］

“萤火之光”夏令营

一 项目背景

(一) 项目来源

青春期是人生最关键的成长期，最具可塑性也最充满不确定性。青春期教育对未成年人的健康成长和形成健全的人格十分重要。但是对流动儿童这一特殊群体而言，生活漂泊不定、学校和同龄伙伴经常变换、父母忙于生计、与父母聚少离多，他们的青春期教育常常被忽略。更严重的是，流动儿童的监护人对青春期教育相关知识的贫乏，使流动儿童的青春期教育往往处于缺失状态。在这一时期，流动儿童往往出现迷茫、骚动，甚至心理叛逆，因为缺乏有效的引导，常常引发一系列社会问题。如：流动儿童缺乏自我保护意识极易成为拐卖、性侵犯等犯罪分子的目标；因为性无知、性蒙昧带来早恋、网恋、行为失范等问题；因为缺少心理辅导带来身心健康问题；因为缺少理想和人生观教育造成厌学和弃学问题；因为缺少亲情的抚慰和亲子间良好沟通等情感教育，造成部分流动儿童冷漠、对社会和家庭缺少责任感、叛逆、越轨以及表现出暴力倾向，甚至走上犯罪道路。凡此种种，都说明加强对流动儿童青春期教育刻不容缓。

基于以上状况，2011 年暑期来临之际，南京师范大学金陵女子学院以江苏省家政学会为依托，以青春期教育为主线，以“健康辅导、生活辅导、才艺辅导、学业辅导”四大板块为中心，在全省范围内开展了为期一周的暑期夏令营，丰富青春期流动儿童的暑期生活，促进其健康成长、全面发展。

（二）项目内容

针对流动儿童的特点，“萤火之光”夏令营的整个活动紧扣流动儿童青春期教育这条主线开展，分为生活、健康、才艺、学业四大板块，均针对流动儿童青春期最常遇到的生理、心理、男女交往、生活等方面的问题，通过精心组织开展丰富多彩、益智益德的活动，帮助他们增长才干，丰富知识，学会沟通交流、团队合作和感恩，帮助他们快乐健康成长，消除流动儿童青春期成长过程中的困惑。

1. 青春期教育主线

在这个部分，开设青春期教育专题课程，内容涉及生理、心理、人际交往等方面。让孩子们在轻松的氛围中了解青春期男女生生理特征、生理卫生等方面的知识；让孩子们正确认知自己，针对青春期儿童可能遇到的心理问题，引导他们学会正确的解决方法，帮助他们缓解压力、树立自信；在人际交往上，让孩子们在团队合作比赛中学会正确的表达，学会与他人沟通交流，同时开设特色课程，让孩子们学习礼仪，做有礼貌、会交往的小达人。

此外，加强感恩教育，教会他们不光要怀有感恩的心，更要把这份感恩表达出来以传递感恩，体会成长。我们会精心制作青春期教育宣传手册，精美的宣传册以图文并茂的排版方式和生动有趣的主题内容吸引孩子们，让他们爱不释手，在潜移默化中学会男女交往的技巧、懂得网络的两面性、接受好书好电影的推荐等。

2. 生活板块

在这个部分，设置的活动主要是让孩子们了解日常生活中很容易被忽视的知识，培养孩子们的创造力和想象力，教会他们选择正确、科学、美好的生活方式，也倡导低碳环保的生活理念。

3. 健康板块

在这个部分，通过“知识问答”和“实践应用”的形式，设计很多关于青春期儿童健康知识的问题，在出错、纠错的过程中，帮助孩子们把健康的理念融入到生活中去。

4. 才艺板块

在这个部分，流动儿童受家庭、学校教育条件的制约，从小接受才艺辅导的机会很少，而同时他们又非常渴望能够学到各方面的才艺，我们会为其创造展示自己才华的舞台。

5. 学业板块

在老师的指导下，摆脱传统课堂的填鸭式教学局限，打破学校课堂以书本为中心、以传授知识为目的的教学模式，开设多项特色课程，涉及面广、题材丰富、形式多样，旨在拓宽孩子们的知识面，开阔孩子们的眼界，培养孩子们的兴趣。

(三) 理论基础

从2005年开始，江苏省文明委组织开展以七大主题活动为主要内容的“七彩的夏日——未成年人暑期系列活动”，形成了江苏省未成年人思想道德建设的知名品牌。活动举办以来，全省约有1 800万人次未成年人离开学校小课堂，走进社会大课堂，度过了一个个多姿多彩、富有意义的快乐假期。

2010年，该活动深入贯彻落实全国、全省未成年人思想道德建设经验交流会精神，扎实推进《江苏省未成年人思想道德建设三年提升行动计划(2010—2012年)》，以建设社会主义核心价值体系为根本，以“做一个有道德的人”主题实践活动为主线，以“七彩夏日、快乐成长”为主题，遵循未成年人身心特点和成长规律，精心组织开展益德益智、丰富多彩的教育实践活动，引导广大未成年人在活动中拓宽视野、陶冶情操、强健体魄、快乐成长，争当富有理想、品德高尚、充满活力和创造力的新一代江苏人。其中，南京师范大学金陵女子学院周薇博士组织开展了“流动儿童青春期教育现状调查”，主要采取的调查方式是抽样调查、个案访谈和小组讨论，每种方式又分为基本信息和主要内容两大部分。基本信息包括年龄、性别、父母职业、出生地、流动情况等。主要内容则分为青春期理想教育、青春期伦理道德教育、性心理健康教育、情感教育几个部分。从目前的调查结果来看，其中有一部分内容比较敏感，即性心理健康教育。因此，在组织小组讨论、个案访谈时比较重视个人隐私。此次调查活动为“同在蓝天下——未成年人成长关爱行动”贡献了自己的一份力量，获得了肯定。

在2011年暑期来临之际，南京师范大学金陵女子学院再次积极响应江苏省文明委的号召，力求以“健康辅导、生活辅导、才艺辅导、学业辅导”四大板块为中心，通过招募大学生志愿者（也称义工）在江苏省各大城市组队，策划出可复制的方案，在当地针对未成年人宣传报名，开展为期一周的暑期夏令营，丰富他们的暑期生活，促进他们的健康成长、全面发展。

（四）工作理念

1.“厚生”精神是核心

厚生指的是人活着不能光为自己，而要用自己的能力和智慧去帮助他人，造福社会。这样不但有益于他人，自己的生命也因而更丰满。

2. 做到注重实干、受益面广，争取形成比较强烈的社会反响

“萤火之光”夏令营活动的开展力求使尽可能多的流动儿童及其家长受益，扩大夏令营活动的社会影响，通过这种方式体现出比较大的社会价值。

3. 做到注意总结、扩大服务范围，争取形成长效机制

“萤火之光”夏令营活动结束后，各小分队与实践基地建立长期合作关系，并在以后继续扩大服务城市范围、进一步增强活动的影响力，保证流动儿童青春期教育的持续性、稳定性、广泛性。

二 项目基本信息

（一）服务对象

江苏省范围内处在青春期的流动儿童及家长。

青少年是个体从童年向成年发展的过渡期。青少年时期心理发展的基本特征是矛盾动荡性，与家长缺乏沟通，而他们的家长大多没有很好的处理方法。因而青少年期是最容易出现心理和行为异常问题的

时期，也是最需要帮助、引导和关爱的时期。江苏省范围内的外来务工人员数量庞大，存在很大一部分渴望帮助的青春期流动儿童及他们的家长。

(二) 参与人员

本项目的参与人员包括南京师范大学金陵女子学院团委、南京师范大学金陵女子学院“厚生”青年志愿者。

(三) 时间

2011 年 7 月—2011 年 8 月。

(四) 地点

项目开展的地点包括南通，启东，泰州，徐州，南京下关区、鼓楼区、栖霞区。

三 需要分析

随着城市化进程的加快，人口的流动与发展日益成为加速推动地区经济发展不可忽视的因素。在农村人口从经济不发达地区向城镇等发达地区流动的过程中，越来越多的未成年人进入城市社区或在流入地出生、长大。城乡经济、文化的差异，导致了流动儿童对城市生活的适应性问题和由此而产生的教育、教学问题。

目前中国进城务工人员的数量已经突破 2 亿，在 2 亿新市民背后是高达 1 400 万的随迁子女，其中处于青春期的流动儿童占很高的比例。因为流动儿童特殊的生活境遇——在流动中度过青春期，所以他们青春期的经历具有更大的不确定性和更高的风险性。

流动儿童的青春期教育现状如何？其青春期可能产生的危机及引发的社会问题有哪些？父母究竟应该如何帮助孩子们及时获得青春期知识？如何给他们漂泊的青春安个家？这些问题都亟待解决。帮助流动儿童走出困惑、拥抱青春、点亮人生，需要全社会的共同关怀；让他们的青春和城里的孩子一样发出应有的光彩，是时代的召唤与使命。而要做到这些首先应该对青春期流动儿童的需要进行分析评估。

四 项目实施过程

(一) 服务方式

1. 特色课程简介

(1) 爱国教育——图画中国(献给建党 90 周年)。

这个课程能带领青春期流动儿童深入了解我们的祖国，培养他们的爱国情感，培养他们为自己的未来、为祖国的未来而不断奋斗和努力的意识。我们伟大的祖国有 56 个民族，每个民族都有自己独特的灿烂文化。图画中国，通过丰富多彩的图片形式，展示不同民族的饮食、居住等方面的特色，让孩子们感受不同民族的文化魅力。

(2) 趣味课堂。

A. 走遍世界。

满足青春期流动儿童的求知欲、好奇心，开拓他们的视野。通过精心制作的幻灯片，带领孩子们走过七大洲五大洋，并向他们展示世界不同地方有趣的风土人情，以开阔他们的眼界，丰富他们的知识，培养他们的兴趣，引导他们走进属于他们自己的神秘世界。

B. 趣味数学。

培养孩子们的思维能力，让他们学会和大家一起分享自己的好方法。通过做数字小游戏、猜数字谜语、做智力竞赛抢答题等形式多样的课堂教学形式，真正把孩子们从枯燥的数学题海中解脱出来，培养孩子们的发散思维、创新思维。此外，数字陷阱、算 24 点、两人对抗赛等有趣的小游戏，能使孩子们在玩中学，在学习中体会数字的神奇魅力和思考的快乐。

C. 生物世界。

介绍书本上学不到的知识，让孩子们了解大千世界，激发他们的想象力。“生物世界——给你一个不一样的生物乐园”，通过各种有趣的图片，介绍世界上千奇百怪的生物，开阔孩子们的眼界。

D. 动感英语。

学业不能废，而且要掌握正确的方法。“动感英语——教你怎么玩转英语”打破传统中国式英语教学注重书本的模式，让孩子们开口说英语，开口唱英语，通过英语话剧、英语短片、英语游戏等丰富多彩的形式，努力营造活跃的氛围，培养孩子们说英语的积极性，完成从被动学到主动学的转变。

E. 文化大观园。

道德礼仪是青春期儿童必备的教育课，能教他们做人之道。中国是拥有五千年灿烂文明的国家，灿烂辉煌的文化是世界文化星空中的璀璨星辰。其中，中华礼仪文化是一颗耀眼的明星。通过视频展示、实地演练，中国礼仪不再是纸上谈兵，而将内化成习惯，从而让孩子们成为懂礼貌的中国人。

（3）书里徜徉。

或许孩子们每次去书店的目的只是购买各类的辅导书；或许孩子们由于家庭原因而没有富余的时间可以坐在书店里，尽情地释放丰富的想象力，贪婪地阅读有魔力的故事书。这一次，我们会伴着孩子们把脚步停留在书店里的每一个角落，不再挑选辅导书，而是让孩子们找到属于自己的角落，静静地阅读，默默地思考。

（4）青春期教育。

A. 青春期的你和我。

青春期是孩子成长的关键时期，正确引导孩子健康度过青春期，对孩子以后的成长发展具有非常重要的意义。开设青春期教育课程，从青春期孩子的生理、心理等方面，针对青春期孩子最有可能出现的问题，教孩子处理问题的方法，帮助他们缓解压力、快乐成长。

B. 心理课程辅导。

例如，星星知我心、心灵鸡汤、心理测试、心理游戏“大搜寻”等能帮助孩子们全面认识自己，发扬优点，纠正缺点。集中针对青春期孩子的心理特点，通过各种有趣的形式，教会孩子正确处理心理危机的方法，学会心理调节，做面向阳光的向日葵。

（5）感恩教育（爱就大声说出来——感恩的心）。

学会感恩是做人的一个基本原则，感恩的对象可以是父母、老师、社会、祖国等。感恩教育通过教孩子们打感恩手语，鼓励孩子们以各种形式把爱大声说出来，最后给父母写信，尝试表达感恩之情。

（6）创新教育——神马玩意儿。

通过一些有创意的图片和小发明，培养孩子们的创新意识，让他们体会创新思维的快乐，激发他们的创新能力。

2. 特色活动简介

（1）生活辅导。

A. 看我 72 变——旧物大改造（教你怎么变废为宝）。

让孩子们用创新的思维，改造生活中的废物，使它们重新获得价值，并帮助他们树立节约、环保意识。

B. 画出我心——人人都是小画家。

青春期孩子更愿意画出、写出自己心里的东西，而不是直接说出来。画画的表达方式能让我们更好地了解他们内心的想法。我手画我心。只要用心，就能够画出属于自己的图画。

C. 什锦七巧板——水果看我的（水果大拼盘）。

让孩子们以小组合作的形式，利用有限的水果为材料，进行水果拼盘大比拼。

D. 我捏我捏我捏捏捏（捏橡皮泥）。

孩子们自己动手，捏出心中想象的形象。没有好坏，只要你动手，只要你开动脑筋，所有的作品就都是最棒的。

E. 生活小贴士——危急关头支一招。

F. “武林”高手——妙手生花、飞针走线。

（2）健康辅导。

A. 用最少的钱搭配出最健康的膳食。

食品和财会专业的志愿者会教孩子们用最少的钱搭配出最健康的膳食。“健康生活小达人——给你健康生活小贴士”，通过向孩子们介绍健康生活的各种小窍门、小知识，倡导健康的生活理念和生活习惯，追求低碳、健康、绿色生活。

B. 举行关于健康的主题班会。

（3）才艺辅导（如图 1—3）。

A. 歌唱祖国——向建党 90 周年献礼。

2011 年是中国共产党的 90 岁生日，弘扬爱国、爱党的精神成为 2011 年的主旋律。孩子们是共产主义的接班人。因此，组织孩子们演唱爱国爱党的歌曲，使他们了解党、歌颂党、热爱党。孩子们一起欣赏并演唱了《歌唱祖国》、《红旗飘飘》、《北京的金山上》等，来表达自己内心对党、对国家的热爱。

图 1—3 “萤火之光”夏令营志愿者的才艺辅导

B. 诗颂祖国——向建党 90 周年献礼。

除了歌唱祖国，我们还特意为孩子们选取了有代表性的、朗朗上口的诗歌来歌颂祖国，歌颂党。

C. 我们的舞台——秀出你自己。

青春期儿童尤其是流动儿童渴望表达自己，渴望有人倾听，渴望学习才艺，但苦于很多因素的限制，很少有儿童能真正实现这些愿望。我们教授给他们一些简单的才艺，并搭建一个供他们展示自己的舞台，鼓励他们大胆地展示自己的才能，彼此交流才艺。采用的形式多种多样，包括乐器表演、唱歌、跳舞、朗诵、小品或舞台剧表演、用报纸制作衣服进行T台时装秀、模仿秀、自由展示等。

D. 唱响童年的歌。

歌曲是表达内心情感的很好方式，这些处于青春期的流动儿童内心多多少少有些封闭，很多情感不愿与人直接交流。对此，歌曲便发挥了很好的作用。童年的记忆是我们的一笔宝贵财富。一起畅想童年的歌，让一首首熟悉的歌曲，一段段优美的旋律，勾起许多美好的童年记忆，从而找回童年的快乐。

E. 折出你的创意——折纸教程。

教孩子们折一些简单易学的东西，在动手的过程中，让他们相互帮助，增进友谊，体会快乐。

F. 童心飞扬，涂鸦梦想——绘画才艺展示。

（4）学业辅导（如图1—4）。

图1—4 “萤火之光”夏令营泰州小分队志愿者的学业辅导

学业辅导大致分为专门课程和特色课程两大部分。其中，特色课程前文已经介绍过了。专门课程大致分为五个小版块：语文、数学、英语、历史科学及假期作业。

3. 特色游戏简介

（1）心有千千结。

8到10人为一组，手拉手围成一个圈，每个人要记住自己左右手牵的是谁。然后打乱排列顺序，每个人根据最初排列时牵手的情况，再次牵手。接着比谁能在最短的时间内解开结。这个游戏能培养孩子们的团队合作能力和凝聚力。在解结的过程中，孩子们相互启发，最终共同达成目标。

（2）给力团队。

8到10人为一组，在规定的时间内，给自己的小队取名字，并用手中的画笔给小队设计一个队徽来代表本小队的特色，最后每个小队来做展示，并派一个人讲述队徽、队名的寓意。这个游戏考察的是孩子们的团队协作能力、组织能力和创新能力。

（3）我猜我猜我猜猜猜——你比划我来猜。

两人为一组，一个人根据所给出的词组进行语言描述，另一个人则根据对方的描述来猜题，看哪一组在规定的时间内答对的题目最多。这个游戏能培养孩子们的语言、肢体表达能力，考验伙伴之间的默契程度，增进孩子们之间的情感。

（4）乾坤大颠倒——比比谁反应快。

裁判做出动作口令，如“拍左手”，参赛选手则要做出相反的动作拍右手，做错者或动作迟缓者被淘汰。这个游戏考验孩子们的反应能力，提高孩子们的抗压能力，使他们能在一定的压力下尽自己的最大努力做好相应的动作。

（5）好朋友背靠背——考验团队协作。

两人为一组，背靠背夹着气球，通过各种障碍，中途球掉在地上就要从起点重新运。这个游戏考察的是孩子们彼此之间的配合程度，还有肢体协调能力。

(6) 快乐传真。

8到10人为一组，裁判给第一个人一个动词短语，如“猴子在扭秧歌”，从第一个人开始一直往下，只能通过肢体动作来表达这个短语，看最后一个人猜的短语是否与原先的一样或比较接近。这个游戏考察的是孩子们的观察能力和肢体表达能力。

(7) 我来做鬼脸——身体协调大考验。

每个人仰面朝上，额头上放着薯片，只能通过面部表情来吃到它，看谁在规定的时间内吃到的薯片最多。

(8) 互动小游戏——快乐接力赛。

8到10人一组，通过桌上的筷子把乒乓球从瓶盖上夹起来运到另一个人面前的瓶盖上，看哪一组最先把球运完。这个游戏考察的是孩子们的肢体协调能力和团队协作能力。

(9)“水果蹲”游戏——营养与趣味。

让孩子们在这个游戏中认识食物的营养价值。

(10)“快乐大家行”团体趣味游戏连环——“两人三脚”等。

根据不同年龄的孩子们来调整游戏的具体内容。

(二) 实施进度

1. 前期准备

(1) 5月中下旬：撰写活动策划书，并做补充修改；联系社区，确定活动的地点时间等。

(2) 6月1到9日：通过海报、展板、宣传单、网络等方式做宣传。

(3) 6月10日：宣讲会。

(4) 6月12日：招募志愿者，确定小组人员。

(5) 6月20日：举行第一次小组成员会，让大家互相认识，并初步确定人员分工。

(6) 6月21到30日：每天开会，落实活动每天的任务，准备好上课的幻灯片等材料，培训通讯稿的写作，讨论活动的具体安排。

（7）7 月 1 日：做好活动的最后准备工作，实地踩点布置活动场所，准备第一天的活动内容。

2. 中期活动

7 月 2 日到 8 日、8 月 28 日到 8 月 30 日：活动正式开始。

3. 后期整理

7 月 10 日到 9 月 10 日：整理媒体宣传的视频、活动照片，处理文字，完善宣传册等。

五 项目评估

（一）目标评估方式及达成情况

（1）学院领导及专业教师亲临现场，并做出指导。

（2）该活动作为金陵女子学院的重点项目参与全校暑期实践的评比，以全校总分第一的佳绩获得南京师范大学 2011 年暑期社会实践先进小分队一等奖。

（3）该活动作为重点项目参与江苏省团省委 2011 年暑期社会实践项目 500 强评比，已被成功列入 500 强项目之中。

（二）成效评估

1. 已有成效

（1）组成了七个小分队，分别赴南京鼓楼、下关、栖霞三区，南通，启东，徐州，泰州等地，志愿者参与人数达上百名。

（2）受益的流动儿童人数达 2 000 多名。

（3）相关媒体做了报道，引起了一定的社会反响。江苏教育电视台、江苏教科频道、《扬子晚报》、《金陵晚报》、《江苏小记者报》等媒体都做了相关的报道，此外还进行了网络媒体宣传，如阳光网、仙林 7788、新浪微博等。

2. 项目可持续性

（1）与南京市栖霞区五福家园社区签订了长期合作协议。

（2）与数百名流动儿童建立了一定的联系，志愿者和流动儿童之间建立了深厚的友谊。

(3) 该活动受到了合作社区、学校的赞誉，为以后活动的开展奠定了基础。

(4) 将以江苏省妇联“妇女儿童之家”为活动平台，积极为全省流动儿童的成长提供服务。

六 经验与反思

这次针对流动儿童青春期教育开展的“萤火之光”夏令营活动，被列入江苏省2011年度“七彩的夏日——未成年人暑期系列活动”后，受到南京师范大学校领导的高度重视。金陵女子学院负责活动的具体组织和执行，学院领导亲临现场指导活动开展。学院组织了的上百名大学生志愿者，近十名儿童教育专家学者在全省范围内深入到有关街道、社区、民工子弟学校内，开展了近三十场流动儿童青春期知识学习指导及流动儿童青春期家庭教育咨询活动。近2 000名流动儿童及其家长直接获得了学习指导、心理疏导和问题解答。活动收到了良好的效果。受到了社区、学校、各方媒体的高度关注和赞誉，江苏教育电视台、江苏教科频道、《扬子晚报》、《金陵晚报》、《江苏小记者报》等媒体都做了深度采访和报道。现将活动开展情况总结如下。

(一) 积极组织、广泛动员

1. 精心组织

学院对活动的前期准备进行了严密部署。利用前期开展的“流动儿童青春期教育调研”成果，以学生会、志愿者协会为依托，精心策划了一份2万多字的详细方案，为活动的开展打下了坚实的基础。与此同时，学院还面向南京师范大学全体学生组织了多场大型的宣讲会，扩大活动关注度，号召更多大学生参加活动。另外还进行了志愿者专场招募活动，并积极组队，组成了赴南京鼓楼、下关、栖霞三区，南通，启东，徐州，泰州共七个小分队，大学生志愿者多达上百名。

2. 集中培训

组队完成后，学院聘请专业老师给志愿者进行集中培训，对处在青春期的流动儿童的特点及面临的问题进行了详细说明。同时院团委还就活动的组队原则、方案确定、活动内容、活动形式等问题进行了集中讲解。

3. 一线指导

暑假期间，院长钱焕琦带领副院长熊筱燕、党委副书记杨素萍、院团委书记高见，以及周薇、薛天山、黄小姗、李欧美等相关领域专业教师赴南通、启东、泰州、徐州、南京等不同地点，指导学生共同开展活动，了解小分队活动的开展情况，帮助学生解决实际困难和问题，为实践活动的深入开展提供了有力保证。

4. 广泛参与

从院长到各个专业老师，从学生干部到普通学生，全院上下积极关注本次活动。组织了近十名儿童教育专家学者在全省范围内深入到相关街道、社区、民工子弟学校内开展了近三十场流动儿童青春期知识学习指导及流动儿童青春期家庭教育咨询活动。全院上百名大学生在老师的带领下，奔赴省内不同城市积极开展此项活动。（见图 1—5）

（二）精心策划、特色鲜明、主题突出

1. 加强流动儿童青春期教育意义深远

目前，中国进城务工人员的数量已经突破 2 亿，在 2 亿新市民背后是高达 1 400 万的随迁子女，其中处于青春期阶段的流动儿童占很高的比例。

2010 年学院组织开展的“流动儿童青春期教育调研”的前期调查中，专家们发现，因为流动儿童特殊的生活境遇——在流动中度过青春期，他们青春期的经历具有更大的不确定性和更高的风险性。同时，学校在流动儿童青春期教育方面的态度不够积极，再加上家庭教育的缺失，以及同辈群体的不确定性，导致这些处在青春期的流动儿童，在面临生理、心理、学习、交往等方面的问题时，出现了许多困惑，需要更多的帮助和引导。因此，针对流动儿童青春期教育问题开展的这次“萤火之光”夏令营活动具有十分深远的现实意义。

2. 精心策划、寓教于乐、特色鲜明

针对流动儿童的特点，整个活动将青春期知识专题教育和健康、生活、才艺、学业辅导四大板块活动有机融合，采用多种多样新奇有趣的活动形式，从多角度帮助青春期流动儿童提升能力，体会情感，打开心结。

图 1—5 金陵女子学院志愿者在全省多地开展“萤火之光”夏令营活动

左上图，金陵女子学院志愿者在南京市鼓楼区颐和路社区；右上图，金陵女子学院志愿者在南京市栖霞区五福家园社区；下图，“萤火之光”夏令营南通小分队志愿者带领孩子们去参观戒毒所。

3. 以流动儿童青春期教育为主线，主题突出

整个活动紧扣流动儿童青春期教育这条主线，涵盖健康、生活、才艺、学业四大板块，均针对流动儿童青春期最常遇到的生理、心理、男女交往、生活等方面的问题，通过精心组织开展丰富多彩、益智益德的活动，增长他们的才干，丰富他们的知识，帮助他们学会沟通交流、团队合作和感恩，帮助他们快乐健康成长。

（三）注重实干、受益面广，社会反响强烈

“萤火之光”夏令营活动的开展使近 2 000 名流动儿童及其家长受益，直接获得了学习指导、心理疏导和问题解答。其主题和活动环节成为众多媒体争相报道的新闻热点，体现了很大的社会价值，扩大了夏令营活动的社会影响。多家报纸、电视以及众多网络媒体对此次活动进行了报道，广受关注。活动效果覆盖全省范围。此外，江苏省家政学会、共青团江苏省委都高度重视志愿者的活动并给予认同和鼓励。此次活动已经被江苏省团省委列为 2011 年暑期社会实践项目 500 强的重点，并在南京师范大学 2011 年暑期社会实践先进小分队的评比中以总分第一的成绩荣获一等奖。

（四）注意总结、扩大服务范围、形成长效机制

经过两个月的努力与付出，各小分队与实践基地建立了长期合作关系，并将继续扩大服务城市范围、进一步增强活动的影响力，保证流动儿童青春期教育的可持续性、稳定性、广泛性。

2011 年 9 月底，学院开展实践活动的总结工作，并利用媒体和展板将实践成果在校内外进行了广泛宣传。同时，举办宣讲报告会，组织各小分队成员传授经验及心得。并积极组织各小分队开展活动总结，交流经验，为以后长期服务于流动儿童青春期教育打下基础。

（五）反思不足

此次实践活动的社会影响力还不够，在媒体报道方面还有所欠缺，可能有以下原因：一方面，从整个活动来看，此次的暑期实践是系列活动，活动周期长，但媒体报道只针对其中某些活动，这样就显得活动比较小；另一方面，各小分队分布在江苏不同地区，媒体对各区的报道比较分散，影响力、影响面尚觉不够。

（案例来源：南京师范大学金陵女子学院院长钱焕琦；副院长熊筱燕。）

“心手向阳”服务计划项目

一 项目背景

青少年代表国家的未来、民族的未来和社会发展的未来。对青少年的态度实际上是对社会发展的根本态度。青少年思想发展的基本状况、青少年所追求的价值观往往反映一个国家、民族和社会的发展方向。作为社会承前启后、富有生命力和创造力的青少年群体，他们的思想道德建设被看作事关国家前途和民族命运的战略工程、关系亿万家庭切身利益的民心工程、社会主义精神文明建设的基础工程。

随着暑期生活的来临，为响应江苏省某市政府的工作要求，我们拟对社区未成年人进行相关思想道德教育活动。根据已有资料，某市某社区总人口约12 000人，儿童青少年人口约占总人口的35%。从这些数据来看，在某社区开展儿童青少年思想道德活动有一定的可行性。

走在某社区，通过观察法，我们可以看到：暑期来临，在早上或傍晚时分，很多爷爷奶奶带着自己的孙子孙女到楼下走动。此外，在中午时分，还可以看见几个小朋友拖着铁棒或其他物品在社区里打闹。我们通过跟他们谈话发现，他们放假后没什么事情干，就在社区里里外外玩耍。随后，我们通过随机走访的半结构式访谈，对该社区内儿童青少年的暑期生活进行了解后发现，社区里很多孩子都闲在家里，看电视、上网和玩游戏是他们的主要活动。据以上信息可知，在某社区开展儿童青少年思想道德活动有很大的可行性及可操作性。

这个活动，一方面可以提升他们对法制、思想道德的认识以及自己的世界观、人生观、价值观、心理素质、人际交往方面的认识，提高自己的能力；另一方面，可以让他们利用暑期参加社区开办的活动，丰富暑期生活，增长社会经验。

(一) 理论基础

根据埃里克森的生命八阶段理论，学龄期的孩子面临的危机是勤奋与自卑。在这个阶段，他们的社会角色扮演能力增强，而这种社会角色扮演能力被认为是健康发展的一个关键方面。在潜伏期，他们的自我概念逐步扩展，但仍然处在自我中心主义阶段，难以完整地从他人的角度或立场来看问题。马斯洛需要层次理论认为，每个人在不同的情境下都有不同层次的需要。这一时期的孩子如果没能得到相应需要的满足，则很容易在个性发展和自我形成比较重要的阶段出现成长障碍。这个阶段的孩子如果在探索外部世界的时候没能形成勤奋的意识，则很可能产生不同层面的自卑状态。例如，在进行需要评估的过程中，有些小男生比较害羞，当问到特长爱好的时候，他会说："我没什么特长，我也没什么优点。"

由于此阶段的孩子处于自我概念逐步提升的时期，而且从认知理论角度来说，个人行为的产生与个人的认知密切相关，因此，对这个阶段的孩子进行相关的思想道德教育有很大的必要性。在暑期给予儿童活动的平台，帮助他们建立不同的人际关系、学习人际沟通技巧，并通过榜样的作用提升他们的思想道德素养，有助于培养孩子走向勤奋的人格状态而非自卑的人格状态。通过理想自我和良知觉醒来树立他们正确的认知，减少他们不良行为的发生。

此外，对于潜伏期和转折期的孩子来说，朋辈群体起到了越来越重要的作用。但是，这种作用有正面的也有负面的。朋辈的力量不容忽视，是因为其能满足人归属的需要。因此，协助孩子学会尊重他人，获得真挚友谊，能对孩子的社会化成长起到很大的促进作用。

综上所述，对于某社区处于潜伏期和转折期的孩子们，在为人处事方面，需要对其进行相应的道德常识教育、人际交往技巧的学习和朋友圈选择的引导。在自我保护方面，需要在这个年龄段培养他们的法制意识，学法懂法，使之从小就能养成遵纪守法的习惯。在个人成长方面，他们处在人格和自我概念拓展的重要阶段，为了减少他们自卑心理的产生，需要进行自信、探寻自我等方面的指导，并促使其动手去做一些小事情，让他们感知到自己的有用性。在综合素质方面，社区的孩子大部分都被社会不良风气所感染，沉迷于不健康的娱乐方式，对此，需要培养他们良好的兴趣，教给他们简单而有意义的才艺，丰富其暑期生活，提升其自身素养。

（二）工作理念

1. 宗旨

本着理解和同理的精神，运用社会工作的专业知识与技巧，以接纳、真诚、尊重的态度来服务。以“心手向阳”服务计划为活动主题，协助每一个服务对象理解“我行、我在”的行动内涵，提升他们的自我认同感和思想道德修养。

2. 原则

（1）自尊自爱。尊重参与活动的每一个服务对象，同时也希望每一个服务对象在活动中学会尊重自我、尊重他人。

（2）需要取向。我们所做的服务，都从服务对象的需要和生理、心理特质出发，结合社区居委会的服务宗旨开展服务，一切从需要出发。

（3）共同参与。工作坊所开展的活动并非只是工作员自身的事情，也需要服务对象自觉地参与到这些活动中来，并从中挖掘他们自身的潜能与个性特质。

二 项目基本信息

“心手向阳”服务计划项目分为五部分：国学有约、与法同行、心灵护航、老友记和小荷才露尖尖角。国学有约属于《弟子规》教学模块，旨在教授孩子们有关孝道的知识，提升他们的思想道德素养。与法同行属于法制模块，通过各种形式的活动，向孩子们灌输法律知识，教孩子们辨别违法犯罪活动。心灵护航属于心理素养模块，通过各项活动，促进孩子们理想自我的拓展和良知觉醒，并从中培养孩子们正面认知，减少因负面认知而发生的不良行为。老友记属于朋辈群体人际关系模块，通过各项活动，帮助孩子们学习有效的人际沟通技巧，学会了解及尊重他人。小荷才露尖尖角属于才艺教学模块，旨在通过才艺教学，增加孩子们的暑期乐趣，并且为成果展提供节目。我们的活动形式有：小组活动、专题绘画、影片欣赏、外展志愿活动、研讨会角色扮演等。

（一）项目目标

1. 总目标

"心手向阳"服务计划项目致力于将趣味活动与社区儿童思想道德教育相结合，通过开展儿童思想教育的相关服务，满足儿童群体的需求，协助他们度过有意义的暑假的同时，提升他们的法制意识及道德修养，进而提升社区的市民素质，顺利进行人才试点服务，构建和谐社区。

2. 具体目标

（1）协助儿童青少年提升法制意识，了解更多法制知识，降低违法犯罪的概率。

（2）协助儿童青少年形成良好的心理素养，更好地应对自身的变化、环境的变化，提升自身的抗逆力。

（3）协助儿童青少年学会了解自身的正面情绪和负面情绪，学会管理情绪，从而减少因压力过重而采取的偏激行为。

（4）协助儿童青少年进行自我探索，了解自我，提升其自信及对自身资源、优势的挖掘，帮助其正确认识自身的成长。

（5）协助儿童青少年学会与他人进行良性沟通，减少人际关系矛盾与角色冲突带来的矛盾。

（二）服务对象

某社区 8 到 12 周岁的未成年人。服务对象的筛选将集中在这一部分人群：暑期没有特别安排的孩子；自愿报名并征得家长同意的，或者家长报名希望给孩子一定活动平台的孩子（服务对象的筛选采自愿报名与社区筛选推荐相结合的方式进行）。

（三）参与人员

1. 驻社区的实习社工学生

他们负责项目的整体实施，包括进行服务对象的需要评估、制订项目计划、招募服务对象和志愿者、开展活动等。

2. 某社区工作人员

他们提供一定的物质支持，包括提供活动场地和相关基础设施及用品。此外，对于一个活动的具体开展，需要社区工作人员为服务对象进行讲授。最后，还需要社区工作人员对社工的服务进行绩效评估。

3. 督导

他们负责定期与社工进行沟通，了解服务开展的情况，并给予专业意见来改善服务成效。此外，在项目运行的最后阶段，需要对项目的成效和社工的服务状况进行评估。

4. 志愿者

通过对外招聘，充分利用当地有利的志愿者资源，提高服务开展的成效。志愿者需要遵守“心手向阳”服务计划项目制定的相关规定，定期并及时向社工反映服务情况，每次服务完成之后都需要填写有关服务情况的反思表格。

志愿者招聘条件如下。

（1）志愿者申请人自身有一定的才艺教学或表演经历，为人大方，敢于表达自己的想法，有一定的模仿能力。

（2）志愿者申请人需有志愿服务的热情与爱心，学习成绩或工作绩效优良，有团队合作精神。

（3）有志愿服务经历者优先考虑，面试筛选原则为择优录用。

三 需要分析

产品需要适销对路，治病需要对症下药，项目的运行也同样需要根据服务群体的需要而策划系列活动。“心手向阳”服务计划项目运行前期，通过问卷访谈、电话访谈、观察法等研究方法，对某社区的儿童青少年群体的实际需要进行了相关方面的评估。经过评估，某社区儿童青少年群体具有以下需要。

1. 合理安排暑期生活的需要

孩子们在暑期生活的生物钟与平时上学时有所差异，暑假中他们的自由度更大，时间和活动也不再由学校安排。因此，合理的时间和活动内容的安排非常重要。但是，在调研过程中，我们了解到大部分的孩子暑期闲在家中玩游戏、睡懒觉，很少出门活动，部分孩子则经常四处游荡。“心手向阳”服务计划项目的开展，能对孩子们的时间与活动安排给予很好的调适，让孩子们能够健康地度过暑期。

2. 培养服务奉献精神的需要

志愿服务成为当今时代的一种城市风尚，同时奉献精神也是一种美好的品德。在需要评估阶段，我们了解到现在的孩子们很少参加志愿活动，缺乏锻炼的机会。“心手向阳”服务计划项目组认为，社区的孩子们具有参与志愿活动、养成服务奉献精神的需要。

3. 情绪认知及管理的需要

情绪是我们自身的一部分，同时伴随着我们的生活。在访谈中，我们不难发现孩子们在情绪控制能力方面有所欠缺，而且，他们在很多时候不能感知自己的情绪状态，也不懂得怎样通过正确的途径排除自己的不良情绪。因此，“心手向阳”服务计划项目组认为孩子们有认知并处理自己的情绪的需要。

4. 提升法制意识的需要

法制知识可以让孩子们了解更多的法律常识，提升自我素养，同时还可以让孩子们很好地保护自己。在基线调研过程中，我们发现，大部分孩子对法制知识的掌握很有限，学校虽然有法制教育课程，但是不能吸引他们的眼球，即没有良好的产出成效。“心手向阳”服务计划项目组认为，孩子们有通过新奇有趣的方式掌握法制知识、提升法制意识的需要。

5. 与人沟通的需要

社会由不同的人构成，要很好地成为社会人，则需要学会与人沟通。在访谈过程中，我们发现部分孩子比较内向，同时也有部分家长反映，孩子比较害羞，放假喜欢留在家里，当见到来访的客人或其他不认识的人时，不敢主动与他人接触交流。“心手向阳”服务计划项目组认为，某社区的部分孩子有学会与人沟通的需要。

6. 自我认知的需要

“我是谁?”的认知行为，对每一个人来说都非常重要，因为正确的自我认知，可以帮助孩子们避免在成长的路上迷失自我。在需要评估过程中，我们了解到社区大部分孩子存在自我角色模糊、角色冲突等情况。基于此，“心手向阳”服务计划项目组发现社区的孩子们存在自我认知的需要。

需要分析根据儿童青少年思想道德教育的倡导方向，从法制、道德、个人发展等维度展开评估，了解到某社区儿童青少年的各方面需要。

四 项目实施过程

（一）服务方式

“心手向阳”服务计划项目采用“1＋1＋1”模式，通过三大体系共同运行，包括社工体系、社区体系和志愿者体系。“心手向阳”服务计划项目通过协助模式，以团队的形式来开展。社工体系人员，依靠社区体系和志愿者体系为儿童青少年群体提供暑期服务。其中，社区给予场地与资源方面的支持，并对志愿者提供相应补贴，具体包括以下三点。

（1）社区免费提供30平方米左右的教室作为“心手向阳”服务计划项目的教学与活动场所，包括场地内部的桌椅、音响、投影仪、空调、纸杯和饮用水等。

（2）社区需要对志愿者额外的服务时间提供餐费补贴。

（3）社区对社工链接资源给予一定的支持，包括提供志愿服务的帽子、垃圾袋和联系有经验的相关人士。

1. 社工体系模式

本项目的运行过程中，社工始终是主要的实施者。社工设立项目，联系其他体系，开展活动。在活动的五个部分中，社工主要开展心灵护航、老友记和与法同行的活动。

心灵护航和老友记主要通过影视学习、讨论和小组活动来开展。参与活动的服务对象年龄普遍较小，他们不适合成熟型的教学，所以我们采用影视学习和小组游戏活动的主要方式来开展。我们选择比较有启发性的影视节目让服务对象在集体氛围中观看，通过讨论主人公的特征和事例等，来带动服务对象理解，从而达到娱乐之余有所获的目标。每个人都是在游戏中成长的，而且服务对象普遍喜欢玩游戏，所以我们采用小组游戏活动的形式，帮助他们建立信任关系、团队凝聚力，使他们变得自信、了解自己的情绪。此外，我们还采用了外展活动的形式。我们以环保为主题，组织服务对象充当环保小卫士，到社区里清理垃圾。在活动中，服务对象都能比较积极地参与，从外展活动中我们也了解到一些在室内活动中没有了解到的组员特质。

对于与法同行，我们首先通过影视的形式，引申主题，挖掘服务对象的法制意识。此外，我们编写法制手抄报和绘制法制宣传画。服务对象通过思考，赋予每一幅图画不同的故事内涵，从而加深了他们的法制意识。

在国学有约和小荷才露尖尖角部分，社工主要扮演监督者、协调者的角色，并通过招募志愿者来进行教学。在这个过程中，社工从观察者的角度去了解服务对象的一些情况。而且，为了确保服务成效，社工对每次课程和活动都要进行评估和干预。

2. 社区体系模式

“心手向阳”服务计划项目依靠社区资源开展活动。第一，活动场所和活动器材需要社区提供。在整个过程中，社区给“心手向阳”服务计划项目提供了环境良好的活动场所，该场所有投影仪、空调，让服务对象可以在宽敞、凉快的环境中活动。并且对于活动期间所需的用品，社区也都给予了支持，为“心手向阳”服务计划项目的顺利开展提供了不少帮助。第二，在项目设立之前，通过社区提供的相关资料，我们可以很好地了解到社区儿童青少年的分布和家庭住址、电话，为需要分析提供了很大的支持。而且，在走访的过程中，社区工作人员给予了很大的帮助。由他们带我们走访，能减少很多的困难。尤其是在社区工作人员的提醒下，我们了解到社区居民防范意识比较强，从而改变了解情况的途径，少走了很多的弯路。第三，项目内容需要社区工作人员的协助。在我们的课程之中，有一节课是“防灾减灾，你准备好了吗?”。由于该社区正在进行相关防灾减灾项目的申报，我们认为对于这方面的知识和内容，社区工作人员会比我们更清楚，更具专业性。所以，我们邀请社区工作人员来讲授这方面的知识，给服务对象提供介绍防灾减灾知识的服务。

由此可见，在活动硬件设备上和活动内容上，“心手向阳”服务计划项目的运行都离不开社区的支持。

3. 志愿者体系模式

志愿者体系在项目的运行中是很有用的资源。我们通过招募志愿者，让志愿者参与到我们的项目中来。其一，志愿者可以帮助项目的有效进行。因为社工的力量是有限的，一个项目的完成，需要很多方面的支持。其二，我们所招募的志愿者都属于青少年的范畴。在这次活动中，我们所招募的志愿者都是高三毕业生，正准备踏进大学这个小社会，他们需要这样的机会去适应以后学生角色的转变。所以，他们也间接成为我们项目的服务对象，只是所担任的角色是志愿者小老师，而不是学员。

志愿者体系的任务主要是协助开展国学有约和小荷才露尖尖角部分。在开展之前，我们对志愿者进行了相关的培训，并且提出了相应的要求。他们没有教学的经验，而服务对象又是8到12周岁的孩子，所以在志愿者管理方面我们比较谨慎。对于他们每次的教学情况，我们都进行记录和评定，并要求他们记录下服务感受。

“心手向阳”服务计划项目以“我行、我在”为行动口号，根据这一阶段儿童青少年的特点来设计每期活动，力图让孩子们在娱乐与欢乐中有所得。

（二）实施过程

1. 第一阶段：前期调研之需要评估与方案设计（2011年7月10日—7月14日）

在这一阶段，了解某社区儿童青少年服务开展的可能性，对该社区儿童青少年的思想道德程度进行测评。在开展前期调研之前，我们实地考察了该社区的地理位置、场所设施等，做好了基本硬件措施的考量，以便更好地设计服务活动。之后，通过观察法、电话访谈法、问卷访谈法进行评估。此外，根据社区服务群体的需要及社区的主题要求，收集资料设计服务方案。

2. 第二阶段：开展活动宣传与志愿者招募工作（2011年7月15日—7月17日）

通过招募志愿者，并对志愿者进行培训，协助完成系列活动。

活动的宣传采取两种形式：在社区楼下张贴宣传单和在各宣传栏张贴海报。招募也有两种形式，分别为A计划和B计划。A计划是首要的招募形式，主要是自愿报名参与活动。通过宣传单和宣传海报了解活动内容，服务对象或其监护人可以通过电话或QQ的形式自愿报名。后期阶段，我们则采用B计划，即通过社区人口普查名单，寻找合适年龄段的儿童青少年，采取登门和电访形式招募。

3. 第三阶段：服务对象筛选阶段（2011年7月18日—7月19日）

根据报名表上填写的个人资料进行筛选，选择年龄最合适的孩子加入到“心手向阳”服务计划项目的活动之中，并通过电话方式告知被选中的孩子活动开始时间及注意事项。

4. 第四阶段：活动开展阶段（2011年7月20日—8月20日）

根据服务对象的需要，开展国学有约、与法同行、心灵护航、老友记和小荷才露尖尖角这五部分活动，此外还开展了音乐及军体拳教学、小组活动等（如图1—6）。其间，小组活动包括以下内容。

（1）第一次活动：“Hello，how are you?”

（2）第二次活动：我们在一起。

（3）第三次活动：争当情绪小主人。

（4）第四次活动：我能行。

（5）第五次活动：聆听你我他。

（6）第六次活动：照镜子。

（7）第七次活动：在路上。

图 1—6 “心手向阳”服务计划项目开展的丰富多彩的活动

左上图，小组活动中大家相互认识；右上图，小组活动之我们在一起；左中图，法制书画展；右中图，军体拳教学；左下图，防灾演习；右下图，环保小卫士。

5. 第五阶段：项目评估阶段（2011 年 8 月 20 日—8 月 22 日）

督导、社区领导、家长和服务对象在项目结束时对项目效果进行评估。通过撰写工作实习日志、工作反思进行个人服务反思；通过家长反馈信了解服务成效；通过服务对象填写前后测问卷进行服务反馈测评。

6. 第六阶段：结束项目并汇报（2011 年 8 月 23 日—8 月 25 日）

通过成果展示的形式，向家长、社区领导、民政局领导汇报“心手向阳”服务计划项目的成果。

五 项目评估

（一）目标达成情况

“心手向阳”服务计划项目以 8 到 12 周岁儿童青少年为服务对象，以“我行、我在”为行动口号来开展一系列的活动，从而达到提升社区儿童青少年思想道德修养的目标。通过督导、社区领导、家长和服务对象的反馈，我们了解到“心手向阳”服务计划项目达到了良好的成效。

1. 社区居民的认同度提升

经过这次暑期活动的开展，某社区居民的活跃程度有所提升，而且随着活动的开展，陆陆续续有不同的儿童参加到项目之中。在整个运行过程中，参加项目的儿童青少年家长对社区能提供免费平台，为儿童青少年开展服务活动作出了不同程度的肯定，并表示希望来年暑期社区还能开展这样的活动。

2. 家长反馈

我们通过半结构式访谈获得了家长对项目开展的成效反馈。通过资料整合，得出以下结论。

（1）服务对象参加“心手向阳”服务计划活动均有所收获。在调查中，对于“用满分 5 分来评价你参加‘心手向阳’服务计划活动的收获程度，你会打多少分”，60％的服务对象打了 5 分，23％的服务对象打了 4 分。在收获的内容上，有 70％的服务对象收获了团队力量，40％的服务对象收获了友谊，30％的服务对象收获了欣赏别人、看到别人的闪光点。但是服务对象对于“应急自救常识”和“法制小常识”的收获并不太大。在法制内容方面，我们只做了一期活动，在数量上有所欠缺。考虑到孩子们的年龄，法制方面的外展活动没能开展，收获上有所欠缺也是可以理解的。而在思想道德方面，他们都有所收获。在评估中，最能引起他们兴趣的活动主要有与法同行中的绘画、外展环保行动、心灵护航之影视学习、情绪小主人活动，而只有《弟子规》教学活动没有服务对象选择。《弟子规》的教学活动本身比较枯燥，而老师上课的形式和内容也不太适合服务对象的特点，这也是值得我们注意的问题。

(2) 服务对象对社工的服务态度和成果都持肯定态度。在“社工是否真诚热情”的评价中，服务对象持很同意态度的达到87.5%，持同意态度的为2.5%。同时，对于服务效果，服务对象均给予了5分满分的评价。从这些数据上可以了解到，社工的个人特质和服务都得到了服务对象的认同。

(3) 服务对象对于志愿者老师的态度表示满意。虽然在问到最感兴趣的活动内容中，《弟子规》教学活动处于劣势，但是对于授课老师的工作态度，绝大部分服务对象表示满意，少数人表示感觉一般。感觉一般的原因，一方面是志愿者老师所承担的教学内容有一定难度，这是能理解的。另一方面是在活动过程中，他们缺乏主动与社工沟通、汇报、反思，因此成效不是很大。

从家长对社工认真负责的工作态度和良好的服务成效的认可，服务对象对参加“心手向阳”服务计划活动的感受、收获，以及对工作员的评价中，我们都可以看到项目开展的成效。

(二) 成效评估

1. 从评估方式上，采用以下三种方式

(1) 服务对象的评估。根据每次活动的开展，在每个细项完成之后，对服务对象进行测评，来了解服务成效。也可以通过服务对象对活动的收获来评估。

(2) 工作员自身的评估。在每次活动的过程中，进行活动总结和记录。社工本身可以通过服务效果和预期目标的达成情况来进行有效评估，其中包括通过服务对象的改变程度来评估自身的服务质量。

(3) 第三方评估。包括督导、社区居委会书记和主任对服务成效进行评估。督导的评估在中期和结束项目的时候进行。而社区居委会书记、主任，则在项目结束之后做最后的评估。

2. 从评估内容上，分为服务的质和量两方面

（1）质的评估。

这方面的评估主要通过服务对象填写的问卷和对家长进行半结构式访谈中得出。它具体包括以下内容。

A. 对社工设计的活动主题、活动内容及其在开展服务过程中的引导能力、工作技巧等的评估。

B. 对志愿者在服务过程中的评价，包括自评、社工对其评价和服务对象对其评价。

C. 督导项目负责人的评估，包括每两周对社工反馈的信息进行测评。

（2）量的评估。

A. 项目活动内容的多样化与否。

B. 是否能完成每次的计划任务。

六 经验与反思

首先，对于已经接受过服务的儿童青少年而言，该项目具有可持续性的作用。该项目在暑期的时候开展，所教授和提供的服务，都对儿童青少年本身的发展有一定的促进和启发作用。我们通过正强化和负强化的手段告知处于儿童中期的孩子，什么样的道德模式和人际互动是正确的。而且，角色扮演和游戏的形式，也使处于儿童中期的孩子易于理解和接受，从而产生比较好的认知，进而影响到行为表现。因此，对处于儿童中期的孩子进行暑期思想道德教育系列趣味活动，具有可持续性。

其次，该项目以处于儿童中期的孩子为服务对象，以培养思想道德素养为终极目标，开展了一系列暑期活动。根据处于儿童中期的孩子的需要进行的思想道德教育的相关活动，都跟党的建设密切相关，与关爱妇女儿童的主题密切相关。家长也都希望在暑期能有免费的平台供孩子学习知识，因此对于家长而言，也有一个可持续性的需要。

从项目本身施行的意义和项目受益群体的角度，我们都认为该项目具有一定的可持续性。

参考文献

[1] [美] 乔斯·B·阿什福德，等. 人类行为与社会环境：生物学、心理学与社会学视角（第二版）. 北京：中国人民大学出版社，2005.

[2] 刘梦，张和清. 小组工作. 北京：高等教育出版社，2010.

[3] 张雅明，等. 中小学生心理健康量表的信效度检验. 中国临床心理学杂志，2004（1）.

[4] 俞国良，等. 小学心理健康教育教师指导手册. 北京：开明出版社，2001.

（案例来源：南京理工大学紫金学院社会工作专业张婷婷、唐玉琳。）

花东社区“四点钟学校”服务项目

一 项目背景

新市民，即流动人口，这里是指由外地流入，在常州从事投资、经营、务工和其他职业且在常购置物业而有常住户口的外地人员。随着经济建设和城乡一体化进程的加快，常州吸引了大量的流动人口来就业和创业，常州市进城入镇的农村务工人员和外来民工已达到最高峰值。目前，仅武进区常住的外来人口就有80万，比2010年年末增加了近20万人，增长率为27.6%，是近年来增长最快的一年。其中，城区外来人口达72万人，占全区外来人口总量的90%。武进区的外来人口就业占该区就业人口的22.6%，也就是每5个就业人口中，就有1名外来人口。大批外来务工人员即新市民给武进区经济的发展提供了丰富的人力资源，已成为武进区社会发展和经济建设的一支重要力量，为武进区经济和社会发展作出了积极的贡献。伴随大批新市民的流入，大批适龄儿童随父母进入武进区，成为新市民儿童。据常州市武进区湖塘镇花东社区的不完全统计，2010年至今迁入的新市民儿童数已占社区新迁入居民数的85%。据社区内驻区学校统计，户籍在花东社区的新市民儿童数已达75%。他们作为社区管理中的一类特殊群体，在社区中的快乐生活和健康发展状况越来越引起社会各界的广泛关注。

新市民儿童在社区中的快乐生活和健康发展遇到了各种困难。比如：新市民儿童的父母大都是双职工，部分儿童还是单亲家庭孩子，在孩子离开学校后能提供给孩子再学习并寻求再发展的机会很少；因为地域差异，新市民儿童在学校学习上的困难解决不了；新市民儿童来到城市后对生活的陌生导致孤独感，无心向学不求发展。湖塘镇花东社区“四点钟学校”服务项目是湖塘镇花东社区服务管理创新的一个重要模式，力求通过“四点钟学校”这一载体，运用现有社工实践技巧，为社区新市民儿童提供更多更好的服务，全力推进文明花东、和谐花东、幸福花东的建设。

二 项目基本信息

湖塘镇花东社区“四点钟学校”是2010年由武进区湖塘镇阳湖街道办批准建立，2011年2月正式投入运行的。其实际建筑面积约为400平方米，内设象围棋室、书画室、舞蹈房、七彩幸福小屋等。学校采取邀请专业机构介入参与管理和社区妇委会、关心下一代工作委员会（简称关工委）、团委等部门协同管理的工作机制运营。“四点钟学校”以“服务为本、幸福成长”的服务理念，致力于社区新市民儿童的快乐生活和健康发展。“四点钟学校”的服务内容包括兴趣选修区、志愿服务区、社区融合区三块，力求通过各方提供的支持与关怀、有意义的参与机会，为社区新市民儿童及社区其他居民提供个人文明、邻里和谐、家庭幸福的服务。

三 需要分析

社会工作实务的目标之一，是通过不同的服务及程序发掘社区资源，协助服务对象消除心理上或环境上的障碍，发挥他们的潜能，从而满足他们的需要。通过对社区新市民儿童的相关研究结果的回顾和驻区单位湖塘镇花园小学新市民儿童的前期调研，本项目将社区内的新市民儿童作为社区“四点钟学校”服务项目的服务对象，通过进一步的需要评估，全面了解其需要，从而更好地设计实务方案。

（一）新市民儿童需要评估方法

需要评估往往需要两个步骤，社会工作者首先需要全面了解社区的基本情况；其次确立所服务的目标对象。在社区“四点钟学校”服务项目中，为了更好地了解新市民儿童的需要，我们主要采取了个案访谈、座谈会和问卷调查的方法。

1. 个案访谈

个案访谈主要以半结构式访谈为主，了解社区情况和服务对象的需要状况。社区“四点钟学校”服务项目访谈的对象主要包括学校工作人员、新市民儿童、社区居民三类。

2. 座谈会

座谈会主要以半结构式访谈为主，通过交流，工作员可以收集到更全面和多样化的资料。社区“四点钟学校”服务项目通过与武进区教育局工作人员、花园小学和周家巷小学老师、社区新市民儿童家长的座谈，较好地了解了新市民儿童的基本情况。

3. 问卷调查

此次问卷调查，采用全面调查的方法，共调查学生 200 人。

（二）新市民儿童需要情况

通过个案访谈、座谈会和问卷调查，社区“四点钟学校”服务项目组发现，花东社区新市民儿童有以下几个方面的需要。

1. 安全的需要

新市民儿童从农村进入城市，面对城市陌生的环境和不同的行动规则，往往缺乏必要的保护性措施和安全意识。调查发现，社区新市民儿童在上学和放学途中存在一定的安全风险，与城市孩子相比，他们往往独自或者与小伙伴结伴而行，缺乏相应的通信工具和家人、老师保持联系，对可求助的公共资源也不清楚，家长对其何时回家也缺乏管理。基于此，项目组认为新市民儿童有安全的需要。

2. 关系建立的需要

新市民儿童的父母普遍工作比较繁忙，缺乏合适的亲子沟通技巧，所以亲子关系往往比较紧张，加之新市民儿童和父母之间的交流比较少，因此亲子关系面临许多问题。调查发现，新市民儿童男女同学之间的关系建立不是很好，特别是男生对于如何正确地建立同辈关系存在一定的问题。新市民儿童具有增进亲子关系和建立同辈关系的需要。

3. 归属的需要

项目组在对新市民儿童的访谈中，获知新市民儿童的业余活动普遍比较少，缺乏适于儿童青少年的活动和社会参与的机会，对城市的了解相对较少，缺乏归属感。

4. 目标建立的需要

家庭往往对新市民儿童的未来缺乏规划，使得他们对未来也缺少规划，缺乏期望，缺少目标感。在调查中，很多新市民儿童表示对自己的将来没有打算，也不清楚自己要成为什么样的人。

5. 学习能力提升的需要

新市民儿童的学习普遍依靠自己和学校的教育，放学后无人督促他们学习，进一步影响了新市民儿童的学习能力。在调查中，一些新市民儿童表现出厌学情绪。

四 项目实施过程

（一）实施进度

（1）2010 年 10 月，立项并组建。

（2）2011 年 1 月，全面启动项目建设。

（3）2011 年 2 月至今，全面实施到位并正常运作。

（二）服务方式及内容

基于前面的需要评估，花东社区“四点钟学校”服务项目采取整合性服务方式，即综合利用多种资源共同提高新市民儿童快乐生活、健康发展能力。具体来说包括以下方面。

1. 社会专业机构参与服务

根据第十三次全国民政会议温家宝总理在讲话中强调公共服务可适当交给社会组织承担的精神，花东社区积极寻求社会组织参与“四点钟学校”服务项目。我们邀请了常州市百花棋院、常州市天音琴行、常州市小不凡作家作文培训机构（如图 1—7）、常州市橘子英语等机构参与本项目，这样既可为参与“四点钟学校”服务项目的新市民儿童发展能力的拓展提供专业化的服务，同时可为“四点钟学校”服务项目的正常运行提供人员、资金、专业设备等，并为新市民儿童参加“四点钟学校”服务项目提供了重要的保障。

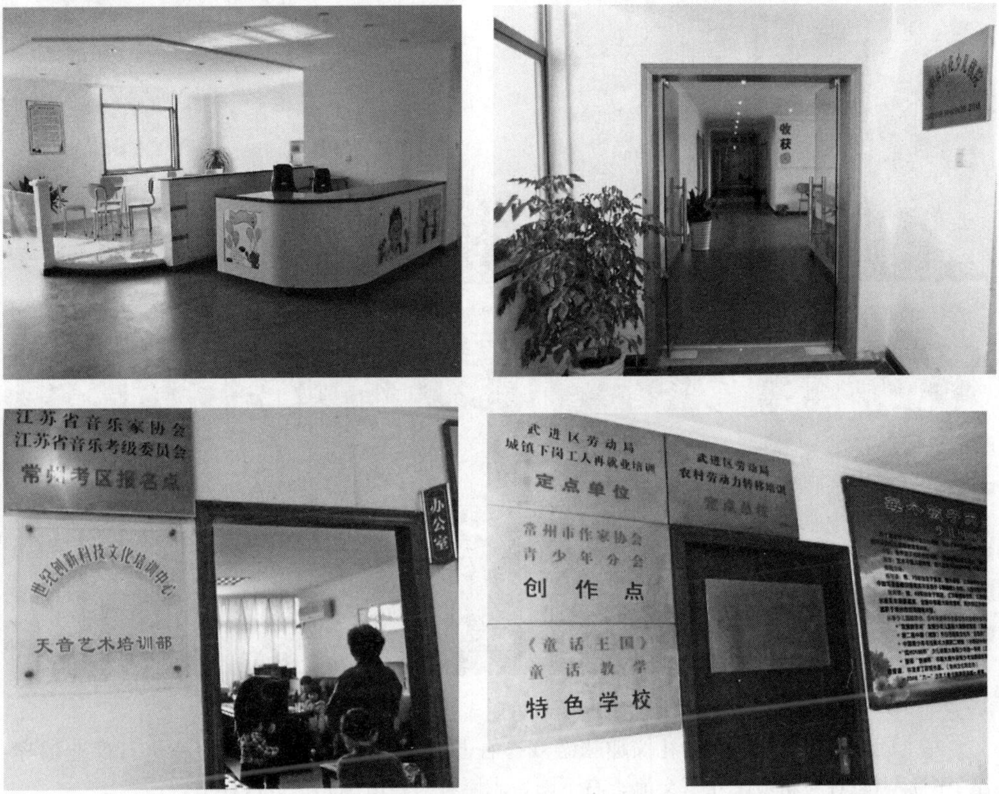

图 1—7　花东社区“四点钟学校”与部分社会专业机构

左上图，花东社区“四点钟学校”接待处；右上图，百花棋院；左下图，天音琴行；右下图，小不凡作家作文培训机构。

2. 志愿者小组活动为主导

鉴于新市民儿童需要调查，完整的能力拓展仅仅依靠专业机构参与服务远远不够，因此依托社区志愿服务站的强大功能，我们积极组建和招募了专业化和非专业化志愿者队伍，以期通过各种生动有趣的小组活动（如图 1—8）给予新市民儿童生活上关心、心理上舒心、发展上有心的服务。

3. 社区大中型活动为导向

社区工作是社会工作方法之一，围绕社区服务群众的中心工作，积极

图 1—8　志愿者小组活动

左上图，新市民儿童文明礼仪趣味游戏；右上图，志愿者对新市民儿童进行课业辅导；左下图，志愿者与新市民儿童交流；右下图，志愿者与新市民儿童进行环卫宣传。

组织和动员社区内居民参与社区活动，并整合各类资源，从而加强社区内邻里之间的融合度和凝聚力，增强个人的生活能力。基于此，社区工作人员积极围绕党政工作重心和社区管理需求，组织社区大中型活动（如图 1—9），让社区居民乃至社区新市民及新市民儿童能更好地融入社区生活，在社区生活中获得归属感。

4. 个性化服务为辅助

个性化服务（如图 1—10）即个案社会工作，它也是社会工作方法之一。它以个人或家庭为服务对象，了解个人内在的心理特性和问题，针对个人的特殊情况和需要，激发个人潜能，增强和发展个人或家庭的社会适应能力。花东社区“四点钟学校”服务项目针对社区内新市民儿童及其家庭的特别需要，提供由专业的心理咨询师、学校老师、社区工作人员组成

图 1—9　社区大中型活动

左上图，关爱新市民儿童爱心义卖活动；右上图，新市民儿童健康讲座；左下图，新市民儿童食品安全农社对接活动；右下图，新市民儿童家庭教育讲座。

的工作组走访和个案的专业辅导服务。迄今为止，我们已走访了 9 户新市民儿童家庭，目前仍在进行跟踪服务。

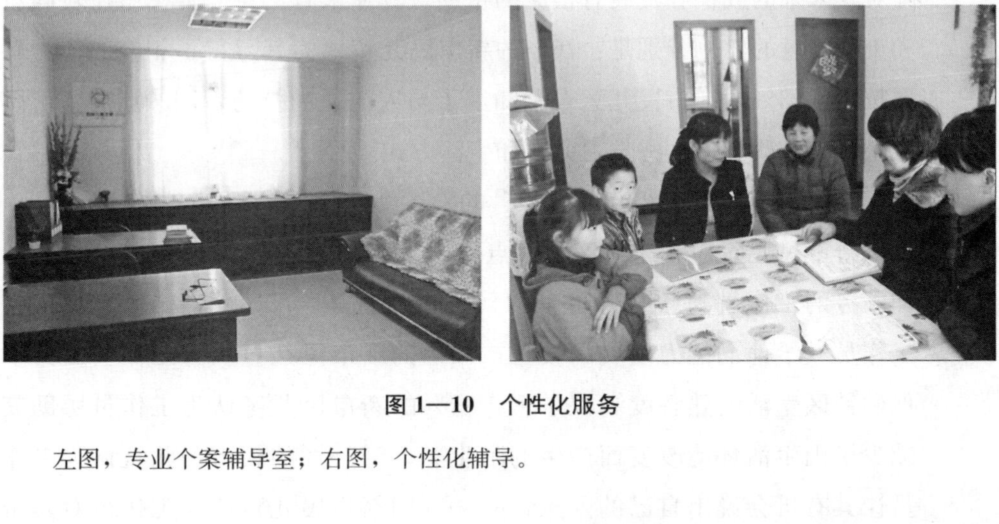

图 1—10　个性化服务

左图，专业个案辅导室；右图，个性化辅导。

五 项目评估

（一）评估方式

评估工作的作用在于确定项目是否达到目标，并找出改进的意见。评估工作对社会工作实务的作用很大。通过对参加者的分析、目标达成度评估和参加者满意度评估，社会工作者可以了解到项目活动是否达到原定的目标，参加者对项目活动的意见如何，将来怎样改进等。花东社区“四点钟学校”服务项目采取过程评估和目标达成度评估两种形式。

（二）项目成效

花东社区“四点学校”服务项目组从服务对象参与度、目标达成度、新市民儿童及其家长对花东社区“四点钟学校”的满意度、对服务内容和形式的满意度四个方面分别进行了评估，结果如下。

1. 服务对象参与度

整个服务项目过程中，服务对象参与度为65%。从投入度来看，仅有个别组员在某些小组活动和社区活动上投入度不够，整体投入度达到90%。

2. 目标达成度

新市民儿童认为，通过服务他们习得了增强发展能力的技巧，这些技巧对其未来的成长和发展有很大的帮助。具体来看，每一目标中比较同意和十分同意的比例分别是：76%的新市民儿童认为其习得了相应的能力发展技巧，93%的新市民儿童表示知道了与人沟通的技巧，79.9%的新市民儿童认识并改变了一些学习方法和生活方式。

3. 对花东社区“四点钟学校”的满意度

新市民儿童对花东社区“四点钟学校”的满意度高达81.0%，对参加服务的工作员满意度达到78.4%。具体而言，75%的新市民儿童认为工作员教给他们能力发展的技巧，73%的新市民儿童认为工作员提升了他们社区生活的熟悉度和快乐感，81%的新市民儿童认为工作员协助其减少了因生活环境改变而产生的陌生感，82.6%的新市民儿童认为工作员让其有机会说出自己的困难，88.0%的新市民儿童认为工作员对其帮助很大。

4. 对服务内容和形式的满意度

新市民儿童对花东社区“四点钟学校”服务项目的服务形式包括社会专业机构参与服务、志愿者小组活动为主导、社区大中型活动为导向、个性化服务为辅助四个方面都比较满意。具体而言，75%的新市民儿童认为社会专业机构参与服务对其帮助很大，80%的新市民儿童认为志愿者小组活动的形式对其帮助很大，85%的新市民儿童认为社区大中型活动的形式对其帮助很大，75%的儿童认为个性化服务形式对其帮助很大。

从上面的评估结果可以看出，花东社区“四点钟学校”服务项目通过两年多以来的持续服务，整体来看实现了预期目标。

（1）有效地解决了社区新市民双职工家庭或者单亲家庭孩子放学后无去处的问题。

（2）一定程度上解决了新市民儿童的学习难题，提高了其学习能力。

（3）改善了新市民儿童及其家长的城市陌生感和孤独感。

（4）增强了新市民儿童在社区生活的快乐。

（5）一定程度上提升了新市民儿童的发展能力。

六 经验与反思

（一）经验总结

花东社区“四点钟学校”服务项目具有极强的可持续性，这主要与社区环境、“四点钟学校”组织形式、参与人员、运作模式等因素有关。

（1）社区建立了新市民儿童快乐生活和能力发展的持续提升的环境。

（2）花东社区“四点钟学校”运营形式的合适性，可以有效地使新市民儿童更好地适应环境。

（3）服务团队的专业性和积极性。本项目有专业教育机构介入，又与社会各种志愿者服务团队合作，可以给予专业的服务技巧、服务理念和积极乐观的精神，从而有效地保证了服务项目的质量。

（4）多方合作模式。本项目由社会专业机构参与运行，有效地提升了项目的可持续性。

（二）项目反思

花东社区“四点钟学校”服务项目在实施过程中遇到的问题主要体现在以下两个方面。

1. 服务对象的局限性

因为项目的运行时间比较短和宣传力度不大，社区内新市民儿童对“四点钟学校”服务项目的服务内容的知晓率还有待提高。

2. 活动的整合方面

项目本来计划服务于社区内的新市民儿童，但是为了保证能够更好地常态化运行，我们还吸收了本地儿童参加。在孩子之间的融合度上，还需要随着时间的推移进一步提高。

（案例来源：常州市武进区湖塘镇花东社区夏伟、赵红。）

珠江路小学在校儿童能力提升小组

一 项目背景

珠江路小学是一所全国实验学校，2009 年通过南京基督教青年会与南京工程学院社会工作协会建立了长期合作关系，旨在帮助服务对象与父母建立良好的沟通，通过小组活动从学习上、生活上帮助服务对象取得进步。儿童期的孩子处于勤奋与自卑的阶段，需要树立正确的价值观，更需要父母的关注与爱。南京工程学院社会工作协会根据服务对象的需要结合社会工作专业所学，在专业老师的督导下展开了为期两年的义工团辅活动。

(一) 理论基础

1. 人格发展八阶段理论

美国心理学家埃里克森认为社会文化对人格的发展有重要的影响，并且人格的发展贯穿人的一生，一个人要成为一个真正的社会人，必须一步一步接受文化的熏陶，掌握文化规则。人的社会化过程，实际上是个人不断学习和运用文化的过程。埃里克森的观点对学校教育中人格的培养具有很大的现实意义。义工团辅活动将以促进亲子关系、提高学习文化的能力作为活动的主线，帮助服务对象学会感恩、学会正确的情感表达方法与技巧，并帮助他们更好地在学习生活中不断进取。

2. 社会学习理论

班杜拉认为，儿童学会的许多行为模式都不是按照早期行为主义提出的强化—惩罚的方式学到的，而是通过观察—模仿的方式学会的。此时榜样起了很重要作用，父母在生活中的榜样作用无时无刻不影响着服务对象，所以在活动中积极塑造好的榜样是有必要的。同时义工也应树立良好的形象，以达到预期效果。服务对象通过对身边的人的模仿学习，从而养成良好的习惯，促进亲子关系，加深对父母的理解与爱。

3. 需要层次理论

从心理学角度看，人际关系是人们在人际交往过程中所形成的心理关系。阿特金斯等人认为，影响人们社会交往动机的有两种需要：一种是亲和需要，即人们有和他人相伴的需要倾向；另一种是亲密需要，即人们追求温暖、亲密关系的愿望。马斯洛的需要层次理论把人际交往排到第三层，即归属与爱的需要。个人要求与其他人建立感情的联系或关系。人们渴望有所归属，成为群体中的一员，如果被拒于群体之外则会产生孤独感，精神受到压抑甚至会绝望。小组为服务对象提供了结交新朋友，处理人际关系的机会。在小组中，亲子关系的保持与同辈群体的建立为服务对象的健康成长奠定了基石。

（二）工作理念

小组工作是社会工作三大方法中运用最广泛的一种，以其乐群性和趣味性在实践中较容易被接受。在我们看来，小组工作之所以适用于服务对象，有以下几个原因。

第一，从儿童人际交往的特征来看，儿童的主要人际交往场所是学校，而儿童在学校的机会很少，小组工作是对儿童人际交往场所的有力补充。我们为他们提供了这样一个场所，从而帮助他们更好地完成在学校阶段的成长任务。

第二，从服务对象的需要来看，小组工作可以帮助儿童发展人际交往需要，尤其是改善与父母的关系。小组工作在专业指导下，运用小组技巧，为他们提供一个认识自我、认识他人及建立关系的平台，通过这个平台，他们可以互相分享、共同担当、发泄压抑情绪，同时也可以满足安全、认同、理解、互助等各种需要。同时，通过小组互动过程，提高交往能力。

第三，从社会工作者的特质来看，经过三年的专业学习，社会工作者有了自己的专业认同，可以建立起一个安全的人际交往场域，即小组。在这个小组中充满了平等、接纳、真诚。社会工作者能秉持不批判、个别化的专业理念，组员可以敞开心扉，不必担心表露心迹会被嘲笑。在这里，组员可以轻松地学习和演示小组活动。通过参加这个小组活动，组员可以开心地提升自己的交往能力、提高学习兴趣。

二 项目基本信息

（一）项目目标

1. 总目标

提升组员的自信心和与他人沟通、融入社会的能力，帮助其更好地评价自己和社会，更好地融入社会。

2. 具体目标

通过小组活动，帮助组员提高沟通、交流技巧；建立组员间的合作关系，完成指定的小组任务；增强组员的自信心，以更正面地评价自己及自己的家庭；改善或增强组员与家人的关系。

（二）服务对象

本项目在珠江路小学开展，服务对象是当时为二年级（今已升入四年级）的80名学生中有“问题”的学生，他们大多由爷爷奶奶照看。服务对象的父母大多是个体户或外来人口，平时与服务对象沟通较少。亲子关系疏离及隔代教育造成儿童期的教育失调。他们的日常行为和学习兴趣都受到了家庭的影响。

（三）参与人员

此次活动是由南京工程学院社会工作协会负责的，主要参与者是本专业的在校学生，也有慈善机构或非政府组织参与观摩。在专业教育的熏陶下，我们秉持社会工作价值观，运用社会工作技巧开展活动。我们积极参加专业拓展的各项实践活动，提高自身的综合素质。在专业老师的指导下进行小组活动，促进服务对象与父母的情感交流，同时提升自己的专业素养及实践能力。

（四）地点

活动的实施地点为南京市珠江路小学。

三 需要分析

（一）亲情的需要

亲情关系对孩子的行为习惯、心理健康、人格与智力的发展有直接而重要的影响。由于父母不在身边，服务对象因缺乏亲情的抚慰和关怀，往往变得内向、自卑、悲观、孤僻。监护人对儿童的心理健康问题介入较少，关注不够。由于与监护人有心理上的距离，服务对象遇到问题时情绪往往无法及时得到排解，常常导致感情脆弱、自暴自弃、焦虑自闭、缺乏自信、悲观消极等畸形心理。在教育中，存在亲情关怀缺失、心理问题骤增、学习兴趣减低、道德意识淡漠、安全问题频出等问题。

（二）家庭教育的需要

家庭教育的缺失，道德约束的缺乏，导致服务对象没有养成良好的生活习惯和道德品行，出现行为偏差。俗话说："先成人，再成才。"在孩子的成长过程中，"成人"较之"成才"更为重要，德育较之智育更需优先考虑。家庭教育的弱化和道德观念、价值观念教育的缺乏导致服务对象的人生观和价值观出现偏离。不少服务对象的父母常年在外打工，他们在感情上觉得愧对孩子，所以往往把愧疚转化为金钱来弥补，这样使服务对象手里拥有了一定数量的零花钱。如果孩子能够正确使用父母给的零花钱，那么当然皆大欢喜，但如果孩子拿着零花钱流连于网吧，沉迷于网络，那就得不偿失了。这种以金钱代教育的做法非但不能弥补家庭教育的缺陷，反而会助长孩子"重利主义"、"拜金主义"等错误观念。

（三）学习辅导的需要

由于服务对象父母的时间或知识水平有限，服务对象在家庭中不能得到学业上的支持与帮助。父母只是一味地强调学习成绩，却不注重服务对象在学习方法和学习技巧上的培养与学习，导致服务对象对学习失去兴趣。因此，服务对象需要学习上的支持与帮助。

四 项目实施过程

(一) 服务方式

在活动的开展中，我们主要采用了小组工作和个案工作的方法。其中小组工作是主要的工作方法，以其乐群性、趣味性及对学校教育的有力补充性而独具实用价值和实践效果。小组活动每个阶段都会有不同的主题，我们会根据服务对象的需要设计小组工作方案。每次小组活动在一个小时左右，小组活动结束后我们会布置有关亲子沟通的作业，进一步强化我们的工作成果。我们把服务对象分为五个组，每组六人。每个组都有四个义工负责活动的展开，对有特殊情况的服务对象进行个案辅导，并通过与家长、老师的交流对服务对象进行跟进。

(二) 实施进度

1. 活动初期 (2009 年 9 月—2009 年 12 月) (如图 1—11)

主要内容包括：融入服务对象，让他们接受我们。树立统一目标，建立长期信任关系。建立基础规章制度及赏罚制度。了解服务对象基本情况。

图 1—11 活动初期

左图，活动策划排练；右图，小组规范制定。

2. 活动中期一 (2010 年 2 月—2010 年 7 月) (如图 1—12)

主要内容包括：培养服务对象良好的行为习惯、团队意识、互助精神。针对服务对象学习上出现的普遍情况，如注意力不集中、课堂上随意讲话、不遵守学校行为规范，组织相应的活动改正他们的不良行为。与家长、老师保持联系，及时反馈活动成果及需要。

图 1—12 活动中期一

左图，我爱我家小组活动；右图，趣味英语小组活动。

3. 活动中期二（2010 年 9 月—2010 年 12 月）（如图 1—13）

主要内容包括：帮助服务对象提高学习兴趣，培养学习技巧及方法。使他们学会控制自己的情绪，处理与他人的关系，促进亲子关系。同时，注重个案的成长。

图 1—13 活动中期二

左图，小组成员交流感想心得；右图，小组成员合影。

4. 活动后期（2011 年 2 月—2012 年 7 月）

主要内容包括：活动的评估与跟进，以及目标实现的状况，对未能达到的目标进一步完善，提高服务对象自己解决问题的能力，处理离别情绪。

五 项目评估

(一) 评估方式

我们的评估方式有三部分。第一部分是事前评估。在每个阶段前期，我们会针对服务内容设计调查问卷，对每位服务对象的状况进行了解调查，同时询问老师或家长他们在这方面的表现情况。第二部分是过程评估。主要是义工通过每次活动的观察与记录，具体分析服务对象存在的问题及取得的进步，过程评估是贯穿活动始终的，也是最具个体特色的进步过程。第三部分是事后评估。与事前评估相对应，在每个阶段结束时针对主题设计问卷，对这一阶段的工作进行总结性评估，同时也需要家长、老师的反馈。在整个评估过程中，不仅针对服务对象，同时也针对义工，对义工的工作进行反思总结。

(二) 目标达成情况

在这两年的时间里，我们与服务对象共同成长，与他们结下了深厚的友谊。总的来说，服务对象在不断进步，在亲子沟通、感恩父母、团队精神、注意力、情绪管理与控制、英语学习、学习兴趣及方法的培养等方面都取得了明显的进步。很多服务对象的点滴变化让我们很感动，也是我们不断进步的动力。有一个服务对象在我们刚开始接触的时候抵触情绪强烈，不和其他同学一起玩，在这两年的时间里，他逐渐接受了我们，现在可以轻松地与同学交流，学习成绩也进步了很多。基督教青年会分阶段对我们及服务对象进行考核，他们的反馈让我们看到了彼此的努力和成长。

六 经验与反思

(一) 经验总结

小组工作是社会工作的一种专业的助人方法，它通过有目的的团体经验和小组内人际间的互动，帮助组员解决问题，提升其社会功能，挖掘其潜力，实现其自我发展。其优点是针对性强、内容丰富、参与充分、影响广泛、效率高等，特别适合儿童和有相同问题的同质性群体。同时，小组工作方法具有初级家庭团体要素，还具有提高社会性技巧、团体凝聚力以及情绪宣泄等治疗要素。它可以通过有针对性的活动安排和小组动力，运用榜样示范、情景模拟、角色扮演、竞赛激励等技巧引导儿童正确地认知、宣泄不满情绪，表达真实需要，获得归属感和社会支持。同时还可以使儿童在团体中了解同伴的共性，并在帮助他人的过程中学会自己处理问题，提高其人际交往的意愿和能力。项目具有极强的可持续性，这主要与活动形式、社会工作者、活动模式等因素有关。

1. 理念的可持续性

助人自助的社工理念已经在潜移默化中影响了我们，在每一位社工协会的成员身上都始终得到体现与发展。在活动中，我们怀着爱人之心、助人之心全身心投入，并将把这种专业理念延续下去。

2. 活动实施的可持续性

小组工作是一种持续的、动态的工作方法，随着服务对象的成长变化，我们不断更新和完善小组的理论与方法，每一次活动的开展都是促进小组工作方法可持续性发展的动力源泉。

3. 成效的可持续性

结合两年的活动成效来看，服务对象自身各个方面都得到了很大改观。我们也在协会内形成了一届传一届的传统，我们会将这项活动一直进行下去直到服务对象毕业。

(二) 项目反思

在小组初期，组员开始聚集，相互熟悉和探索了解小组功能、共同兴趣及目标。在小组初期应注意以下几点：第一，寻找相似性。小组刚开始时，组员会以外表特征和经验基础来互动，工作者应引导组员了解组员的相似性，这是组员互动的基础。第二，小组消除顾虑。在交谈中会有组员不能真实地了解工作者或他人的意图，尤其是多动的服务对象很难仔细听别人说话，对他人的意图难免误解，加之有些组员的口头表达能力有限，这样就更容易引起别人的误解。这时工作者应该积极与组员沟通，仔细倾听，引导组员之间进行最大限度的沟通。第三，同理、真诚和接纳。工作者必须真诚，并且对组员做出诚实的反馈，使组员愿意说出自己的真实想法和感受。工作者在与服务对象交流时要更注意同理心的运用。

小组中期为小组重整与归纳阶段，组员开始注意自己在小组中的权利和地位，关心自己被小组和他人接纳的状况。在小组中后期，组员会出现相互信任、小组凝聚力和归属感增强，彼此坦诚地交流、相互分享。随着组员的沟通和互动加强，组员之间会在价值观、权力位置等方面产生冲突和矛盾，所以要正确面对和处理小组出现的矛盾。工作者应该明白冲突是很正常的现象，是小组的自然整合过程，不一定是坏事。要冷静地面对小组内的冲突，同时和组员共同分享处理问题的方法。在小组过程中要针对儿童的特征掌握正确的沟通技巧，良好的沟通技巧首先源于正确的态度。在小组过程中需要特别强调以下几点：第一，不批评、非控制的态度。对服务对象要包容，尊重组员的选择权利。第二，平等、协商的态度。以平等的方式和对方沟通，要接受他们的观点。第三，语言使用的技巧。多使用描述性语言，少使用评价性语言，多问开放式问题，少问封闭式问题。

小组后期作为即将收尾的阶段，有其特殊性和重要的功能，同样是小组工作不可忽视的环节。此时工作者应帮助组员进行工作的总结、评估、使大家了解自己的收获。经过一段时间相处，组员之间已建立起亲密的、支持性的组内人际关系，面对分离，组员难免会产生悲伤失落的情绪，所以要提前告知活动结束的日期，让组员有心理准备，接受即将分离的事实。工作者应表明自己对离别时组员的情绪变化的理解和接受，鼓励组员将自己的小组经历和离别时的感受表达出来，鼓励组员提高独立解决问题的能力。比如，在活动后期模拟离组后的情景，设想并设置一些外在环境可能存在的障碍，从而提供调整应变的技巧，使服务对象在心理上、适应策略上有初步的准备和积淀，逐步适应外部环境的挑战。

参考文献

[1] 路继初，罗军．过渡时期与青少年社会化问题．青年研究，1999 (11).

[2] 刘守旗．当代青少年心理与行为透视．合肥：安徽人民出版社，1997.

[3] 李晓凤，余双好．青少年的偏差行为：社会转型中“未成熟游民层”问题产生的原因与对策分析——从社会工作的角度．青年研究，2003 (2).

[4] 林胜义．学校社会工作．台北：巨流图书公司，1988.

[5] 张春兴．教育心理学．杭州：浙江教育出版社，1998.

[6] 张述祖，等．基础心理学．北京：教育科学出版社，1987.

[7] 杨喜添，等．青少年偏差行为与社会支持．青年探索，2007 (5).

（案例来源：南京工程学院社会工作协会张伟、丁媛。）

“红领巾”义务小导游志愿小分队

一 项目背景

“红领巾”义务小导游志愿小分队项目以青少年身心发展特点为工作基础，在迎接2014年青奥会之际，向世界展示古城南京美好的城市形象，宣传城市自然魅力及人文魅力，彰显南京青少年良好的文化素质和青春活力。与此同时，我们还着重培养青少年的爱国主义情怀，立足于队员们的生活环境，帮助他们认识自己居住的城市，丰富青少年的暑期生活，拓展他们的视野，增强他们的社会责任感和使命感，培养他们从事社会公益服务的意识，增强他们对社会和国家的认可度与归属感，宣扬“我是国家的小主人”这一主人翁意识。

在“红领巾”义务小导游志愿小分队项目运行过程中，以社会支持网络理论为主要的工作理论基础，以“人在情境中”为服务工作理念。社会支持是一种普遍的社会行为，日常生活中的每个个体都可能是社会支持的客体。卡普兰认为，社会支持是持续的社会集合，该集合为个体提供有助于其认识自我的机会，并使个体对他人的期望得以维持，构成这个集合的具有支持性的他人会在个体需要的时候，向他提供信息或认知指导，以及实际的帮助和情感支持。目前，社会支持主要存在三种理论模型，即主效应模型（the main effect model）、缓冲器模型（the buffering model）和动态效应模型（the dynamic-effect model）。“红领巾”义务小导游志愿小分队项目主要采用主效应模型，在这个模型中，社会支持与身体健康之间的关系建立可以有两条作用途径：一个是社会支持所具有的情感性支持功能能够有效地调节个体的神经内分泌系统或免疫系统的功能，增强个体抵御疾病的能力，从而保持身体健康；另一个是社会支持能够有效地调节个体的行为方式，使其避免产生不良的行为，如吸烟、酗酒、滥用毒品、不愿就医等，而形成较多的健康性行为，如合群，主动寻求帮助，努力应对困境等，由此也能促进个体保持健康积极的生活态度，增强对生活的自我控制感，从而保持身体健康。

"红领巾"义务小导游志愿小分队项目，由原"莫愁湖小导游"活动拓展开来，已积累了多年的实务经验。南京市建邺区民政局在项目运行经费上提供了支持，莫愁湖社区社工和志愿者具体参与项目运作，在南京市范围内招收适龄青少年为服务对象，以社区工作模式更好地配合学校教育和家庭教育，帮助服务对象全面发展。

二 项目基本信息

"红领巾"义务小导游志愿小分队项目由莫愁湖社区原服务项目"莫愁湖小导游"拓展而来。2010 年参加建邺区首届社会工作方案征集时有幸被选中。本项目分为准备期、服务期和评估期，主要服务对象为小学三至六年级的儿童，服务方式以小组工作和社区工作为主。准备期为 4—6 月，主要进行协办单位的组织与联系、项目工作的宣传、服务对象的需要调查和相关项目活动材料的准备。服务期为 7—9 月，主要开展小导游免费培训，到莫愁湖公园景区实地练习讲解，正式接待景区游人开展讲解服务，同时利用拓展活动如军营体验、科技宫参观、手工制作等课程，进一步提高青少年的语言表达能力和应变能力等综合素质。评估期为 9—10 月，针对服务对象开展项目评估，采用定性评估的方式明确服务对象在项目活动中的收获和不足之处，并有针对性地修改项目工作方案。

三 需要分析

需要是个体对内外环境的客观需要在头脑中的反映。它常以一种"缺乏感"存在，以意向、愿望的形式表现出来，最终成为推动人进行活动的动机。为了较好地了解青少年在学校和家庭教育之外的缺失部分，项目主要针对服务对象的精神需要，以面谈和问卷的方式进行了需要评估。

需要评估主要从服务对象的兴趣爱好、日常生活情况等方面进行了问卷调查和访谈。通过评估可得出以下结论。

1. 合群的需要

每一个人都具有合群的需要，适当的人际交往能够满足合群的需要，并进一步提升人对自我的认同感。因此，在以独生子女儿童为主要服务对象的项目中，以积极的方式扩大服务对象的人际交往面，补偿他们的合群需要是十分必要的。这个观点也在调查问卷中得到了验证，95%的被调查者都希望在学校和家庭生活之余能够更多地参与到业余活动中去。

2. 全方位发展的需要

在问卷和访谈调查中，我们发现性别不同的被调查者兴趣好爱差异较大，事实上素质教育往往仅停留在口号阶段。调查中普遍发现，男生偏爱运动类活动。较少进行静态的活动；女生偏爱静态的文字、艺术类活动，较少开展运动类活动。在拓展知识面，接触学校以外的社会领域方面，被调查者均有较大的需要。

3. 自我评价的需要

经研究发现，儿童时期的自我评价以成人对他们的评价为依据，主要集中于外部行为，表现为注重行为结果，而不能从内部动机来评价，具有较大的依赖性、直观性、具体性，并时常因外部情境和事件而改变，缺乏稳定性。在此次调查过程中，外部评价较高的被调查者，其自我评价也较高，在学习、生活中能持续保持较大的参与热情和较好的结果反馈；反之，外部评价较差的被调查者对学习、生活的参与性低，结果反馈也较差。因此，在本项目中，充分发掘服务对象优势，帮助他们建立外部支持网络，提高自我评价水平，将有助于服务对象身心发展的一致性。

四　项目实施过程

“红领巾”义务小导游志愿小分队项目工作实施过程包括三个阶段，分别是：准备期、服务期和评估期。具体安排如下。

1. 准备期（2011 年 4 月—2011 年 6 月）

（1）联系莫愁湖公园景区、扬子晚报社共同筹划本项目，确定、完善项目实施方案。

（2）制作宣传折页、海报等（如图 1—14），在社区设立本项目报名点，开展项目的前期宣传。

（3）制作调查问卷和访谈提纲，对辖区内潜在服务对象共53名小学三至六年级的学生进行需要调查和评估，并根据评估结论修改项目方案，推进项目方案的开展。

图 1—14　“红领巾”义务小导游志愿小分队项目宣传

（4）项目试运行。2011 年 6 月 10 日在莫愁湖小学开展了项目方案应试运行活动。以提高学生的英语口语交流能力、培养他们的学习兴趣、增强他们与人交流的信心为目的，与爱德基金会外联部合作，邀请美国宾夕法尼亚大学的外籍大学生志愿者，在莫愁湖小学举办了一场“英语角”趣味活动。首次试运行活动得到了学校老师和学生家长的好评，提高了对项目方案的认可度（如图 1—15）。

2. 服务期（2011 年 7 月—2011 年 9 月）

（1）2011 年 7 月 2 日上午，项目组在莫愁湖社区活动室开展了服务对象“海选”活动，在南京市内广泛招收服务对象，以参选对象的需要强度排序，顺序招收 12 名服务对象。

（2）7 月 4 日上午，小导游正式报到。主要给他们发放了相关资料和

图 1—15 “红领巾”义务小导游志愿小分队项目活动开展

左图，2011 年在莫愁湖小学试行项目方案；右图，2011 年小导游为游人解说莫愁湖公园景点。

证件，强调了学生的活动安全。

（3）7 月 6 日上午，小导游的第一课在莫愁湖小学多媒体教室开课。主要内容为，熟悉莫愁湖公园各大景点导游词内容，并邀请了民间艺术老师教授剪纸及串珠，训练学生表达能力的同时，也加强对其动手能力的培养。

（4）7 月 13 日上午，第二课。小导游们首次入园实地模拟讲解莫愁湖公园各景点，并结合“荷花节”主题即学即用地穿插了“荷花”小知识。

（5）7 月 20 日上午，第三课。小导游们分组学习了剪纸和串珠，并完成了首件成品。

（6）7 月 27 日上午，第四课。在指导老师的帮助下，小导游们自排自演了一场精彩的表演秀。

（7）7 月 29 日上午，第五课。小导游们齐齐来到武警南京市中队向战士们展示青少年风采，体验军营生活（如图 1—16）。

（8）8 月 3 日上午，第六课。小导游们接待了西藏来宁参观的同学，向他们解说莫愁湖名胜，并带领他们观荷赏莲，领略历史底蕴，感受江南气息。

（9）8 月 6 日上午，第七课。小导游们主动请缨为武警南京市中队的战士们介绍莫愁湖公园的景点和历史典故。一位退休的中学校长一路跟随小导游们的步伐，全程参与到小导游们的讲解活动中，他激动地评价说，这对孩子们来说是最好的锻炼方式，也是一笔宝贵的精神财富。

（10）8月12日上午，为期两个月的“红领巾”义务小导游暑期阶段活动暂时告一段落，小导游们彼此间建立了深厚的友谊和高度的默契，自发组织起来为闭营式排演节目，在莫愁湖小学三楼汇报厅向学校、家长汇报了项目活动成果。

图1—16 小导游们体验军营生活

左图，2011年小导游们与武警南京市中队战士合影；右图，2011年到武警南京市中队体验军营生活。

3. 评估期（2011年9月—2011年10月）

评估工作对社会工作实务的帮助很大。通过对参加者的分析、目标达成度评估和参加者满意度评估，社会工作者可以了解到实务活动是否达到原定的目标，参加者对活动的意见如何等。

“红领巾”义务小导游志愿小分队项目采取过程评估和目标达成度评估两种形式。其中，过程评估是指评估者着重收集资料，对活动开展的每一步骤都进行评估，从而改善服务。在每一次活动结束后，要求服务对象将活动的感受记录下来，了解活动开展为服务对象带来了哪些收获，以及还存在哪些不足，为改善下一步的服务方案提供资料。目标达成度评估主要是对活动目标是否达成做最终的评估，通过访谈服务对象的亲属和老师，了解儿童在活动前后的改变情况，来衡量项目是否促进了儿童的全面发展，弥补了学校教育和家庭教育中的缺失部分。

五　项目评估

（1）通过老师、家长和游人的直接反馈，建立了“红领巾”小导游联系网络，初步评估项目的实施情况，服务对象对项目活动的形式和内容都比较满意。

（2）制作笑脸评估表（见图 1—17），由服务对象综合项目的内容、形式、收获等方面分为六个梯次进行评价。共 29 名学生参与评估，其中 4 名学生对项目活动评价为好，14 名学生评价为较好，9 名学生评价为一般，1 名学生评价为稍差，1 名学生评价为差。

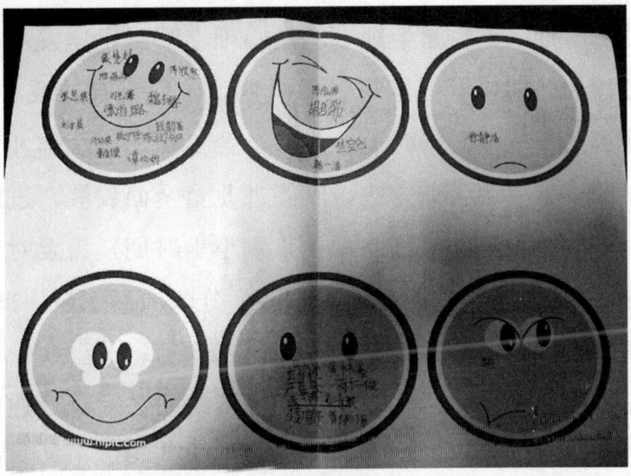

图 1—17　笑脸评估表

（3）结合项目过程中服务对象对每次项目活动的感受体验，项目工作人员进行了访谈。63%的学生认为在项目活动中有所收获；31%的学生认为在项目活动中收获不大；6%的学生认为在项目活动中没有任何收获。

六　经验与反思

（1）项目的关键点是要保障学生的安全。项目开展之初，为每位服务对象发放了小营员证，在进出莫愁湖小学、莫愁湖公园时保障学生安全，也方便管理。

（2）活动形式以服务对象为主。每次活动留出时间让服务对象相互沟通，畅所欲言，记录活动感受。

（3）以大同学带小同学的形式，在社区范围内招聘志愿者，将小导游学生分组进行管理。

（4）以积极的态度加强与学生家长的联系，建立了“小导游”联系网络，听取多方意见，开展项目工作评估，不断充实项目内容，较好地完成了工作目标。

（5）不断拓展活动的内容和形式，需要加强对学生的整体掌控，提高处理突发事件的能力。此外，社区内部的资源和管理者自身的能力、素质有待整合和提高。

儿童时期，无论是生理上还是心理上都是迅速发展的时期，是生长发育最旺盛的时期，可塑性最强的时期，因而既是接受教育最有效的时期，也是最容易发生障碍的时期。儿童社会工作是以全体儿童为工作对象，运用科学的、专业的服务方法，以促进儿童全面发展，进而促进社会和谐发展为目的的社会工作。因此，在儿童小学时期，需要对他们进行正确的教育引导。“红领巾”义务小导游志愿小分队项目正是以此为项目的出发点，综合学校教育、家庭教育和社区教育的资源，运用专业的服务方法，策划、制定出系列项目活动。项目主要围绕服务对象身边的环境开展，利用现有资源，提倡儿童走到身边的情境中去认识、了解自己的家园，并爱上自己的生活，因此项目具有较大的可复制性和推广性。

参考文献

［1］史柏年，马凤芝．社会工作实务（初级）．北京：中国社会出版社，2009.

［2］Caplan G. The Family as a Support System// Caplan G，Killilea M. Support System and Mutual Help：Multidisciplinary Explorations. New York：Grune &Stratton，1974.

（案例来源：南京市建邺区滨湖街道莫愁湖社区毛建萍、黄琦梅。）

失地安置青少年健康成长小组

一 项目背景

(一) 现实背景

1. 失地安置居民是我国现代化进程中的产物

失地农民是指农民的土地被依法征收后，农业户口的家庭人均耕种面积少于0.3亩的人群。近年来，随着城市的扩张和建设新的城市基础设施的需要，位于城市边缘地带的土地被大量征用，许多曾经拥有土地的农户变成新出现的拆迁、失地家庭，由此形成一个新的群体——失地安置居民。农民失去土地后，既有别于农民，又不同于城市居民，成为一个边缘群体。他们搬入了政府统一建设的失地农民安置社区，生产、生活方式发生了根本性转变。这些社区具有以下特点：(1) 具有城市社区的特征，但位于城郊，距离市中心有一定距离。(2) 人口集中，人员成分复杂，大部分为拆迁安置村民，还有一部分流动人口。(3) 具有城市社区的某些特征，但由于社区文化氛围缺失，人员素质普遍较低，社区居民忙于生计或无所事事，青少年成长环境较差。

2. 青少年成长需要完备的社会网络支持

青少年在适应城市生活、激发学习潜力、克服成长困难、增强自我意识方面需要专业社工的指导。

以南京市栖霞区为例，栖霞区地处南京市城乡接合部，随着仙林大学城的进驻和新港开发区的发展，形成了一批以失地安置居民为主的社区。有资料表明，这些社区中家庭收入偏低、家长受教育水平和职业层次较低，陪伴子女的时间较少，难以保证高质量的家庭教育。家长忙于生计，无暇顾及子女的课余生活，因此孩子们在放学之后常常处于无序的“放养”状态，长此以往将不利于这些孩子的成长。如何让这些社区中的青少年群体尽快融入城市生活、健康快乐地成长是我们关注的问题。

3. 青少年健康成长问题已获得社会的广泛关注和干预，并形成一致共识

江苏省妇联一直致力于全省儿童青少年成长环境和成长状况的改善，建设了如“儿童快乐家园”等项目，我们在开展针对农村失地安置青少年成长状况的专门活动时可以借鉴相关经验。

（二）理论基础

1. 社会生态系统理论

社会生态系统理论（society ecosystems theory）在社会学、社会工作学界往往被简称为生态系统理论（ecosystems theory），是将系统论、社会学和生态学紧密结合起来的基础理论。社会生态系统分为三种基本类型：微观系统（micro system）、中观系统（mezzo system）、宏观系统（macro system）。其中，微观系统一般是指影响个人的生理因素和人格特质因素，社会生态系统理论认为个人既是一种生物的社会系统类型，同时也是一种社会的、心理的社会系统类型。中观系统是指对个人有影响的小群体，包括家庭、单位和其他社会群体。宏观系统则是指比家庭等小群体更大的社会系统，主要有组织、社区和社会文化等。一般来说，微观系统会在很大程度上受到中观系统中的家庭与群体的影响和制约，也会受到诸如社区文化、制度、周边群体的影响和制约。反过来，个人的微观系统也会作用于中观系统和宏观系统。社会生态系统中各个层面的系统相互制约，相互作用。在整个社会生态环境中，人类行为与社会环境相互联系、相互影响。

社会生态系统理论将系统理论的抽象性与力求解决实际问题的社会工作的实务性有效地联系起来。社会生态系统理论分析问题的出发点不再是有问题的个体本身，而是聚焦于个体与其生活环境之间的相互影响和相互联系。从系统论的观点来看，失地安置青少年生活在安置社区之中，失地安置青少年能否适应由农村生活到城市郊区化生活的转变过程，直接决定了失地安置青少年现在的生活状态。失地安置青少年如果能够与其所生活的环境之间建立良好的联系，就能有效地利用生活环境中存在的资源，排除环境中存在的不利于个人生活的因素。因此社会工作者的任务在于发现环境中的不利因素，调整人与人、人与环境之间关系。将微观系统中的人与环境纳入一个系统，有利于社会工作者从失地安置青少年的需要出发，切实解决失地安置青少年城市化问题。

2. 增能理论

增能（empowerment），也称增强权能，是个人在与他人和环境积极互动的过程中，获得更大的对生活空间的掌控能力和自信心，以及促进环境资源和机会的运用，以进一步帮助个人获得更多能力的过程。20 世纪 90 年代，增能已成为社会工作领域提倡的重要价值观念和工作模式之一。增能取向的社会工作认为，个人需求不足和问题的出现是由于环境对个人的压迫造成的，社会工作者为受助者提供帮助应该着重于增强受助者权能，注重受助者的自身发展，以帮助受助者对抗外在环境和优势群体的压迫。

增能理论认为个人的无助感是由于环境的压迫而产生的，社会中的弱势群体之所以会处于弱势地位，并非他们自身有缺陷，而是由于他们长期生活在经济不安全又缺乏参与政治的机会的环境之中。因此，不利的环境使他们感受到比其他人群更强烈的压力，形成强烈的无力感。社会环境中存在直接和间接的障碍，使人无法实现其权能，但是这种障碍是可以改变的。权能不是稀缺资源，经过人们的有效互动，是可以不断被衍生出来的。权能一般发生在三个层次上：一是个人层次，包括个人感觉有能力去影响或解决问题；二是人际层次，指的是个人和他人合作促成问题解决的经验；三是环境层次，指的是能够改变那些不利于个人权能发展的环境要素。社会工作者的作用在于通过共同的活动帮助受助者消除环境的压制和他们的无力感，使他们获得权能，并能正常发挥他们的社会功能。个人的权能是可以通过社会互动不断增加的。

二 项目目标

（一）总目标

通过失地安置青少年健康成长小组项目的实施，加速失地安置青少年融入城市化的生活和学习，创新失地安置青少年融入城市的方法和手段，促使他们全面健康地自我发展。

（二）分阶段目标

（1）通过室内游戏活动吸引组员积极参加，培养同辈群体之间的友谊，注重同伴间的互帮互助，丰富组员童年文化和生活，使他们在积极健康的环境中茁壮成长。

（2）以大学社团和义工为媒介，通过参观、演讲、讨论等多种形式使组员能够了解自己现居住地的文化现状，培养组员的自我意识，提升他们自我认知、自我接纳的能力，增加组员的社会认同感和未来社会主人翁意识。

（3）针对组员中有心理、行为障碍或家庭困难的情况，开展个案工作，整合可以利用的社会资源为组员及其家庭提供帮助，营造和谐幸福的家庭氛围，注重组员家庭和社会情感的培养，促进组员健康幸福发展。

三 需要分析

（一）在生活转型过程中产生的心理问题

孩子对生活中发生重大变化的承受能力很小，因此极其容易受到伤害。父母日常生活中行为方式的变化，可能会导致孩子的不适，而产生心理上的抵触。在失去土地这一重大生活改变的情况下，父母难免会做出一些超出常规的举动，因此孩子在生活转型过程中产生一些心理问题的可能性很大。另外，孩子因为生活转型可能会接触到一个全然陌生的世界，对城乡的贫富差距可能会产生更清晰的认识而不能接受这一现状。因此需要社会工作者和心理师对他们的心理健康发展做正确恰当的引导。

（二）在生活转型过程中产生的家庭沟通不良问题

失地农民的土地被征用后，失去了传统的谋生手段，失去了以前安逸的农村生活，而手中又有大批的拆迁补偿款，因此极易出现赌博、打架、出入低俗娱乐场所等现象，这对自己的子女有着一定程度的影响，有些孩子甚至会盲目地模仿自己父母的不良行为。大量原本农村落后的教育方式仍然存在，例如不重视教育，以暴力的方式对待子女的小过失，不分青红皂白破口大骂甚至拳打脚踢。父母在转型期中凸显的种种问题会直接影响子女的状态和发展，所以社会工作者有必要对这样的家庭进行适当的干预。

(三) 家庭不能承担子女的家庭教育责任

由于父母本身知识文化水平偏低，自身没有能力解决孩子在学习上遇到的困境和问题，在子女教育的知识层面上缺乏完善的指导，缺乏有效的家庭教育方法，而只能把希望完全寄托在学校老师身上。

四 方案计划

(一) 服务对象

我们选取了南京市栖霞区紧邻仙林大学城的拆迁安置小区中11～15岁的青少年为服务对象。采取的工作方式有小组工作和个案工作。

(1) 小组工作。我们招募的组员为小学高年级学生和初中各年级学生，我们会组织一系列小组活动，激发他们的学习兴趣，培养他们的自我意识，提高他们融入城市生活的能力。

(2) 个案工作。我们帮助组员中的“问题组员”或其他有特殊困难的孩子建立其社会支持网络，将父母、老师、邻居、同学等均囊括其中。

(二) 实施人员

依托专业社工机构和专职社工，整合仙林大学城和社区中的可利用资源，为该社区的青少年开展服务。

(1) 专职社工。他们负责开展社区中的小组活动和个案访谈。

(2) 大学生义工。在附近大学中招募大学生义工，组织他们为组员进行义务家教和宣讲。

(3) 大学生组织和社团。邀请附近大学知名学生团体来社区为组员教授专门才艺，并与其建立长期合作关系。

(4) 专业儿童机构和NGO组织。联系专业的儿童公益团体和组织，利用其资源为社区青少年服务。

（5）专业社工机构。负责该项目的监督、指导和评估。

（三）进度安排

该小组由在社区中招募的11～15岁的青少年组成，时间安排为周一至周五下午4：00—6：00，每期持续时间为6个月，共两期。2012年3月开始招募第一期，2012年9月招募第二期。进度安排以第一期为例。

1. 第一阶段（3月—4月）

本阶段的小组目标为吸引组员参与活动，增进组员之间的了解和交往，并使组员对小组有一个初步的认识。因此这一阶段的活动以社工游戏和户外集体活动为主。每周二举行“关心我生活的世界”热点讨论会，每周四举行“疯狂英语”演讲，难度循序渐进，对主动参与的组员进行奖励。

2. 第二阶段（5月—6月）

本阶段组员已经对小组有了初步了解，小组工作的重点转变为激发组员的学习兴趣和提升他们的自我意识，改正环境影响下的不良生活习惯和学习习惯。因此在这一阶段，安排更多的“疯狂英语”活动，活动难度逐渐增加，指导组员自己写剧本，自己表演。邀请专业的学生团体和大学生义工介入小组活动，调动起组员参与文体活动的积极性，并使他们能在各种活动中充分展示自己、提升自信心。每周仍抽出一天讨论当下热点话题，让组员各抒己见，发表自己的看法，培养主人翁意识，增强社会责任感。每周三举办“Hold住小讲台”活动，不仅给组员提供展示自己才华的舞台，还帮助组员改善不良的学习习惯。在这一阶段，组员逐渐变得开朗、自信、积极参与。仍然对比赛获胜者和积极参与者颁发物质奖励和进行口头表扬。

3. 第三阶段（7月—8月）

本阶段小组已经成为一个具有较强凝聚力、成员间彼此信任、彼此依赖、互相帮助、完全投入的团体，这时工作者开始利用活动鼓励组员参与更高、更广层面的社会活动，关心自己生活的社区。开展“我是社区一分子”活动，由工作者策划或者带领组员共同策划社区公益活动，每周为社区做一件自己力所能及的事，培养组员的社区参与意识，挖掘组员潜力，使他们养成关心他人、关注社会的良好道德素养。

另外，针对组员的个案工作可以在小组活动进行期间开展。

五 项目评估

每期失地安置青少年健康成长小组的评估采取预评估、过程评估和结果评估相结合的评估方式。评估资料主要通过社工的工作记录、调查问卷、介入式观察、评估报告、督导反馈等来收集。

（一）预评估

预评估主要是测评服务对象的基本现状，以及社工对项目的筹备程度，做好对项目的预估，保证项目发展目标的协调一致。前期评估的对象主要是当地拆迁安置社区青少年的服务需要，评估主体为社工。前期评估指标以项目发展目标为导向，主要包括项目的筹备程度、服务对象的人数、服务对象的基本问题和现状、服务内容专业性和服务形式的适用性等。评估方法：(1) 问卷调查。由督导指导负责项目的社工来设计测评问卷，评估失地安置青少年的基本现状。(2) 个案访谈。随机抽取访谈样本，然后了解其对项目的看法及建议。

（二）过程评估

(1) 工作记录、活动总结。每期小组活动结束后，有专业社工撰写工作记录，并进行工作反思。

(2) 评估问卷。每周进行一次小组总结，为下周小组活动提出预设目标。每个阶段完成后，由社工组织组员进行小组讨论，并填写评估问卷，对上一阶段所开展活动的参与度、收获、取得效果进行评价。

(3) 由专业社工进行工作总结和反思，并交由上级社工机构的督导进行指导。

（三）结果评估

撰写评估报告，对为期半年的小组活动的目标达成状况和工作计划的效率进行专业评估。评估的对象主要是服务质量及社工的工作质量，评估主体为服务对象、专业社工、督导、第三方机构（主要是当地妇联），主要以问卷调查形式进行，并最终形成工作汇报。

六 预期效果

本小组旨在引导城市边缘地带失地家庭中的青少年深刻认识自己所处的社会环境，培养青少年的社会责任感和未来主人翁的意识，提高青少年的社会适应能力，加快由农村向城市化转变的进程。

（1）利用青少年喜闻乐见的形式，结合社区和社区附近环境的实际情况，通过由专业社工牵头的一系列活动，培养青少年的社会大发展意识，使他们更好地了解城市生活，更快地融入城市快节奏的生活中。

（2）通过专业社工游戏，让组员之间互帮互助，在愉快的氛围下大家彼此熟悉并成为好朋友，扩大社区青少年的交友范围，为以后活动的开展打下良好的基础。社工在游戏期间观察社区青少年的表现，开展个案工作。

（3）“关心我生活的世界”和“我是社区一分子”活动的展开，围绕青少年的实际生活环境，让青少年以自己为主人翁，关心自己、关心他人、关心社区成长。培养青少年的社区责任感和社会使命感。对青少年的实际感受和接受情况，我们会展开定期的个案工作，了解和掌握青少年参与社区建设发展的进程。

（4）“疯狂英语”和“大手拉小手”活动的发起，将大学生社团资源充分整合利用，拓展了社区青少年的知识面和社会视野。通过与大学生之间的互动和学习，青少年意识到自我学习和发展上的不足，从当代大学生身上学到了学习的方法与才艺，既增长了才识又丰富了业余生活。同时，这也是青少年喜欢的学习方式。

（5）“比比谁最棒”和“Hold 住小讲台”活动是青少年充分展示自己才艺的舞台，让青少年在玩耍与学习中有个缓冲的地带，探索他们的潜力，丰富他们的双休日生活。

参考文献

[1] 叶继红．生存与适应：南京城郊失地农民生活考察．北京：中国经济出版社，2008.

[2] 黄传会．我的课桌在哪里：农民工子女教育调查．北京：人民文学出版社，2006.

[3] 刘恩民．失地农民子女教育问题探析．教育与职业，2007（12）.

[4] 邵国平，许慧霞，夏凤．失地农民子女教育现状调查及对策：以浙江省金华市秋滨街道为例．浙江师范大学学报，2005（5）.

[5] 宋建海．激发失海失地农民子女学习动机的有效策略．中学政治教学参考，2012（4）.

[6] 顾东辉．社区青少年社会工作研究．上海：华东理工大学出版社，2006.

[7] 费梅苹，韩晓燕．青少年社会工作案例评析．上海：华东理工大学出版社，2010.

（案例来源：南京师范大学社会发展学院黄曼丽。）

“爱心大巴”项目

一 项目背景

当“重病”、“特困”、“母亲去世”、“父亲去世”、“离家出走”、“母亲智障”、“身患癌症”这些字眼出现在你眼前的时候，你是否感到压抑？你是否感到沉重？这就是我们周边农村一些贫困学生家庭的真实写照。由于物质缺乏和教育意识陈旧，很多农村贫困家庭中的孩子生活困难，以致影响到其身体、人格的健康成长。相对农村贫困儿童，城市儿童一般情况下有着更优渥的物质生活环境，享有更好的教育资源。缺乏生活经验的城市儿童有时难以想象在农村有那么一群儿童会有着如此不同的人生境遇。

成立于2006年的民间公益团体“爱心之旅”一直倡导社会民众共同关注贫困农村的教育工作，倡导社会民众利用节假日时间通过“爱心之旅、快乐之旅”的方式尽自己的力量去帮助那些农村的贫困学生。同时，还倡导城市儿童与农村儿童的对话，以形成下一代相互理解、相互关爱的氛围。通过“爱心大巴”这个宣传和实践博爱和互爱的爱心项目，给孩子以生命最基本的教育，这就是“爱心大巴”项目的核心意义。

或许我们生活在城市，或许我们的孩子有很好的学习条件，能得到很好的教育。但是，我们应该认识到，在偏远的农村，许多孩子因贫困而上不起学。每个孩子都有上学的权利，我们应该做一些力所能及的事情去帮助他们，希望他们和我们一样享有在学校获得知识的机会。我们倡导“人在情境中”，重视儿童所在成长环境对儿童的影响，深入农村贫困家庭为贫困儿童提供社会支持。除了通过爱心人士的力量使儿童获得精神鼓励与物质帮助外，促进农村儿童与城市儿童间同辈支持的建立也是我们的工作目标之一。此外，我们还关注儿童成长的生命历程，通过建立成长档案的形式持续追踪并帮助贫困学生。

二 项目基本信息

“爱心大巴”项目的参与人员主要有城市儿童、城市儿童家长、农村贫困儿童、“爱心之旅”志愿者和社会爱心人士，以农村贫困儿童为重点服务对象。项目运行依托“爱心之旅”团体，该团体最初由爱好旅游且关注贫困儿童的爱心人士组成，后逐步发展为以“爱心、开心、静心”为工作宗旨的公益性和长效性兼备的民间义工组织，服务内容主要为照顾孤儿和单亲家庭孩子的生活学习（还包括少量病儿和孤寡老人）。“爱心之旅”建立之初开展的主要活动如下。

2006年01月08日 “爱心之旅”的第一次活动是去安徽泾县章渡镇捐助章渡小学的贫困儿童。

2006年01月15日 “爱心之旅”西祠版块正式成立。

2006年04月01日 第二次去安徽泾县章渡镇捐助章渡小学。

2006年10月14日 邀请江苏徐州市睢宁的孤儿来宁参加为期两天的“看南京”活动。

2007年02月01日 为白血病儿童募捐，共筹集10 000多元捐款。

2007年04月08日 中国首辆“爱心孤儿”巴士班车在南京首发。（以后月一次）

2007年04月21日 同《壹周刊》共同义卖报纸筹款，帮安徽病童治病，做手术。

2007年06月10日 山西路广场义卖报纸，帮助失聪儿童和南京农村孤儿、单亲家庭儿童。

2007年07月15日 与南京大学学生组织“家长沙龙”活动，探讨孩子教育问题。

2007年08月26日 与地铁、交广台共同组织“8·26慈善义演”活动，帮助南京农村贫困孤儿生活学习。

2007年11月11日 与南京电视台标点栏目组织“11·11徒步围绕明

城墙”活动。

2007 年 11 月 12 日　给四川、贵州偏远山区的儿童送温暖，组织冬季捐衣大行动。

2007 年 12 月 09 日　与西祠凯越车队一同到南京市六合区仕金学校看望并资助贫困学生。

2008 年 02 月 04 日　陪同西祠版友周老师到六合区程桥街道看望当地贫困儿童。

2008 年 02 月 17 日　介绍小福之家热心版友到六合区程桥中心小学看望贫困学生。

2008 年 03 月 01 日　2008 年“爱心大巴”项目开展第一期活动（第二年的三四月开展新一期活动），联合南外小学一起到六合区竹镇涧陈村小学看望并资助贫困学生。

…………

三　需要分析

“爱心大巴”项目是农村贫困儿童教育资源的有益补充。“爱心大巴”所到之处，当地大部分特困孤儿能得到南京的朋友们各种形式的帮助，包括素质教育及思维视野的开拓等。“爱心大巴”项目可以成为城市儿童了解农村儿童的互动平台。城市儿童在活动过程中能够认识到真实的中国，在心中能够萌发出更多的“善爱的花朵”，并得到农村一些优秀儿童的精神鼓励，促进下一代城乡儿童间的相互理解与相互关爱。“爱心大巴”项目通过实地调查，逐步建立“南京农村特困孤儿（单亲）”信息库，同时让城市里人走进农村，成为城市了解山区特困儿童生活现状及相关信息的窗口。对于参与“爱心大巴”项目的成年人来说，活动评估结果显示，该项目有助于促进参与其中的成年人反思，让他们的生活有更多的理解和快乐。总体来说，服务对象和参与者在“爱心大巴”项目中都能有所收获，或是人生体验，或是精神鼓励，或是物质支持，从而满足了不同参与群体的不同需要。

四 项目实施过程

（一）服务对象

（1）农村贫困小学儿童（少量中学生）。

（2）城市儿童青少年（幼儿园到大学生）。

（3）家长。

（二）参与人数

每期“爱心大巴”活动开出一辆能载45人的大巴车（有时是一个自驾车队，或大巴加上自驾车），到农村小学和孩子们互动，每次会有100至800人不等（主要是参与活动的农村各小学学生人数）。其中去农村的每个孩子一般有一个家长陪同，但也有两个家长陪同一个孩子的，曾经还有全家六个大人陪同一个孩子的，每次活动的成人总数约占5%～50%。

（三）实施人员

实施人员由“爱心之旅”志愿者、城市儿童及其家长、社会爱心人士组成。其中“爱心之旅”的长期志愿者负责组织工作，城市儿童及其家长是活动参与者，社会爱心人士既是活动参与者也是赞助者和捐助者（还有部分企业也是赞助者和捐助者，比如长期赞助“爱心大巴”的企业有南京时尚旅行社等）。每次招募参与者的方式，主要有通过网站发布消息，通过报纸发布预告，联合企业、社团或媒体合办，以及指定企业、社团和学校班级承办活动。

（四）服务方式

每个月的一个休息日，我们“爱心之旅”会包一两辆大巴车，带着自发报名的家长和孩子去南京附近的农村小学，与农村小学的孩子进行联欢互动。在活动中还会让城里的孩子和农村的孩子结对子，做好朋友，相互学习交流，共同成长。每次根据距离远近、需要资助的贫困学生的人数，向参加“爱心大巴”项目的城市市民收取一定的参与费用（除去用于包车的费用外，把剩余的钱集中起来对当地小学的数个贫困儿童进行长期资助。每个儿童资助600元/年，用于支付其上学的班车费用或在学校的午餐费用。活动中，常常会有市民自发地“一对一”长期资助当地的贫困儿童）。

每次“爱心大巴”帮助孩子的活动结束后，我们会带城市的家庭去参观农村原生态的田园和山水风光，有时也让城里的孩子参加农村劳动。

（五）进度安排

1. 2011—2012年度开展计划

（1）2011年10月—11月：“爱心之旅”策划小组先到农村当地学校联系和预先接触将被资助的儿童。此后还会不定期开展调查，总计6次。

（2）2011年12月—2012年4月：开展常规工作，每月举行一次，每次活动时间为一天（全年按10个月计）。每次活动开始前在网络或平面媒体上发预告，接受市民报名。

自从2007年“爱心大巴”发车以来，我们每年会组织6～12次活动，从来没有一次因为人数太少而失败的。主要的原因包括：一是这个项目融爱心与农村旅游为一体，很受城市家长和孩子的欢迎；二是有时会有单位预先包车并指定发车时间和车辆数量，这样在人数上就有保证；三是活动多在气候适宜的时间举办，或者在有特殊活动的节日里举办，比如农产品收获的季节，家长会非常踊跃地带孩子参加。

（3）2012年4月下旬：中期评估。

（4）2012年5—9月：常规工作开展。

（5）2012年9月下旬：开展期终评估，筹划下期工作。

2. “爱心大巴”项目当日活动（如图1—18）

（1）集合乘车到达农村小学。

（2）和农村小学的孩子进行游戏互动（比如孩子们最喜欢的拔河、赛跑、跳绳等集体项目）。

（3）资助者把资助费用交给孩子或学校（或少数资助人去孩子家做家访）。

（4）组织城市儿童及其家长去当地游览山水或参加简单的农村劳动。

（5）乘车回南京。

图 1—18　“爱心大巴”项目活动的开展

左上图，我们的爱心大巴；右上图，农村乡土气息；左中图，志愿者行走在田间小道上；右中图，资助者访问受资助孩子及其家庭；左下图，带领农村孩子一起活动；右下图，组织城市孩子及其家长参加农村活动。

五　项目评估

成立项目监测小组，进行阶段评测和终期评估。根据工作进展情况、服务人群变化等，进行适时调整。评估方式是利用每次活动结束回城在车上的时间，让参与人员自发谈感受和建议。每年我们都会要求所有领队针对“爱心大巴”项目的活动情况进行数据综合和总结。对主要问题进行讨论后，统一拿出解决方案，并在下一年度实施。

六 经验与反思

“爱心之旅”已经开展了几年的“爱心大巴”系列活动了，带领累计上千人次的城市儿童和成人到不同的农村乡镇，直接资助了上百个农村贫困儿童。同时“爱心大巴”也多次发车，带领一些企业、团体、媒体和学校班级到农村去帮助贫困家庭的儿童。

“爱心大巴”活动得到了从中央电视台到江苏省内尤其是南京几乎所有主流媒体的报道。中央电视台曾经专门来宁拍摄我们通过“爱心大巴”救助生病儿童的专题节目，并在中央电视台的多个频道中播出。

我们希望把“爱心大巴”这种爱心资助模式从南京推向全国，让更多的中国农村贫困儿童得到帮助，让更多城市儿童与农村儿童彼此熟悉与靠近。在未来一年的时间里，我们的目标是让“爱心大巴”定期、规范地在南京和南京附近的农村进行。今后，我们呼吁更多力量参与其中，希望通过媒体和政府相关部门的协助，最终在全国逐步推广这个项目，让更多的公益组织能够实践这个项目。欢迎有兴趣的读者访问“西祠爱心之旅”网站，网址为：http：//b608157. xici. net。

（案例来源：“爱心之旅”王燕、杨虹。）

流浪儿童的心理救助

一 项目背景

（一）项目来源

流浪儿童问题作为一个重要的社会建设与社会管理问题受到政府与社会的广泛关注。流浪儿童作为特殊的弱势群体，其心理健康发展和权益维护受到空前的重视，深入探索流浪儿童救助保护成为一项重要的工作。同时，随着南京高速的经济发展和即将到来的2014年南京青奥会的开幕，越来越多的流动人员聚集在南京，流浪儿童的数量也必然随之增加，构建专业、高效、人性的流浪儿童救助模式是地方政府的重要课题。

查阅国内关于流浪儿童的研究发现，流浪儿童因性别、年龄、流出地、教育状况、家庭情况的不同，其问题与需求是复杂多样的。面对一个问题多元与需求多样的特殊群体，在推进流浪儿童救助中，既需要政府和社会从政策制度、体制机制、工作网络、人才队伍、资金投入等宏观层面推进，也需要个体与群体从心理救助等微观层面推进。在开展流浪儿童救助的同时，要充分尊重每个儿童的主体性和主动性，在促进儿童回归家庭正常生活的基础上，满足儿童基本的成长需求。因此，救助机构既是推进儿童社会福利的重要组织和阵地，又是创新社会管理与公共服务的重要载体和平台。在流浪儿童救助机构开展社工参与心理救助行动的探索尝试，具有重要的现实意义和长远的历史意义。

本项目在南京市流浪未成年人救助保护中心推进社工参与流浪儿童救助的实践基础上，进一步采取实务的形式以社工为主导力量推进流浪儿童心理救助工作，运用社会工作理念和方法探索以流浪儿童为本的专业心理救助方法和模式。

（二）理论基础

1. 中国儿童福利制度变迁

刘继同对中国儿童福利制度和中国流浪儿童问题进行了深入广泛的研究。他对中国改革开放以来儿童福利政策和福利模式深入研究后认为，改革开放以后，中国儿童福利政策由典型的道德化福利模式逐渐转向国家化福利模式。在他看来，道德化福利模式就是指所有儿童工作与活动均以共产主义价值观的养成、社会主义思想道德的灌输、好孩子的社会伦理教育和行为规范训练为基本内容与最高政策目标的社会教育、社会福利服务体系。如在我们的儿童教育中，曾经备受重视的“有理想、有道德、有文化、有纪律”的“四有”新人教育目标和“爱祖国、爱人民、爱劳动、爱科学、爱社会主义”的“五爱”品质教育目标，就是典型的道德化儿童福利模式的重要内容。改革开放以后，我们党和国家的工作重心由阶级斗争转移到经济建设上，经济社会出现前所未有的变迁发展，社会结构和社会阶层利益在经济转轨和社会转型的特殊时期迅速分化，大量社会问题和社会矛盾迅速凸显，中国的社会福利制度也遭遇了新的挑战。为应对大量的社会问题和不断增长的人民群众的物质文化需要以及其他需要，中国政府加快了社会福利制度改革，2000 年国务院办公厅转发《关于加快实现社会福利社会化的意见》，社会福利社会化成为福利制度改革和福利服务发展的主要方向。在儿童福利发展方面，我们实施了国家化的儿童福利制度。刘继同认为，国家化福利模式是指国家为儿童福利工作的主体以及儿童福利基本通过国家规划、实施和发展的工作体系，又可以看作是以增进儿童的政治福利、经济福利、社会福利和文化福利为主的综合性、社会性儿童福利工作体系。流浪未成年人救助保护中心作为“儿童社会福利”的定位虽尚未由政策法律加以明确和强化，但近年来中国流浪儿童救助保护事业的发展充分说明了中国的流浪儿童福利服务和福利政策在快速发展，并逐渐形成了一个比较完整系统的理论和实践框架。

2. 社会福利与需要满足理论

彭华民是中国社会福利研究领域中拥有许多重要成果的学者之一，她不仅运用社会排斥理论和福利三角理论对我国社会改革过程中凸显的城市新贫民社群进行了深入的研究，还重点探讨了中国的需要满足问题和社会福利制度等有关福利和贫困的议题。她通过对豪沃思等学者和英国社会排斥研究中心机构有关社会排斥理论的研究文献的梳理，指出参与不足、社会分化、没有拥有开放的机会等都可以看作社会排斥，而社会排斥的表现形式有多种，如经济方面的排斥、政治方面的排斥和社会方面的排斥等。从流浪儿童的角度分析，其之所以成为一个社会问题，本质是因为社会对流浪儿童的排斥，包括家庭排斥、教育排斥、住房排斥、就业排斥等。这种排斥使我们清楚地认识到流浪儿童福利的薄弱化与需求的多样化。

彭华民通过对社会福利视角下的人类需要的分析前提、基本含义和主要特征进行深入研究，不仅提出研究需要的三角方法，而且重点论述了需要满足的基本原则与条件，需要满足与社会权利、福利组合的关系，并对中国的贫困问题进行了探讨，以中国反贫困的制度设计和行动实践为例深入研究了中国福利政策的发展。在她看来，我国城市反贫困行动的基本日标和原则是要通过实施有效的经济和社会政策去满足贫困者的基本需要，缓解贫困，并逐步创造最终消除贫困的经济和社会条件。她将流浪乞讨人员救助制度及其他社会救助制度作为中国政府反贫困的重要政策手段进行了比较深入的阐述，认为社会救助是解决贫困问题为主，解决其他问题为辅的制度性措施，建立社会救助体系将有助于缩小贫富差距，促进社会认同和社会公正，实现社会共享，是构建社会主义和谐社会的重要手段。

（三）工作理念

1. 以人为本

以人为本是科学发展观的核心，也是社会工作专业遵循的重要理念，这里的“人”既可以指个体，也可以指群体，又可以指类。中国特色社会主义事业总体布局是由经济建设、政治建设、文化建设和社会建设四大要素组成的，随着经济社会的不断发展，社会建设的地位在不断提升。构建社会主义和谐社会，应注重社会利益的协调和经济社会发展成功的共享。流浪儿童作为社会变迁中逐渐扩大的一类特殊弱势群体，他们的生存、发展、参与的权益受到制度性和非制度性的损害或忽略，需要党和政府、国家和社会的关注和支持。加强流浪儿童救助，探索流浪儿童的心理救助方法，是推进社会文明进程，促进社会和谐，提升社会人力资本和促进社会进步的主要途径。从社会工作角度而言，社会工作十分关注流浪儿童这类群体的生存状况，促进流浪儿童救助领域的社会工作理论与方法的应用是社会工作在中国本土化的题中之意，以流浪儿童的权益维护为核心，加强流浪儿童的心理救助，能够有效促进流浪儿童的全面发展，为流浪儿童的社会独立和全面发展准备基础和条件。在本项目中，主要遵循社会工作的以人为本理念，充分运用“尊重、接纳、同理”等专业理念。

2. 儿童优先

儿童优先原则是1989年联合国大会通过的《儿童权利公约》（简称《公约》）规定的核心原则，《公约》要求所有缔约的国家和地区必须保障儿童的生命权，最大限度地保障儿童的生存与发展权益。改革开放以来，我国先后颁布了《九十年代中国儿童发展规划纲要》和《中国儿童发展纲要（2001—2010年）》，大大促进了中国儿童福利的发展。近年来，我国加强了儿童福利政策的制度安排和服务提供，尤其在流浪儿童社会福利方面进行了非常重要的探索。一方面，近年来国家出台的流浪儿童救助保护政策明确规定了“流浪儿童优先”和“维护流浪儿童权益”的核心原则；另一方面，中国已经建立145家流浪儿童救助保护中心，并对流浪儿童救助保护机构实施规范化、制度化和专业化建设，以期通过制度设计和福利服务优化最大限度地保护流浪儿童的基本权益，并逐步促进流浪儿童的发展及其参与权益的发展。

(四) 介入理念

1. 社会学习理论

社会学习理论由美国心理学家班杜拉于1977年提出，旨在探讨个人的认知、行为与环境因素三者及其交互作用对人类行为的影响。由于人是生活在一定社会条件下的，社会变量对人类行为的影响是巨大的。流浪儿童作为一个特殊群体，对家庭环境、社会环境的认知是不同的，这些环境对其影响也是各有差异的。

2. 优势视角理论

优势视角理论关注人的内在力量和优势资源。它意味着应当把人及其环境中的优势和资源视为社会工作助人过程中所关注的焦点，而并非关注其问题和病理。在了解服务对象基本认知的基础上，挖掘其优势资源，满足其需要。

3. 行为主义心理咨询

它认为人的问题行为、症状是由错误认知与学习所导致的，主张将心理治疗或心理咨询的着眼点放在服务对象当前的行为问题上，注重当前某一特殊行为问题的学习和解决，以促使问题行为的变化、消失或新的行为的获得。流浪儿童的问题通常集中于某一点上，如离家出走、逃学等。对其服务时，应将关注点重点放在导致其行为的原因层面，着重解决该问题，以短期集中化方式增强其自信心和抗挫折能力。

二 项目基本信息

(一) 项目目标

首先，本项目通过项目设计、项目实施和项目评估的专业实践，优化传统救助保护模式，创新流浪儿童救助保护工作的方法和手段，拓展流浪儿童救助的新职能新领域，优化传统救助保护模式，利用专业的社会工作和心理学知识、技巧帮助流浪儿童缓解心理压力，预防和解决流浪儿童心理冲突，促进流浪儿童身心健康发展，满足流浪儿童的全面发展需要。

其次，本项目以南京市流浪未成年人救助保护中心的专业社工和心理咨询师为主体，面向社会招募吸纳有关儿童救助保护的专业人员或志愿者，组建一个专业化的流浪儿童心理救助团队，探索专业化、组织化、团队化的流浪儿童心理救助模式。通过对该团队的培训教育，积极培育一批优秀的专业人才，为南京本地流浪儿童救助保护事业的发展建设一支精干高效、专注专业的人才队伍。

最后，通过本项目的实施，积极引导社会力量参与流浪儿童救助保护事业，逐步通过动员社会人力、资金、项目等资源参与流浪儿童救助保护事业，营造具有南京本地特色的关爱和保护流浪儿童的健康社会环境。

（二）服务对象

本项目服务对象分为以下三种。

一是南京市流浪未成年人救助保护中心在站受助的流浪儿童，重点选择50个短期留站流浪儿童和10个长期留站流浪儿童。

二是曾获得南京市流浪未成年人救助保护中心救助，现已在南京就业或被安置于福利机构或回归南京本地家庭，并与中心一直有支持联系的流浪儿童，其中，重点选择5个流浪儿童。

三是南京市流浪未成年人救助保护中心从事儿童救助的部分一线工作人员（15个）以及部分志愿者（5个）。

（三）参与人员

本项目参与人员由以下三部分组成。

一是南京市流浪未成年人救助保护中心的中心主任、业务主管领导、专业社工等人员。

二是南京本地青少年社会工作和儿童福利研究方面的高校专家。

三是南京本地高校社会工作专业和心理学等相关专业的大学生志愿者。

中心主任及业务主管领导负责项目决策和管理，高校专家负责项目指导与评估，专业社工及志愿者等负责项目设计与实施。

（四）时间

2010年10月至2011年10月。

（五）地点

南京市流浪未成年人救助保护中心，南京市区、车站等流浪儿童集中地。

三 需要分析

彭华民指出，社会福利中的需要是在社会中生活的人在其生命过程中的一种缺乏状态，如果人的基本需要得不到满足，就可能会损害人的生命意义。从她对社会福利与人类需要的研究来看，社会福利是由人类需要的发展而产生的，这种需要可以分为三个方面：一是人类与生俱来的对社会福利的需要；二是基于自然环境和社会环境变化所产生的需要；三是人们所做的选择以及相关的社会福利制度。有的学者认为，需要是人为了满足生存、幸福以及充实产生的在物质、心理、经济、文化与社会方面的各种要求。从马斯洛的需要层次理论来看，人都具有生理的需要、安全的需要、归属与爱的需要、尊重的需要和自我实现的需要。这些需要是如阶梯一样由低到高，逐级提升的，但没有严格的递增顺序，也可以多样化。

流浪儿童是一个特殊的社会弱势群体。在剧烈的社会变迁中，由于社会福利制度的缺位，核心家庭保护功能的减弱，社会价值多元化的影响等因素，许多处在困境家庭中的儿童或自身陷入多种困境中的儿童主动或被动地成为流浪儿童，过早进入社会过着流浪乞讨的生活。恶劣的社会环境和非正常的生活环境，导致他们遭受多种伤害而处于不利境遇中。

自2006年以来，我国的流浪儿童救助保护政策得到快速发展，“儿童优先”理念和原则在社会政策中得以明确。在政策规划中，国家通过加强制度建设、机构发展、人才培育、职能转化、方法创新、能力建设等措施推进流浪儿童救助事业的人性化发展。在近年来的流浪儿童救助保护政策中，“教育矫治、心理疏导、行为矫治、技能培训”等因符合流浪儿童生存和发展以及维护其参与和独立的权益而被多次强调。

综合学者的研究和近年来流浪儿童救助保护政策的发展情况来看，流浪儿童拥有多种需要，有基本需要也有发展和参与的需要，有家庭的需要也有制度方面的需要。从更广泛的意义上而言，流浪儿童诸多的行为问题和心理问题，尤其是社会适应问题，其本质上来自儿童的心理问题。流浪儿童缺乏对自身、家庭、社区、社会的正确认识，缺乏自我调适和自我管理的必要能力。

四 项目实施过程

（一）服务方式

本项目提供的服务包括以下方面。

（1）专业社工运用个案工作、小组工作等方法并结合心理学方面的理论知识，依托救助站的心理咨询和心理治疗的设施与设备，针对流浪儿童开展心理评估、心理咨询、心理治疗、心理干预和心理健康教育等专业服务。

（2）向近年来南京救助管理站长期跟踪支持的在南京实现就业独立、回归家庭与被安置于福利机构的特殊个案继续提供心理支持。

（3）对南京救助站一线流浪儿童救助工作人员进行相关培训和教育，帮助他们掌握社会工作与心理学的相关理论和方法，不断提升他们实施心理救助的能力和水平。

具体实施如下。

（1）面向救助工作人员开展3期儿童心理救助培训。

（2）运用社会工作方法开展5次“流浪儿童抗逆力”训练主题小组活动，对所选流浪儿童进行个案辅导。

（3）借助心理治疗室资源，重点对有行为偏差和情绪问题的流浪儿童开展沙盘游戏治疗及其他治疗探索。

（4）借助类家庭公寓项目，对长期留站的流浪儿童开展类家庭服务工作。

（5）组织专业社工和大学生志愿者开展社工外展服务，对街头流浪儿童进行劝导、引导和心理辅导服务。

（二）实施进度

本项目的进度分为三个阶段。

1. 启动阶段（2010年10月—11月）

在这一阶段，成立方案领导管理小组，配置方案相关设施，确定各类服务对象（站内流浪儿童流动性大，需要全程及时更新补充），组建社工服务队伍，制订具体实施方案计划。

2. 实施阶段（2010 年 12 月—2011 年 7 月）

在这一阶段，细化方案，具体实施，做好相关资料记录和整理，并进行专业服务过程评估和控制。

3. 完成阶段（2011 年 8 月—10 月）

在这一阶段，总结评估，分析研究，整改完善，撰写报告，宣传推广。

五 项目评估

（一）评估方法

本项目综合使用了基线测量、任务完成情况测量、服务对象满意度调查等多种评估方法。

（二）评估情况

1. 人员培训情况

该项目邀请高校专家对该项目的实施人员及业务主管层进行了以“个案工作”、“小组工作”、“儿童社会工作基本方法与技巧”为主题的培训，强化了项目人员的社工知识学习和技能训练，促使他们更加清晰地理解项目的基本目标和要求，及时补充项目进展中所需的基本知识和方法，有效地为项目的开展提供了理论支持。该项目对参与外展服务的大学生志愿者进行了必要的培训。他们掌握了基本的外展服务技巧，重点学习了沟通技巧和心理辅导技巧，为顺利开展外展服务提供了理论基础。通过该项目的培训学习服务，项目实施人员的社会工作综合能力和素养得到了明显提高，全站的救助工作水平也得到相应的提升，社会工作的基本方法和理念受到重视并被应用到救助管理实践中。通过该项目的引导和带动，基本建立了具有比较专业的理论素养和实务能力的专业社工队伍和志愿者队伍。

2. 站内服务情况

依托该项目，项目实施人员及志愿者对站内的儿童实施了小组工作、个案工作等方面的服务，重点开展了抗逆力服务和心理辅导服务以及类家庭教养服务。通过项目服务，接受服务的流浪儿童的自信心、沟通能力普遍得到提升，他们的偏差行为和不良情绪得到一定程度的矫正，促进了流浪儿童的身心健康发展。该项目产生了明显成效，并成为救助管理机构的重要救助服务品牌和机构服务特色，受到机构人员的欢迎和重视，一定程度上加强了救助管理人员以及机构对社会工作的认识和重视，为救助机构创新服务提供了重要的经验，也为救助人员提升能力提供了专业支撑。该项目实施后，救助机构逐步探索出适合流浪儿童需要的专业方法和专业服务机制。

3. 站外服务情况（如图 1—19）

该项目在重点服务站内儿童的基础上，开展了站外服务的拓展。项目服务人员对已通过受助顺利回归社会并获得经济独立的儿童进行跟踪。这些人中，A 在南京，B 在苏州。A 在三年前由救助机构帮助在一家物业公司从事保安工作，B 回归家庭后与家人在苏州经营一家小饭馆。项目人员对这两人重点实施了定期跟踪回访，分享他们的成长故事，帮助他们认识自我和社会，学习和更新知识和新理念，引导他们更好地适应社会。在项目人员的帮助下，A 成功地实现转行，由保安转为理发师，进一步提升自己的谋生技能和拓展自己价值实现的途径。通过项目服务，他们对机构产生了更大的信任，对救助和回访更加认可，一定程度上提升了他们参与社会、实现自我独立的信心和技能。2011 年 1 月，项目人员组织大量南京高校社会工作专业的学生志愿者开展街头外展服务，向广大市民宣传保护流浪儿童的政策、方法和技巧，推动社会形成关爱和保护流浪儿童的良好氛围。同时，他们采用直接向在街头乞讨、流浪的儿童进行引导和辅导的方式，帮助他们正确认识救助保护机构及其工作机制，引导他们积极向救助机构和有关部门求助，帮助他们正确认识自我和诊断问题。该项目成功引导了多名流浪儿童向救助机构求助，并在获得专业服务后回归家庭。该项目推动了街头外展服务成为一个具有地方特色的救助服务品牌，实现了救助机构职能的拓展，更好地为流浪儿童提供了求助和受助的服务机制和社会环境，对流浪儿童保护工作具有十分重要的现实意义和理论价值。

图 1—19　站外服务的开展

左上图，**2010** 年 **1** 月组织南京林业大学社工学生开展街头救助；右上图，向市民介绍、宣传救助政策法规；左下图，对在火车站、地铁口的乞讨儿童进行引导教育；右下图，部分社工救助志愿者在南京火车站合影。

六　经验与反思

(一) 经验总结

总体而言，该项目取得了明显的成效，涉及流浪儿童救助保护的机构、人员和工作机制都实现了专业性的提升。尤为重要的是，社会工作方法和人才的引入，丰富了流浪儿童救助保护的理论和实践，为推进流浪儿童救助保护事业的发展提供了专业化、规范化、人性化发展的路径和视野。总结起来，该项目的主要经验有三个方面：一是将项目设计与服务对象需要紧密结合。社工是社会福利服务的传递者，救助作为一项流浪儿童的社会福利服务，应该以流浪儿童的需要为中心，运用社会工作的多种方法和技巧，整合各种资源，帮助流浪儿童实现需要满足和问题解决，这样才能促使项目取得实效，并促进儿童的全面发展。二是将项目实施与项目人才培训紧密结合起来。人才是影响项目实施的关键因素，加强人才的引进、培育、管理和使用，造就一支素质优良、作风过硬、业务精通的专业人才，是项目顺利完成的保证。流浪儿童救助保护是一项系统工程，不仅需要政策支持、资金支持，更需要人才支持。三是将项目评估与项目成果推广紧密结合起来。流浪儿童救助保护事业是2003年后逐步发展起来的，近年来受到党和政府、国家与社会更加广泛的关注，但该领域的研究和实践还处于发展起步阶段，相对成熟的经验和服务模式比较缺乏。因此，在推进流浪儿童服务项目发展的过程中，必须注重优秀成果的推广，带动救助机构的创新发展，引导和动员社会力量的参与，才能实现“以小项目带动全社会”关注和参与流浪儿童救助的目标。

（二）项目反思

回顾项目由设计、实施到评估的整个过程，我们发现存在几个方面的不足：一是法律依据不足。当前有关流浪儿童的法律政策多以“意见”、“通知”的形式出现，法律效力低，有关条款规定没有全面覆盖流浪儿童理论研究和实践发展的各个方面，已有的政策缺乏具体的可操作性。这些因素不利于项目的扩展和深化。二是社会力量参与不足。我国的发展方向是社会化和专业化，在流浪儿童救助保护领域中，不仅需要大量的基金会提供必要的资金、项目等资源，还需要大量的民间社工机构承接各项专业服务项目。社会工作是推进社会福利社会化和专业化的主要力量。国家应该重视和发展民间社工机构，动员社会力量参与流浪儿童救助，才能更好地解决流浪儿童问题，发展社会工作，促进社会进步和社会公正，使其为构建社会主义和谐社会作出更大的贡献。

参考文献

[1] 彭华民．福利三角中的社会排斥．上海：上海人民出版社，2007.

[2] 彭华民．社会福利与需要满足．北京：社会科学文献出版社，2008.

[3] 彭华民．需要为本的中国本土社会工作模式研究．社会学研究，2010（3）．

[4] 冯元，彭华民．社会工作伦理视角下流浪儿童救助困境探析．前沿，2012（9）．

[5] 冯元．构建需要为本的流浪儿童救助政策．社会福利（理论版），2012（3）．

[6] 冯元，冯曙．以社工为依托推进流浪儿童人性化救助——以南京地区为例．江南大学学报（人文社会科学版），2010（5）．

[7] 刘继同．中国儿童福利政策模式与城市流浪儿童议题．青年研究，2003（10）．

[8] 关颖．我国城市流浪儿童的基本特征分析．中国青年研究，2008（6）．

[9] 薛在兴．社会排斥理论与城市流浪儿童问题研究．青年研究，2005（10）．

（案例来源：南京市救助管理站戴阿根、夏阳等。）

暑期安全教育工作坊

一 项目背景

对生命的尊重和珍视是人类社会永远不变的追求。我国各种自然灾害如洪水、地震、火灾等频繁发生，对我国人民生命和财产安全造成了巨大威胁。2008 年 5 月 12 日，四川汶川特大地震造成了全国（截至 2008 年 7 月 13 日 12 时数据）69 197 人遇难，18 289 人失踪。在广阔的社会生活领域，煤气中毒、失火、溺水、交通事故、盗窃、拐骗等事件也给人们造成巨大的生命财产损失。每年的寒暑假期，广大中小学生因为防范意识不够、避灾减灾知识和能力不足而发生的溺死、烧伤、走失、煤气中毒等意外事件，不仅带来巨大生命财产损失，而且给家庭生活带来巨大痛苦。

我们无法阻止自然灾害的发生，但能够通过学习自救常识、专业知识以及相关技能技巧，提高自救意识和能力，把灾害造成的人员伤亡、生命财产损失减少到最小限度。在广阔的社会生活领域，只要我们提高警惕和防范意识，学会基本的自我保护及法律知识，就能在一定程度上避免意外的发生，保护自己及家人的生命和财产安全。我们相信体验性学习能给人们带来印象深刻的记忆，更容易让人们将学到的知识牢记于心，并转化为实际的应用能力。“工作坊”最早出现在教育与心理学的研究领域，后来逐渐成为一种鼓励参与、创新以及找出解决对策的方式，工作坊的操作与运行的方式根据不同的议题灵活多样。把工作坊运用到社会工作领域，通过多人共同参与，让参与者相互对话、共同思考。工作坊就是利用轻松有趣的互动方式，将主题与参与者串联起来，形成一个系统的过程。

二 项目目标

总体上，我们希望通过安全知识教育工作坊的体验式学习，培养参与者及广大社区居民建设平安家庭、平安社区、平安江苏的意识。具体而言，本方案的目标可分为三方面：第一，提高参与者预防自然灾害和社会生活中意外事件的意识。第二，提高社区居民尤其是参与者的自我保护和自救意识，掌握一定的安全常识、知识、方法。第三，在社区宣传安全教育知识。

三 需要分析

根据马斯洛的需要层次理论，安全的需要是人类的基本需要。对于青少年来说，安全的需要不仅是青少年自身的需要，也为广大家长所关注。工作坊的核心服务对象为 6～14 岁的青少年。根据埃里克森的人类发展阶段论，该阶段青少年的主要任务是学习重要的知识、技能和生存技巧，勤奋感超越自卑感。针对处在该年龄段的青少年，开展社会工作实务的着力点在于增强服务对象与学校、同伴的联系。暑假期间，青少年不在学校，但可通过本方案加强他们与同辈群体间的交流和互动，并在本方案中学习安全知识以保障自身安全，从而满足青少年安全和与外界交流的需要。

四 方案计划

（一）服务对象

服务对象为 6～14 岁的青少年。

（二）参加人数

参加人数不少于 30 人。

（三）实施人员

实施人员包括 2 名社工、2 名义工。

（四）时间安排

每节 80～90 分钟。

（五）进度安排

1. 第一节：风、雨、水、雷电相关安全知识主题

目标：

（1）形成小组及小组规范。

（2）促进组员进一步了解风、雨、水、雷电灾害的相关知识。

（3）提高家长对孩子在这些自然灾害方面的安全教育意识。

（4）帮助组员及其家长掌握基本的预防大风、暴雨和雷电、水灾的方法、措施。

流程：

（1）介绍工作坊。让组员对工作坊有一个大概的了解和认识。简单介绍小组、社工及组员。从一只蚂蚁讲起，引出爱护生命的重要意义。

（2）热身游戏“找朋友”。这个游戏能够降低组员紧张程度，促进组员相互认识。让组员按照设定好的要求如“喜欢看电影”等寻找条件相符的人。

（3）主题游戏。主题游戏为安全感游戏“单人信任背摔”。两人一组同向站立，后边一人距前边一人半臂远。当听到主持人说“倒下”时，前面一人须闭上眼睛说一句：“我可以信任你吗?”等到同伴回答“可以”后，向后倒下，而同时后边的人要用手稳稳托住前面倒下的人。组员分组后轮流进行。

（4）休息 5 分钟。

（5）话说风雷。参与者首先分享自己知道的或所经历过的关于大风、雷电灾害的知识及感受，然后让参与者观看有关大风和雷电灾害的图片，最后由社工分享有关大风的分级预警，如何防范大风、雷电等恶劣天气等知识。

（6）布置家课（即家庭作业）：你知道有哪些原因造成火灾？火灾能造成哪些损害、灾害?

2. 第二节：消防安全知识主题

目标：

（1）提高组员对火灾的关注度。

（2）让组员知道多种造成火灾的原因。

（3）让组员掌握基本的防范火灾知识和发生火灾时的自救知识。

（4）提高家长对孩子进行火灾安全教育的意识。

流程：

（1）热身游戏“寻找火源”。让组员知道造成火灾的多种原因（或多种潜在火源）。采用“瞎子背瘸子”的游戏方法，所有组员报 1、2、3、4 后，1 和 3 为一组，2 和 4 为一组。1、2 为“瞎子”，负责背“瘸子”3、4，3、4 要指点道路给“瞎子”，通过合作寻找火源。在游戏开始之前，社工需事先设置火源。

（2）图说大火。展示火灾图片或播放影视片段。增加组员及其家长对火灾的认识；提高家长对孩子进行火灾安全教育的意识。

（3）我来灭火。让组员掌握防范火灾的基本知识和发生火灾时的自救知识。社工设计好不同的大火情景，如建筑物（高楼）火灾、森林火灾等情景，让组员介绍自己知道的逃生、灭火办法，针对不同性质的火源应该用哪种灭火器（或灭火方法）。对于每一个具体的场景，在组员介绍结束后组员分享。

（4）休息 5 分钟。

（5）体验灭火专家。让组员真切体验如何使用灭火器，增强灭火自救的能力。先请专业人员演示灭火器、消防栓的用法；然后邀请部分组员（10 岁以上）及家长使用灭火器；组员与专业人员面对面交流注意事项。这些注意事项包括：首先，安全第一，体验学习均应在专业人员指导下进行；其次，观摩人员均应按照专业人员的要求处在安全范围之内。

（6）回顾本次活动，加强组员对活动的印象。布置家课：你知道哪些交通安全常识和交通安全标志？

3. 第三节：交通安全知识主题

目标：

（1）让组员掌握基本的交通安全知识。

（2）增强组员遵守交通法规的意识。

（3）加强家长对孩子的交通安全知识教育的意识。

流程：

（1）热身游戏。角色扮演，引出主题。组员分成2～3组，按照情景要求进行角色扮演。

（2）分享家课。组员分享上次家课，正式进入主题。

（3）图说交通安全。观看有关交通安全的视频和幻灯片，并进行小组分享。

（4）休息5分钟。

（5）话说交通。让组员进一步了解关于交通安全的知识，使组员找到学习交通安全知识的途径。让组员根据选好的主题分组讨论，主题分别是如何系好安全带，如何过马路，如何辨别交通信号、标志等。

（6）组员分组分享讨论结果，组员分享上一环节讨论结果、社工分享总结。

（7）你问我答。所有组员分成两组，两个组的组员抽取事先准备好的问题轮流作答，社工担任评委对答案的完整性和准确性做出评判。

（8）总结本次活动，加深组员印象。布置家课：除了水、火、交通安全问题，在日常生活中还会经常遇到哪些安全问题？

4. 第四节：日常生活安全知识主题

目标：

（1）让组员了解安全用燃气、安全用电的重要性。

（2）使组员掌握基本的预防中暑、溺水和食品安全的常识、知识。

流程：

（1）热身游戏“大风吹”。让组员寻找日常生活中的安全隐患。

（2）分享家课。

（3）图说日常生活安全。让组员观看预防中暑的幻灯片并做小组分享。寻找安全食品，图说食品安全。给组员看图片（印有过期面包的图案等），以及有关食品安全的幻灯片，并引导组员分享、讨论。

(4) 情景表演。组员分组表演日常生活中关于中暑、溺水、食品安全的情景。

(5) 休息5分钟。

(6) 游戏。现场模拟急救（如煤气中毒急救、溺水急救、触电急救），组员分组分享情景表演。组员分享上一环节讨论结果、社工分享总结。

(7) 主题讨论。让组员分为三个主题小组讨论自己如何应对中暑、溺水、食品安全、用电安全的挑战。

(8) 总结讨论结果及本次活动。布置家课：请准确写出前三节的主题。

5. 第五节：治安防范宣传主题

目标：

(1) 提高组员对人身安全、财产安全的自我保护意识。

(2) 掌握基本的防范、自救、补救方法和措施。

流程：

(1) 热身游戏“身体做字母”。社工与组员进行主题表演，分别扮演骗子与小孩（警惕性高的和警惕性低的）。

(2) 图说日常生活安全。让组员观看防骗、防拐的有关视频、图片。

(3) 有效保护自己主题分享。参与者分享如何有效进行自我保护。

(4) 休息5分钟。

(5) 提高组员警惕性。可通过观察力游戏“看他变了没”和逻辑性游戏“抓住罪犯”来进行。

(6) 总结本次活动，并说明第六节知识竞赛的评奖办法。

6. 第六节：安全知识竞赛主题

目标：

总结、回顾整个小组活动，加大组员对安全的重视程度，结束工作坊。

竞赛题目共分为三部分，第一部分为考卷，第二部分为PPT竞答，第三部分为情景模拟。限于篇幅，节选第一部分竞赛题目如下。

1. 1996年2月，国家教委、公安部等六部委联合发出通知，把每年3月的第几个星期定为全国中小学生安全教育日？（　　）

A. 第一个　　B. 第二个　　C. 第三个　　D. 最后一个

2. 在室外遇到雷雨时，哪种方法不容易出现危险？（　　）

A. 无处可躲时，双腿并拢，蹲下身子

B. 躲在树下

C. 打手机给爸爸

D. 站在山上

3. 艾滋病不通过什么方式传播？（　　）

A. 性接触传播　　B. 血液传播

C. 母婴传播　　D. 亲吻

4. 下列哪项不是煤气中毒的症状？（　　）

A. 头昏　　B. 恶心　　C. 呕吐　　D. 皮肤溃烂

5. 哪种东西不可以拿来灭火？（　　）

A. 水　　B. 土　　C. 棉被　　D. 各种灭火器

6. 我国对面包的保质期是怎样规定的？（　　）

A. 第二、三季度为40天；第一、四季度为3～5天。

B. 第一、四季度为40天；第二、三季度为3～5天。

C. 全部为40天

D. 全部为3天

7. 食物中毒的自救方法有哪几种（多选题）？（　　）

A. 自我催吐

B. 洗胃

C. 吃泻药

D. 火速去医院救治或拨打“120”电话急救

8. 移动式灭火器材应当多长时间检测一次？（　　）

A. 每天　　B. 每月　　C. 每半年　　D. 每10年

9. 被狗咬伤后，下面哪种做法不对？（　　）

A. 不管伤口，先把狗打死

B. 用肥皂水冲洗伤口后用碘酒消毒

C. 去医院注射狂犬疫苗

D. 打电话给家人，赶紧让家人把自己送到医院

10. 民警接到“110”指示后，在市区多少时间内赶到现场处置？（　　）

A. 100 分钟内　B. 50 分钟内　C. 30 分钟内　D. 5 分钟内

11. 车辆在高速公路上发生故障，在车后多少米处设置警告牌？（　　）

A. 150 米处　B. 100 米处　C. 50 米处　D. 5 米处

12. 进家前，你发现家里有拿着凶器的盗贼，你怎么办最好？（　　）

A. 冲进去赤手空拳跟他打　B. 偷偷溜到一边，打电话报警

C. 说服　D. 大声喊

13. 台风预警信号分为哪几个级别（按从低到高顺序排列）？（　　）

A. 白色、蓝色、黄色、橙色和红色

B. 红色、白色、蓝色、黄色和橙色

C. 白色、黄色、橙色、蓝色和红色

D. 蓝色、白色、黄色、橙色和红色

14. 现代社会，我们一般不从哪个渠道了解天气情况？（　　）

A. 看电视　B. 上网查询

C. 看云彩　D. 手机接收相关资讯等

15. 我国最长的河流是哪条？（　　）

A. 黄河　B. 长江　C. 珠江　D. 深圳河

16. 关于中国急救电话号码，下面说法正确的是？（　　）

A. 120——交通事故　B. 119——火警

C. 101——报警　D. 122——急救中心

17. 下面哪些方法不能有效防暑？（　　）

A. 撑太阳伞　B. 抹清凉油　C. 喝绿豆汤　D. 用手遮挡太阳

18. 下面哪种说法是正确的？（　　）

A. 可以用湿手触摸电器，可以用湿布擦拭电器

B. 发现有人触电要用书把他拉开

C. 不用手或导电物（如铁丝、钉子、别针等金属制品）去接触、试探电源插座内部

D. 家里电灯坏了，8 岁的小明要自己换 3 个灯管

19. 小明每天上学都要通过一个铁路道口，你觉得他怎样做最安全？（ ）

A. 直接从铁路上穿过去

B. 看看左右没火车就快速走过去

C. 在准许通过的信号灯亮时再通过

D. 火车什么时候来就什么时候走

20. 下面说法错误的是哪一项？（ ）

A. 用煤气时，火被吹灭，不要马上关煤气

B. 如在室内发现煤气味，要立即开窗

C. 起火时，可以往身上浇水，以免引火烧身

D. 游泳时千万不要在水中打闹，以免呛水或受伤

五 项目评估

1. 评估方法

采用问卷评估、访谈评估、社工自评等方法。

2. 评估指标

（1）问卷评估满意度≥70%合格。

（2）访谈评估满意度≥70%合格。

（3）每节组员出席人数≥30 人合格。

六 预期效果

第一，安全教育的宣传推广工作得到较好提升。通过前期宣传和半年的运作，使得社区内 6～14 岁青少年的安全知识和安全意识得到提高，在社区和家庭内形成良好的安全教育氛围。

第二，覆盖人数逐渐扩大，良好的社会影响逐渐扩大。就活动参加人数来讲，预计单次出席达到 30～50 人，每个周期达到 180～300 人次，这是直接受益的人次。这将直接影响到 200 个以上家庭，对建设平安社区有重大的现实意义。

第三，青少年个人健康成长的环境更加优良。这种活动和学习方式新颖，互动性强，能够给组员带来全新的感受，工作坊给广大青少年带来新颖的视角，有利于他们开阔眼界、增长见闻。

第四，宣传和推广社会工作。以社工为主持者和实际工作人员，加上志愿者的协助，整合社区内资源，使社区资源被激活和得到充分利用，同时能够在社区和社会上以具体行动宣传社会工作，为江苏省建立现代社会工作体系营造氛围、打下基础。

（案例来源：中国社会科学院研究生院、广州阳光社会工作事务中心徐新豪。）

妇女篇

姐妹情感支持小组

一 项目背景

全国总工会2010年关于新生代打工者问题研究报告显示，中国的流动人口达到2.3亿之多，其中1亿多是新生代打工者。在长三角制造业集中的区域苏州，流动人口以年平均增长将近20%的速度从2000年的86万发展到2010年的584万。因为苏州以制造业为主，而女性较易于管理，制造业倾向于雇用女性，这使苏州有大量的女性打工者。

流动人口从有互相支持网络的农村来到城市，各种问题随之伴生，而其中的女性面临着比男性更多的挑战，情感问题是其中之一。本项目根据女性打工者面临的情感困扰，特别开展了姐妹情感支持小组，为新生代女性打工者遇到情感问题时提供倾诉、支持的平台与对象，使女性打工者在自身生活圈内有互相支持的网络。

二 项目基本信息

姐妹情感支持小组是苏州工友家园于2011年5月至11月开展的针对女性打工者情感支持的社会工作实务项目，该项目经费由香港乐施会提供。本项目由苏州工友家园统筹全桂荣主持，项目实施由项目干事聂春艳、苏丽珍负责，特约顾问由学者林志斌担任。

姐妹情感支持小组是苏州工友家园在苏州针对打工者开展社区活动、丰富打工者业余精神文化生活项目中的子项目，项目实施地点在苏州打工者生活聚集区SX村。在SX村，当地居民约300户，共1 400余人，外来打工者常年保持在两万人左右。SX村有妇女儿童活动中心、青少年活动中心，但这些公共活动场所以面向当地居民为主，没有满足打工者特别是女性打工者需要的相对独立的空间。所以该项目的实施场所设在苏州工友家园的活动室，总共招募了 34 名男性和女性服务对象参与活动。在活动末期，形成 7 名在情感上能互相支持的女性组员。

三 需要分析

打工者来到城市，需要的帮助多种多样，如权益维护、工作信息的提供、精神生活的丰富等。很多人会关注打工者的情感生活，特别是在情感上相对男性打工者面临更多问题的女性打工者。本项目在前期调研中把女性打工者设定为服务对象，但女性打工者面临的问题也是多种多样的，这就需要进一步的进行需要评估，了解女性打工者面临的迫切问题，从而设计有效的社会工作实务方案。

（一）女性打工者需要评估方法

打工者的需要评估得了解以下几个基本的方面：一是所处社区或周边的产业分布状况；二是产业从业人员的年龄结构、受教育情况、性别比例、籍贯分布等信息；三是打工者生活区的社区样态。

在了解上述基本信息的基础上再来评估女性打工者的需要，评估女性打工者的需要可以通过个案访谈、座谈会、社区走访三种方法来进行。

1. 个案访谈

个案访谈主要以开放式访谈为主，通过对服务对象的访谈，了解服务对象面临的迫切问题与需要。访谈对象以女性打工者为主，同时还有与女性打工者在生活、工作上相关联的男性打工者、社区居民等。

2. 座谈会

座谈会主要以半结构式访谈为主，通过座谈，可以更全面地了解女性打工者所面临的问题。姐妹情感支持小组通过与社区内的男性和女性打工者的座谈，更全面地了解到女性打工者在家庭生活、工作中所面临的较突出的问题。

3. 社区走访

社区走访主要走访女性打工者的住所以及她们在日常生活中经常去的

场所，实地了解女性打工者的日常生活情况。

（二）女性打工者需要情况

通过个案访谈、座谈会、社区走访，姐妹情感支持小组发现，女性打工者主要有以下几种需要。

1. 人际支持网络建立的需要

SX村的女性打工者从农村或城镇来到城市，绝大部分人以往的人际网络关系发生了根本性改变，以往在老家由亲戚、邻居、同学朋辈等构成的立体人际网络被仅由亲戚或老乡或同学或同事构成的单一人际网络所取代，在她们遇到工作、生活中的问题时，这种单一的人际网络关系不能满足大部分正处于青春期的女性打工者的需要。因此，项目组认为女性打工者有人际支持网络建立的需要。

2. 学习培训的需要

调查发现，85%的女性打工者的学历在初高中/中专及以下学历，在城市的生存、发展受到了较大的制约。女性打工者对于提高自身综合能力都有较迫切的渴望，因此女性打工者对于学习培训的需要是无可置疑的。

3. 职业发展规划的需要

女性打工者由于生活经验、受教育水平有限，对于自身的职业发展规划难以进行有效的评估，普遍对生活与未来比较迷茫。

4. 情感纠纷、家庭事务咨询交流的需要

SX村的女性打工者以18～25岁为主，这一阶段的女性打工者面临着谈恋爱、组建家庭的现实问题，在谈恋爱、组建家庭的过程中，遇到问题时，女性打工者不能像在老家一样可以在现实中向众多的亲戚、邻居、朋辈等咨询。

四　项目实施过程

（一）服务方式

根据上述需要评估，项目组认为，女性打工者最需要建立姐妹情感支持小组来满足上述需要。通过小组的建立，组员可以得到更多的人际网络

支持，能够得到更多的学习培训的信息与交流，对于职业的发展规划也会有更好的评估渠道，同时在遇到情感、家庭纠纷时也有提供建议、给予支持的网络。

从小组的类型来看，姐妹情感支持小组属于支持和成长型小组，在小组开展的过程与结束后，能建立互相支持的成长型小组。同时，组员通过彼此经验的分享、能力建设与提升，在活动过程中得到成长，增强自信。

所以，姐妹情感支持小组旨在通过系列服务活动的开展建立起 3 人以上的、较稳固的、能互相给予多方面支持的姐妹小组，从而使女性打工者在打工的城市里能更好地生存、发展。本项目的服务方式具体包括以下几种。

1. 小组社会工作

社会工作三大方法包括小组、社区与个案工作。小组社会工作通常指的是在社会工作者的指导下，将两个以上有共同的需求或相似的社会问题的成员组织在一起而开展互动性活动的团体，最终使组员之间具有较高的相互依存、相互影响与相互帮助度。项目组根据参与人员的年龄以及受教育情况等设计了 7 次专业的小组活动，从女性打工者比较关注的个人生理、美容等方面切入，之后逐渐引入女性的情感、家庭、社会生活方面，使组员的视角逐步从个人投向他人，从个人转向社会。

小组社会工作采用的形式有社会工作者描述、参与者分享、情景模拟讨论、男女性别平等对话、小组讨论等，从而使组员互相间能有充分的了解和信任。

同时，社会工作者也会关注组员的心理状态、个人能力的变化，视组员的变化而鼓励其参与小组活动的策划与实施，从而使组员在小组结束后，能够拥有一个互相支持的网络。

2. 社区文艺演出活动

通过与组员的座谈，与组员一起尝试把其工作、生活中的情景戏剧化。这些自编自导自演的戏剧通过排练与演出，让组员对自身工作、生活有更多的反思。同时，戏剧演出又能使女性或家庭问题社会化，让社会成员更多地认识到女性打工者面临的种种困难，从而理解她们，这也能提高女性打工者的自信心。

3. 个案社会工作

个案社会工作是指运用专业的知识、方法和技巧，帮助有困难的个人或家庭认识自身及周围的环境，改善其与社会环境之间的适应状况。姐妹情感支持小组在实施的过程中根据组员的情感状况，采取个案跟进的方式，持续跟进了3个个案，并成功使一对濒于破裂的家庭得以和好。

（二）实施过程

本项目包括五个阶段：需要评估阶段、方案制订阶段、方案实施阶段、方案结束与评估阶段、小组跟进阶段。

具体安排如下。

1. 第一阶段：需要评估阶段（2011年3月—4月）

项目组主要采取了个案访谈、座谈会、社区走访三种方式，评估打工者生活区女性打工者的实际生活情况、女性打工者面临的主要问题与需要。

（1）个案访谈。通过开放式访谈，了解女性打工者实际的生活、工作状况，访谈对象包括6名女性打工者、4名男性打工者、6名社区居民（职介人员、当地居民、商店人员各2名）。

（2）座谈会。通过交流，从不同的视角了解女性打工者面临的问题。项目组主要通过两场与男性和女性打工者开展的座谈会来评估女性打工者的需要。

（3）社区走访。通过打工者生活区特别是女性打工者居住地的走访，增加了项目组对女性打工者实际生活状况的了解。项目组走访、观察了3个女性打工者的居住住房与生活情况。

2. 第二阶段：方案制订阶段（2011年4月—5月）

在方案制订的过程中，除了基于上述需要评估之外，项目组还会邀请个案访谈、座谈会中的男性和女性打工者一起来参与方案的制订，使方案的开展更加适合和贴近组员的实际生活与需要。

3. 第三阶段：方案实施阶段（2011年5月—8月）

在这一阶段，将按照方案对女性打工者开展实务介入。通过系列活动的开展，使组员从不认识到认识，再从认识到互相了解、互相信任，从而为解决女性打工者面临的情感问题、建立后续支持性小组而夯实了基础，并且从活动中提高了女性打工者的自信与能力（如图 2—1）。

本项目组设计了 7 次小组活动，小组活动的名称分别为：

（1）夏季防晒技巧。

（2）情感大冒险。

（3）女性“四期”保护。

（4）怎样和例假“交朋友”。

（5）家务活是谁的事。

（6）认识中国女性。

（7）我们的姐妹组。

图 2—1　丰富多彩的小组活动

左上图，组员通过做游戏互相认识；右上图，户外小组活动；左下图，组员分享女性的生理知识；右下图，组员分享讨论的成果。

4. 第四阶段：方案结束与评估阶段（见图 2—2）（2011 年 8 月—9 月）

宣布小组活动结束。

对于活动的感受及建议，以及后期希望开展什么样的活动，主要由参与活动次数较多的组员来评估总结。由组员根据自身工作、生活编排成舞蹈和戏剧向大家展示，发出女工心声，加强组员间的情感联系。

（1）组员评估。收集组员参与活动的感受意见，进行整理总结；了解小组结束时大家的离别情绪，更好地在小组结束后跟进；评估组员参与活动前后的变化。

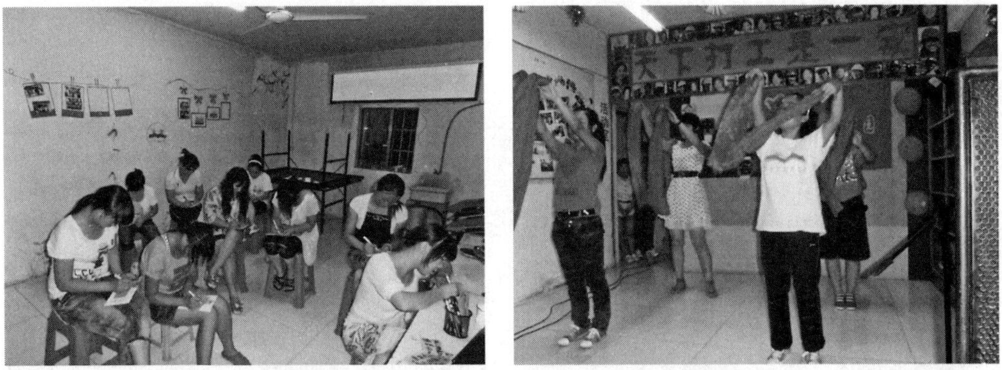

图 2—2　方案结束与评估阶段开展的活动

左图，组员进行参与式评估；右图，组员在汇报演出中表演舞蹈。

（2）组员汇报演出。将根据组员工作、生活以及兴趣能力简单编排的舞蹈、戏剧等做表演，进一步锻炼组员的综合能力；加强组员间的支持与团结，为小组结束后成员间的关系奠定坚实基础；发出女性打工者的真实心声。

5. 第五阶段：小组跟进阶段（2011 年 9 月后）

本项目主要帮助女性打工者建立情感支持网络，小组活动的开展与评估、跟进有其特殊性，主要体现在：（1）开展活动的目的不是以组员的满意度作为主要的衡量指标，而是以小组结束后组员间能否形成互助、支持的网络与关系作为衡量指标。（2）小组活动是增强组员之间关系与信任感的方式之一，组员间网络关系的建立更多的是在日常的生活当中。在小组结束后，固定的组员间能在生活中分享情感信息，能互相给予情感的支持与关怀，还能在其他方面如租房、找工作、学习培训、职业规划、婚恋交流等互相帮助。

五 项目评估

(一) 评估方式

本项目采取过程评估、成果评估两种形式。

1. 过程评估

针对女性打工者的姐妹情感支持小组的过程评估有别于其他社会工作实务的评估。

一方面是观察组员特别是参与三次以上小组活动的成员在小组活动前后的变化，看其是否在与人沟通、交往上有较积极的变化。

组员在参与项目活动的过程中，由被动的参与者逐渐变成主动的参与者。在小组活动开展的过程中，安排一些角色让较积极的参与者担当，如参与小组活动具体流程的策划，主持小组活动的游戏环节，或者试着让其主持小组活动的开展。

另一方面是采用组员自评法。如在小组活动后发放留言便签让组员写下活动感受。有的组员的留言道："这样的活动很好，在参与的过程中，我增强了自信，变得更开朗了。"也有的组员留言道："我都不敢想象，以前我是个很内向的人，现在我却可以主持活动了，很开心！"

2. 成果评估

本项目目标除了开展小组活动，一方面希望在小组结束后组员的网络互助联系可以持续，另一方面希望在小组过程中的活动成果能通过文字资料、图片等向社会倡导女性的社会地位与权益。

与此同时，项目组还希望在活动过程中能帮助女性打工者解决自身面临的各类问题。在小组活动开展的过程中，有个女工小美刚结婚后跟着老公来苏州打工，两人是在老家相的亲，没有什么感情基础。来苏州后住的地方很狭窄，两人经常由于生活的琐事发生争吵，她的丈夫还有严重的家庭暴力，常常把小美打得青一块紫一块的，有一次甚至用有利齿的菜刀脊把小美的手臂割伤了。小美参加姐妹情感支持小组后，把她遇到的家暴情况跟组员交流，大家积极地帮她出主意，有时还邀请她老公来参加小组活动。后来，他老公意识到了自己的错误，做了深刻的反省，俩人此后家庭生活就很恩爱和谐了。

另外两个组员淑洁和胡芬芬，她们的男友都是在打工过程中认识的，而且都是异地恋，感情时有起伏，不时受这样那样的问题困扰着。两人遇到问题时就和小组的姐妹们倾诉，寻求姐妹们的支持，这使她们的异地恋一直能得到较好的维持。

同时，组员在遇到找工作、租房、学习培训等问题时，其他组员都能提供相关的信息或给予帮助，使组员能够在打工地更好地解决面临的实际问题，以及在打工的城市更好地生活。

（二）项目成效

项目组从服务对象的参与深入度、目标达成度、项目的成果三个方面进行评估。

1. 服务对象的参与深入度

姐妹情感支持小组活动对象的特殊性与非强制性注定参与人员难以固定，所以在这方面的评估主要侧重于服务对象的参与深入度与成长度，而非仅仅以固定对象的参与度来评估。

服务对象的参与深入度是指服务对象不是单纯、被动地参与项目组所设计的活动，而是在参与活动中逐渐融入并有可能成长为主动服务对象、甚至服务者的过程。如在本项目中共有 34 位男性和女性打工者参与了小组活动，形成了 7 位固定的组员。这些组员当中又有 3 位组员在参与活动过程中成长起来，她们不仅仅参与活动，在活动后期甚至还承担了活动的策划与实施的部分工作，她们的自信与能力在这过程中得到了更大的锻炼与提升。她们从被动的参与者转变为主动的联络者与行动者，角色发生了质的变化，这为小组后期支持网络的持续性提供了基础性保证。

2. 目标达成度

本项目的预定目标主要是在小组结束后能形成、建立 3 个女性打工者以上的网络互助小组。项目参与人员达到 34 名，参与人次达到 52 人次，最后形成一个有 7 名女性组员的稳定的网络支持小组，高于预期的目标。

解决女性打工者的情感问题，在小组开展的过程中就得到个案实践，而且实践的效果很好。

在目标达成度方面，74％的人认为参与小组活动后变得更自信了，70％的人认为这样的活动加强了自身与他人沟通的能力，85％的人觉得结识、了解了更多的朋友，81％的人对于男女性别平等意识有了较多的了解，但也有 19％的人认为活动的专业性有所不足。

3. 项目的成果

在项目实施的过程中，与参与人员针对男女的社会角色、男女性别平等、女性的家庭角色进行了多次座谈讨论，这些座谈讨论的成果对于了解当下女性打工者在社会、家庭中的意义有着重要的参考价值，同时这些讨论的成果整理出来通过资料分享的方式与他人分享，能够使更多人反思女性打工者在社会、家庭中的地位，有利于男女平等问题得到更多的关注。

在项目实施过程中，还安排了一些活动环节进行情景剧模拟表演。这些表演反映了社会、家庭生活对于女性打工者的影响，这些表演让参与人员加强了对性别平等问题的反思。

在小组活动开展的过程中，组员解决了 3 个与组员相关的情感方面的案例，有效地提升了组员的信心、情感支持与互助能力。

从上述评估的结果来看，项目组通过为期 7 个月的持续活动，共开展了 7 次小组活动，1 次汇报演出，大体上实现了预期的目标：

（1）增强了女性打工者的性别平等意识以及对社会问题的关注度；

（2）提升了女性打工者与人沟通的能力，提高自信心；

（3）建立了姐妹情感支持网络，让女性打工者在遇到各类问题时有互相支持的人际网络；

（4）发出了女性打工者心声，让社会更加关注女性打工者的权益、情感等方面的问题。

六 经验与反思

(一) 经验总结

姐妹情感相互支持小组能够顺利开展，并且最终能够形成一个持续联系、相互支持、互助的网络，有以下三个方面的原因。

1. 女性打工者的实际需要

女性打工者在外打工，遇到工作、生活上的问题很难得到理解与支持，而姐妹情感支持小组很好地解决了这一问题。

2. 小组活动开放、活泼、互动性强

由于女性打工者普遍比较拘谨、胆小，小组活动的开放与较强的互动性有效地消除了女性打工者的心理障碍，让女性打工者放松心情，进而敞开心扉与人交流，分享个人的生命体验与思考。

3. 有工友家园这样的公益性活动平台

如果没有在打工者生活区的公益性空间，那么情感支持仅靠小组活动的开展是很难建立起来的。有了这样的公益性空间，组员就能有更多机会进行沟通、交流了。

(二) 项目反思

本项目在开展的过程中还是遇到了不少问题，主要有以下方面。

1. 项目工作人员的非专业性

除了特约顾问是学者外，其他项目参与人员都不是社会工作专业出身的，这对于如何更多地运用社会工作的专业知识与技巧来开展小组活动，有着较多的制约，特别是在理论指导与活动经验的总结上。

2. 对活动成果的应用与研究不够充分

在开展小组活动的过程中，很多女性打工者交流和分享的内容是女性打工者现状与思想的一手资料，如何整理、应用这些资料，甚至以此去做社会倡导与政策倡导，是值得思考与尝试的。

3. 组员后期跟进面临的问题

有些组员参与小组活动后，具备了一定的组织与领导能力，如何跟进并让其持续地团结其他姐妹、关注更多的社会议题与性别议题，还需要进一步的实践、探讨。

参考文献

［1］佟新．异化与抗争：中国女工工作史研究．北京：中国社会科学出版社，2003.

［2］林志斌，张立新．打工者参与式行动研究．北京：社会科学文献出版社，2008.

［3］潘毅．中国女工．北京：九州出版社，2011.

［4］邹农俭，等．江苏农民工调查．北京：社会科学文献出版社，2009.

［5］邢玉兰．新生代女性农民工社会融入问题及应对策略：以苏州为例（硕士论文）．苏州：苏州大学，2011.

［6］任秀杰．新生代女性农民工的社区融入研究．农村经济与科技，2009（8）．

［7］邹农俭．江苏沿江农民工现状调查报告．南京师大学报（社会科学版），2008（3）.

［8］张志胜．脱根与涅槃——新生代女民工的市民化释读．中国青年研究（社会调查版），2007（1）.

［9］秦阿琳．女性农民工的“个体化困境”及社区支持研究．湘潮（下半月），2011（9）.

［10］高峰．苏南地区外来农民工市民化长效机制的构建．城市发展研究，2006（4）.

［11］何晓红．一个女性农民工的30年进城打工生活史：基于生命历程理论研究的视角．中国青年研究，2011（5）.

［12］杨曌，宋言奇．新生代城市农民工生存状况的调查与思考：以苏州市农民工为案例．泉州师范学院学报，2011（11）.

［13］解决好农民工问题将为加强社会管理提供新引擎．［2011-07-15］．http：//www.legaldaily.com.cn/dfjzz/content/2011-07/15/content_2796294.htm?node=7093.

（案例来源：苏州工友家园全桂荣、聂春艳。）

农村留守妇女项目

一 项目背景

农村留守妇女是“打工经济”的伴生现象，即使打破目前众多的政策性壁垒，中国社会也无法在短时期内消除农村留守妇女大量存在这种社会现象。江苏省是东部经济比较发达的地区，但省内经济发展与社会发展不平衡，苏北、苏中地区的农村劳动力大量流动到苏南、上海、杭州等地务工，因此，这些地区的农村留守妇女比例高，苏北地区农村留守妇女高达数百万人。这一群体在负担农业生产的同时，还要照顾孩子、老人。这个群体的日常生活与生产、婚姻与家庭、子女教育与老人赡养、身心健康与安全等方面，面临诸多困扰，主要表现为孤独、焦虑、身心疲劳、人际交往单一、社会交往少、缺少倾诉对象等。把农村留守妇女组织起来，通过培训、组织化等赋权措施，提升农村留守妇女的组织化水平，可让留守妇女主要通过自我组织、自我服务来解决自身面临的困扰。由此可见，社会工作方法服务于农村留守妇女大有可为。

本项目尝试把社会工作的理念与方法引入关爱农村留守妇女的工作中，提升该群体的自我组织、自我服务能力；同时，通过项目参与提升农村妇联干部的工作能力，帮助其掌握新的工作理念与方法，以便更好地为妇女儿童提供服务。

本项目本着社会工作“助人自助”的理念，通过参与式方法在项目中提高农村妇女骨干的能力，希望在项目结束后，这些农村妇女能够在妇联等外来力量的支持下开展农村留守妇女的自我组织、自我服务，并且在条件成熟时成立自我服务的团体或组织。

二 项目目标

1. 总目标

项目的总目标分为两个方面：一是通过该项目在农村社区发现、培养一批农村妇女骨干，以她们为中心在各自所在的农村社区为农村留守妇女提供服务，协助留守妇女通过参与社区事务，表达自己的需求和意见，推动社区性别平等，服务于新农村建设。二是通过该项目，在农村的妇联工作中引入社会工作的理念与方法，提升妇联基层工作者的服务能力。

2. 分阶段目标

项目第一阶段的目标是指导培训后的农村妇女骨干对自己所在村进行需要调查与评估、小组活动方案设计。各小组根据调查结果，设计能够满足留守妇女需要的小组计划书。小组活动可以聚焦于健康促进、权利维护、家庭关系（亲子、婆媳、夫妻等）、老人赡养、邻里关系、农业生产、村落环境等。

项目第二阶段的目标是指导农村妇女骨干开展留守妇女小组活动，对小组活动进行现场督导。在第一期小组活动结束后，进行项目中期督导、总结、交流活动，对项目村的妇女骨干进行再培训。在第二期小组活动期间，对新项目村的妇女主任、计生专干、妇女骨干进行培训，并让她们到项目村进行观摩、交流，以指导新项目村的妇女主任、计生专干、妇女骨干在自己村内建立留守妇女小组。

三 需要分析[①]

1. 留守妇女的日常生活与生产

村里的妇女生活都比较规律，一般都是早上五六点钟起床，晚上七八

① 这部分资料源自南京人口管理干部学院社会工作系的农村留守人口社工服务课题组于 2009 年 11 月在盐城市滨海县进行的“农村留守人口调研活动”的农村留守妇女访谈资料“滨海县通榆镇刘篚村留守妇女个案访谈综述”。课题组在该村访谈了 15 位农村留守妇女。课题组成员有晏凤鸣、郭安、崔效辉、孙唐水、林虹、李荣志，参与调研活动的还有南京人口管理干部学院社会工作系的 20 位学生。这次调查活动得到南京人口管理干部学院院级重点课题“社区建设与社会主义和谐社会”（项目编号：2007B02）和南京人口管理干部学院 2008 年度重点教改课题“关于实践教学手段与方法的探索——以社会工作专业为例”（项目编号：2008JXGGA01）的资助。

点钟睡觉。田里的农活大都由妇女自己承担，农忙的时候她们会觉得很累。农闲的时候妇女主要是带小孩、看看电视、打打牌或麻将等，也有一些会到镇上去逛街，不过很少。家庭收入的主要来源是丈夫外出打工的工资和自己在家种田的收入，一般丈夫外出打工对家庭经济状况并没有多大影响。村里的妇女主要与邻居或亲戚来往。

2. 留守妇女的婚姻与家庭

一般村里妇女的丈夫外出打工都不低于三年，主要打工的地方是沪、苏、锡、常等地或就在本市，也有少数人出国务工。她们一般对丈夫外出打工都抱支持的态度，因为这样能够稍微减轻家庭负担。妇女与丈夫的主要联系方式是通电话，一般每次通话都会在十分钟左右，主要聊一些家庭琐事和孩子的学习生活、老人健康等方面的话题。丈夫一般四五个月或半年回家一次，一般在家待十天左右。村里妇女大多都没有去过丈夫工作的地方，因为要照顾小孩和老人，还有田里的农活要忙，但对丈夫的工作都有一定的了解。她们最担心的是丈夫在外工作时的身体健康还有工资问题，很少有人担心丈夫在外有别的女人，夫妻感情都比较好。孩子与爸爸的感情也比较好，经常会要求爸爸回家。她们对现在的婚姻和家庭都比较满意，也有些人无所谓满意与不满意，已经习惯了这样的生活。

3. 留守妇女面临的子女教育与老人赡养问题

村里妇女的受教育水平普遍比较低，因此对孩子的教育是她们面临的一个比较大的问题。村里的孩子年龄普遍较低，主要都在读小学。有一半的家庭无老人或不与老人住在一起，还有一部分与老人同住，所以在赡养老人方面没有太大的问题。即使与老人有矛盾，主要也是因为一些生活中的小事。

4. 留守妇女的安全问题

村里治安一般，因为交了治安费，所以没有很严重的问题。主要的问题是这几年小偷比较多，冬天的时候一些家畜会被偷。面对这种情况，村里妇女不知道如何处理，只好自认倒霉。她们与邻居关系都很好，很少或没有发生纠纷。很少有人会遇到被骚扰的情况，遇到这种情况，她们会选择跟丈夫或好姐妹倾诉。在安全知识方面，村里妇女都比较缺乏，也很少会有紧急情况出现，如果有问题，她们则会寻求邻居帮助或报警。

5. 留守妇女身体与心理健康

村里妇女身体或多或少都会有一些小毛病，如关节炎、骨质疏松等。她们每年都会做妇科疾病检查，但都比较简单，检查项目不多。如果生病，她们则会去村卫生所看病，比较方便；如果比较严重，她们则会选择去镇上的医院。村里妇女的睡眠质量都比较好，少数因为农活太重或安全问题而睡不着。

6. 留守妇女的期望

妇女们希望家里经济能够宽裕一点，生活水平能够有所提高；希望孩子能够有较好的学习条件，好好学习；希望丈夫能够回家，不要再那么辛苦；希望政府能够提供一些帮助，主要是孩子教育和经济补助方面，此外还有农业上的帮助；希望村里医疗体系能够更完善，能够给妇女提供免费的更正规的妇科疾病检查；希望村里能够组织一些娱乐休闲交流活动，如跳舞、唱歌等。同时，她们对孩子的教育比较关注，所以希望会有更多的大学生到村里给她们提供帮助。

通过深度的个案访谈，了解了农村留守妇女日常生产与生活、子女教育与老人赡养、婚姻与家庭、人身安全、身心健康、期望等多方面的情况，从中可以看出，在日常生活、子女教育、婚姻关系维护、心理健康、文化生活、农村社区公共事务参与等方面，农村留守妇女这个群体有诸多未被满足的需要。

四 方案计划

1. 服务对象

服务对象包括以下三个方面：（1）项目村的妇女主任、计生专干、妇女骨干。首先对这个群体进行社会工作理念与方法的培训，目标人群数量为 30 人（4 个项目村，每村 6 人、乡镇妇联工作人员 6 人）；（2）项目村的留守妇女。每村 3 个留守妇女小组，每组 8～12 人，共 96～144 人；

(3) 项目拓展期间，新项目村妇女主任、计生专干、妇女骨干约40人（新项目村为6～7个）。

2. 参与人数

项目参与人数包括：(1) 项目村的妇女主任、计生专干、妇女骨干30人；(2) 培训完成后，各村的妇女骨干以社会小组工作方法开展留守妇女小组活动，每个小组人员为8～12名农村留守妇女。参加过培训的农村妇女骨干两人一组负责开展小组活动，共开展12个小组，参加妇女小组活动的人数约为96～144人。每个小组开展8次活动，完成一个周期的小组活动，共有768～1 152人次参与小组活动。按一年完成两个小组活动周期计算，参与小组活动的留守妇女共有1 536～2 304人；(3) 项目参与人员还包括项目培训专家4人，项目督导专家若干人，项目县妇联工作人员、项目乡镇提供行政支持的政府官员若干人等。

3. 实施人员

项目实施人员包括：(1) 省、县、乡镇妇联工作人员；(2) 项目乡镇提供行政支持的政府官员；(3) 南京人口管理干部学院社会工作系的教师；(4) 来自其他高校的项目培训与督导专家；(5) 项目村的村干部、妇女主任、计生专干、妇女骨干。

4. 进度安排

首期项目为期一年，主要进度安排如下。

(1) 立项后，进行项目县、乡镇与项目村的选点，在确定项目乡镇与项目村后，委托地方乡镇政府、妇联进行妇女骨干选拔、招募活动。

(2) 与当地政府、妇联合作开展社会工作理念与方法的专门培训，培训结束后，妇女骨干回到村里进行需要评估，小组活动设计，以及妇女小组活动的宣传、成员的招募活动。

(3) 按计划开展留守妇女小组活动，根据农时，每月1～2次，6～8次小组活动为一个周期，全年共两个周期。

(4) 第二期的小组活动与新项目村的妇女骨干培训、观摩、交流同时进行。

(5) 完成两个周期的小组活动后进行项目评估。

五 项目评估

本项目采用委托第三方专业社会工作机构对项目进行外部评估方式，在外部评估之前，可以由省、县妇联联合进行项目的内部评估。评估主要采用参与式评估方法，使用问卷、量表、访谈、座谈会等方式，具体包括以下几个方面。

(1) 使用问卷、量表及定性问题对培训效果进行评估。

(2) 小组活动中期自我评估、小组活动期终自我评估。

(3) 留守妇女小组成员项目中期问卷调查（50 份)、个案访谈（5～6 个)。

(4) 留守妇女小组成员项目期终问卷调查（50 份)、个案访谈（5～6 个)。

(5) 村妇女主任、计生专干、妇女骨干项目中期座谈会、项目期终座谈会。

(6) 就妇女小组活动影响，对村委会主要干部进行访谈，每村 2 人，共 8 人。

使用多种评估方法对项目进行评估，完成项目评估报告。

六 预期效果

项目预期成果主要包括以下四个方面。

(1) 验证社会工作理念与方法特别是小组社会工作方法可以服务于农村妇女工作。

(2) 新时期农村妇女工作可以农村妇女小组为立足点，推动农村妇女参与社区公共事务、维护自身权益、促进两性平等、提升自我组织与自我服务水平等，为新农村建设贡献力量。

(3) 农村妇女工作需要引入新理念、新方法，农村妇女在外来力量的支持下可以进行自我组织与自我服务，农村妇女有自我组织与自我服务的潜能。

（4）为在妇女、儿童及家庭工作领域引入社会工作方法提供经验，提升基层妇联工作人员的专业技能，推动妇联组织的专业化与职业化建设，为在新的历史时期把妇联建设成一个枢纽型的社会组织提供经验，为妇联在创新社会管理中发挥重要作用提供支撑点。

参考文献

［1］南京人口管理干部学院社会工作系课题组．盐城市滨海县通榆镇刘篰村留守妇女访谈十五例．2009.

［2］南京人口管理干部学院社会工作系课题组．通榆镇刘篰村留守妇女个案访谈综述．2009.

［3］崔效辉，晏凤鸣．把社会工作引入人口与家庭领域的新尝试：以国家人口与计划生育委员会的“人口社工系列项目”为例（国家人口与计划生育委员会甘肃“人口社工系列项目”阶段性报告）．2010.

［4］崔效辉，李洪涛．金塔、肃南妇女小组活动督导总结报告（国家人口与计划生育委员会甘肃“人口社工系列项目”阶段性督导报告）．2009.

［5］李洪涛．社会性别敏感的社会工作在人口计生领域的实践项目培训会总结报告（国家人口与计划生育委员会甘肃“人口社工系列项目”培训报告）．2010.

［6］乐施会．在人口与计划生育领域社会主义新农村新家庭建设中引入社会性别敏感的社会工作理念与方法项目概述和评审书．2007.

［7］崔效辉，郭安．农村留守儿童的现状及引入社会工作方法的必要性：基于两所小学的比较研究．南京人口管理干部学院学报，2012（2）.

（案例来源：南京人口管理干部学院社会工作系崔效辉。）

"地丁花"家政工剧本创作工作坊

一 项目背景

(一)家政工现状

家政服务是妇女就业集中的职业，家政工这支从业大军已经成为中国家政服务业一道亮丽的风景线。无论从就业规模还是从社会需求度都值得关注。研究发现，由于家政市场的不规范及家政工相关法律保护的滞后，家政工群体的处境不容乐观。一方面，她们看似收入有保障，但是缺乏社会保障；另一方面，虽然社会对家政服务的需求日益增加，但是她们却缺乏应有的体面，社会地位不高，存在潜在的就业歧视。

(二)政策助力家政行业发展

在经济迅速发展、老龄化日益严峻的今天，家政服务的需求不断增长，家政服务行业存在巨大的人力资源缺口。2009年开始，政府高度重视家政服务行业的发展：当年温家宝总理批示同意由人社部牵头建立发展家政服务业促进就业部际联席会制度；人社部杨志明副部长在全国妇联的武汉家政大会上提出家政业的"十有"目标，即家政服务员"劳动有合同、上岗有培训、服务有标准、工作有报酬、保险有转结、维权有渠道、住宿有改善、子女有教育、生活有文化、发展有目标"。2010年国务院研究出台了《国务院办公厅关于发展家庭服务业的指导意见》(国办发〔2010〕43号)文件，2011年各地纷纷出台鼓励家政行业发展的各项政策和地方性文件。

2011年6月16日，联合国国际劳工组织(ILO)通过了《家庭工人体面劳动公约》，承认家政工作也是一种工作，家庭工人跟其他行业的工人一样，享有平等的劳动保障权益。

在诸多利好政策的背景下，家政工群体如何解读这些政策？她们如何看待自己的工作？在与雇主相处的过程中有哪些鲜为人知的真情故事？她们是否对这个职业充满期待，她们是否会把这个职业当成是自己长远的工作？她们的真正诉求是什么？让我们走进她们，倾听她们的声音。

二 项目基本信息

“打工妹之家”，作为一家服务于妇女的公益性组织，围绕妇女的生存和发展开展了一系列的服务活动。家政工是“打工妹之家”最核心的服务对象，为她们提供培训的机会与展示自己的平台，为她们建立自助和互助平台提供资源支持。

就像“打工妹之家”的创办人谢丽华所说：“农村妇女就像一座没有开采过的矿山，蕴藏着无限的潜能，我们的责任就是将这些深埋的宝藏开采出来，让社会看到她们的价值和光彩。”而家政工刘鲜华大姐的一首诗《地丁花》，让社会公众看到了像地丁花一样坚忍不拔、自强不息的家政工姐妹们的价值和光彩。姐妹们在志愿者的帮助下，创作了《地丁花》之歌。为了让社会更多地听见家政工姐妹们的声音，“打工妹之家”发起成立了地丁花家政工文艺表演队，开展了地丁花家政工剧本创作工作坊，制作完成了“我们都一样影像计划”等系列项目活动，成为家政工发声的平台。2011 年家政工剧本创作工作坊已经完成了第一章《我的尊严与梦想》剧本创作和对外演出，目前正在进行的是第二章《我的一天》剧本创作和排练。

三 项目目标

1. 总目标

提升家政工的职业认同感，促进社会公众对家政服务工作的理解和尊重，促进家政行业的可持续发展。

2. 分目标

（1）提升家政工自我表达、互助融合的能力，增强家政工姐妹们对于工作坊的归属感。

（2）通过剧本创作及演出过程，提升家政工自身的职业认同感。

（3）通过戏剧演出以及其他宣传形式，增强社会公众对于家政工群体的了解和尊重。

四 需要分析

1. 需要评估的方法

本项目主要通过个案访谈和小组座谈的定性调查方法，通过以聊天的方式与多名家政工姐妹的深入交流获得访谈资料，整理分析访谈资料的内容，评估该群体的需要。这样有利于家政工姐妹在较为放松的情形下，充分地表达自己的现状和需要，从而使需要评估更加细致和深入。

2. 需要评估的结果

通过对家政工群体需要的抽样评估，本项目总结出以下家政工姐妹们的需要内容。

（1）由家政行业的特殊性带来的职业需要。

第一，法律和社会保障的需要。由于家政服务业发展初期的不完善，家政工法律地位边缘化，属于非正规就业群体，社会保障缺失。

第二，职业认同的需要。由于目前社会还存在着对家政服务行业潜在的职业歧视，家政服务被认为是社会地位不高的伺候人的工作。

第三，业缘团体归属感的需要。由于家政服务工作环境较为封闭和分散，工作不稳定，没有时间参与社会活动，所处的环境缺乏有效的支持系统，家政工姐妹经常感到孤独，没有集体认同感。

（2）由于自身家庭背景带来的生活、经济需要。

家政工自身经济压力大，导致流动性大。家政工大都来自农村，上要赡养父母下要供孩子上学，农忙时还要从事农业生产，所以很难稳定地在外工作。这又会导致自身因经济情况再次陷入困境。

五 方案计划

1. 服务对象

服务对象为家政工。

2. 参与人数

参与人数15～20人。

3. 实施人员

实施人员包括“打工妹之家”工作人员2人，公益律师1人。

4. 其他人员

其他人员包括家政服务公司管理人员1人，雇主1人，媒体工作人员1人，学者1人，政府主管干部1人。

5. 工作坊运作方式说明

本工作坊采用开放式的小组工作方法，在剧本创作的过程中，将运用小组工作的理念和技巧开展。这主要针对家政姐妹较为分散、工作不稳定而造成的流动性特点。

6. 进度安排

（1）2012年9月，组建执行团队，招募剧本创作工作坊小组成员。工作坊小组成员一方面为地丁花剧社原有成员，另一方面通过开展系列宣传活动来招募小组新成员，并设定相应标准与条件。

（2）2012年10月，培训基础知识、观摩演出、看影视资料、练习基本功。对外招募热爱公益且有戏剧背景知识的专业老师来传授专业知识，同时通过参与式的小组工作方法来进行基本功练习、观摩演出后的互动交流等活动，其中还会让剧社的原有成员来分享自己参加戏剧表演的心得和体会，以便能够促进工作坊家政工姐妹之间的了解融合与互助。

（3）2012年11月，通过家政工故事会、访谈、座谈、征文等形式收集素材。在小组活动中，通过故事会的形式让每个人讲自己的故事或者身边姐妹的故事，同时大家选出一个典型故事作为蓝本不断地去创作丰富。

（4）2012年12月，创作第一个剧本。通过收集素材，确定了主题之后，在专业指导老师的引导下，构思塑造一个主人公和几个配角，以及他们各有哪些性格特点。然后选取生活中动人的片段，构思情节。根据从事家政服务中遇到的各种矛盾，把在几个人身上发生的故事集中到一个人身上，编出一个故事。按故事情节安排人物，把人物放在一个场景里，然后安排人物出场，设计人物对话，让人物通过动作和对话，把要讲的故事表演完。

注意按戏剧结构编排剧情，即矛盾冲突的开端—发展—高潮—结局。一定要有一个高潮，双方激烈冲突，然后马上就是结局，不拖泥带水。好的结局应当发人深省，能让家政工自己的心灵得到升华。

这是一个既合作又有分工的创作过程，并且是在后续的排练中不断完善的过程。专业老师只起引导作用，应最大限度地尊重家政工本人的意见和感受。

(5) 2013 年 1 月，评审、修改、完成第一个短剧剧本。在评审、修改阶段，计划召集利益相关群体代表如家政工、雇主、社会公众、媒体等来阅读并评议剧本，提出修改意见，再进行完善。

(6) 2013 年 2 月，排练，并进行第一次公开演出。家政工剧本创作工作坊的一个最大亮点是家政工自己的故事自己演，所以戏剧都出自工作坊成员的本色演出。考虑到家政工姐妹的工作原因，彩排和演出的时间都会安排在周末。地点选择在社区，面向的观众以雇主为主；选择在家政公司，面向的观众是家政服务员；最后推广到剧场，面向的是社会公众。

(7) 2013 年 3 月，评估与总结第一个短剧的创作过程，汇总各方利益相关群体的意见和建议，着手创作第二个短剧剧本。

六 项目评估

本项目将采用定量和定性相结合，个人与团体评估相结合，过程和结果评估相结合的多方位评估方法。

(1) 在项目结束时，通过问卷调查的方式，向演出面向的观众，包括雇主、家政工、家政公司管理者及其他人士，征集他们对于家政工短剧的看法（如与生活的贴近程度、故事选材的代表性等），并了解他们在观看短剧前后对家政工群体的印象评价。

(2) 在项目进行过程中及结束后期，对服务对象定期进行个案访谈评估，了解其在整个参与过程中身心的变化与成长。

（3）结合小组座谈会的形式，召集所有参与人员，一起总结和反思整个工作坊实施过程中的经验与不足。

七 预期效果

通过本项目的实施，我们预期的效果将主要体现在以下几方面的变化中。

1. 家政工个体的变化

原先家政工由于受教育程度低，工作技能不高，常常表现为缺乏自信，不敢与雇主沟通，也不敢在公众面前讲话。而参加家政工剧本创作的过程，就是一个能力提升和自信心建立的过程，也是一个发声的过程。工作坊会让她们变得敢于表达自己的想法，敢于与雇主沟通，敢于在观众面前表演，随之而来的是，她们的自信心增强了，精神面貌焕然一新。

2. 家政工所在家庭的变化

家政工自身表达能力的提升、自信心的增强带来的是家庭生活的改善，夫妻和亲子关系将会更加融洽。在剧本创作的题材选择上，家政工个人的家庭生活和情感、亲情方面是重要的表现部分。在整个创作过程中，每个家政工都会进行如何解决问题的讨论，彼此倾诉，彼此支持。这体现出了小组成员的互助。互助带来个体的变化，从而影响到了家庭环境的改善。

3. 家政工群体的变化

家政工精神文化生活的丰富、精神面貌的改善对家政工群体的变化有很大的影响。剧本在选材上，会着力塑造鲜活的、阳光的、勤劳而智慧的家政服务员形象，树立家政工群体的学习楷模，以榜样的力量去影响群体，增强家政工的职业认同感。

4. 社会对于家政行业看法的变化

以个体的变化促进群体的变化，最后促使环境的变化。目前政策环境已经改善，但是社会公众仍需要改变。家政工的职业认同，取决于社会的大环境，特别是社会公众对这个职业的认同和尊重。通过家政工短剧的对外演出和新闻媒体的报道，社会各群体会重新认识这一群体，会从理解、包容、支持的角度，帮助家政工成长，尊重和认可她们的劳动，与家政工和谐相处，共同推进家政行业的可持续发展。

最后，附上刘鲜华大姐作词的《地丁花》之歌以作结。

地丁花

地丁花，一簇一簇，
伸展着身躯努力开放。
迎接最早的春天，
把花瓣撒向大地。

你不甘平庸，追求希望，
虽然渺小，但坚忍不拔。
绽放最春天的浪漫，
自强不息，傲寒凌风。

开在路边，开在石缝，
开在荒野，开在春天，
我爱你，我爱你，
我爱你，地丁花。

（案例来源：北京农家女文化发展中心副秘书长韩会敏。）

女性白领减压项目

一 项目背景

在全面建设小康社会、构建社会主义和谐社会的新阶段，党和政府树立以人为本的科学发展观。随着中国社会结构洋葱形“中间段”不断扩大，白领经历了“精英型群体”到“大众化群体”的转变，中国社会结构在逐渐趋于高级化。女性比男性更容易受到压力的伤害，女性白领面临压力时更容易感到没有足够的精力去应对，更缺乏应对困难的信心（心理幸福感弱），更容易感到体力透支、头晕或呼吸急促（身体幸福感弱），也更容易感到筋疲力尽、要崩溃（情绪耗竭）。美国权威心理学协会指出，将近80%的职业女性正或多或少面临危机的困扰。当前女性白领所遭遇的问题分为实际的和虚幻的两个层面。实际问题主要包括健康危机、心理危机、情感危机、发展危机和服饰危机。虚幻问题主要由女性白领内心对于自己的定位与现实情况的冲突造成的。运用社会工作方法服务于女性白领群体，应该会产生良好的效果。本项目尝试将社会工作的理念和方法运用到为女性白领减压的工作中，提升女性白领的抗压能力，协助她们形成良好的生活状态。

本项目运用妇女社会工作、个案工作、小组工作、社区工作等专业的社会工作方法，以社会互动理论、冲突理论、马斯洛的需要层次理论、埃里克森的自我发展理论等为理论基础。

本项目本着社会工作“助人自助”的理念，秉持“尊重、同感、保密、价值中立”等专业理念和原则，为女性白领开展小组活动。

二 项目目标

1. 总目标

本项目确立“以女性白领的需要为起点，协助她们逐步对自我、同辈群体、家庭、企业以及社会各系统形成一种良好的适应状态，并使她们具备自我可持续发展的能力”的总目标，在自我成长与发展、同辈群体、家庭、企业这四大系统范畴中运用小组工作开展社会工作专业服务。希望通过开展融趣味性、实用性、知识性、专业性于一体的小组活动，帮助女性白领更好地生活。

2. 分阶段目标

针对女性白领的不同问题和不同发展需要制订出相应的服务计划。第一阶段的目标是解决女性白领压力过大问题，帮助女性白领走出困境，恢复其正常的生活和工作状态。第二阶段的目标是推动女性白领发展，满足其更高层次的需要，提高其素质、锻炼其能力，使其更好地成长。小组活动主要从分析女性白领压力过大的五大原因入手，针对性地开展活动。

三 需要分析

(一) 女性白领需要

1. 健康需要

由于忙碌的快节奏生活，许多女性白领存在潜在的健康问题。例如，饮食不规律引发的肠胃问题，久坐电脑前工作带来的脊椎、腰椎问题和视力下降问题，长时间待在空调间里造成对季节、环境的不适问题，诸多问题对白领女性的身体健康造成极大的威胁。所以，对于女性白领而言，细心呵护自己的身体，进行适当的锻炼，定期身体检查，是必不可少的。

2. 心理需要

女性白领一方面要面对家庭方面的压力，另一方面还要面对企业方面的压力。她们得不到充足的休息，每天似乎都有做不完的工作。加上同事之间的竞争、家庭生活的不尽如人意，长此以往，就会让人有很重的心理负担。如何既能很好地工作又能照顾好家庭，很好地实现工作和家庭的平衡，是让许多女性白领头疼的问题。

3. 情感需要

一些在企业身居要职的女性白领，感情或家庭生活并不尽如人意。情感方面的问题，给女性白领带来了不小的压力，使许多女性白领不能集中精力工作。

4. 发展需要

一般情况下，女性白领的职位到达一定程度后就很难再上升，而一些新人的工作能力又很强，这往往给女性白领的晋升带来压力。是跳槽，是深造，还是继续这样干下去，这些未来发展的问题，会成为优秀女性白领的困扰。

5. 服饰需要

“职业化着装”是企业形象的一个展示，穿衣打扮是一门学问，许多白领女性为之烦恼，所以对女性白领进行职业着装的指导十分必要。

（二）企业需要

一个现代的企业，一个讲求人文关怀的企业，应该有为员工减压的机制和方法。如成立压力管理办公室、提供咨询、提供倾诉机会，以及帮助员工掌握管理时间的技巧、提高管理与他人关系的能力等。这一方面是提供设施，帮助人们提高自身的能力与技巧。另一方面是帮助员工认识到压力对健康的负面影响，提高其认识力和增强自身抗压能力的决心。

女性白领虽然对自己的工作和家庭生活很关注，但是管理服务机构的缺失、专业指导的缺位，导致数量庞大的办公室白领一族的压力无法排解，需要无法满足。

从企业的长远发展来看，关心女性白领，满足她们的需求是十分必要的。

四 方案计划

（一）服务对象

年龄在23～45岁企业女性白领及所属企业。服务规模可以根据企业实际情况进行调整。

（二）参与人数

完成一个周期的小组活动，项目参与基本人数包括：（1）项目企业的女性白领30名左右；（2）企业社工2名；（3）志愿者5人。

（三）实施人员

项目实施人员包括：（1）社工机构；（2）江苏省妇联；（3）志愿者队伍；（4）同辈群体队伍；（5）企业社会责任建设队伍（企业的协助）。

（四）进度安排

本项目为期21周左右，主要进度安排如下。

1. 第一阶段：项目组织阶段（两周）

根据项目要求，分解项目调研任务，摸清个人及家庭具体情况。

2. 第二阶段：项目接案阶段（两周）

对企业女性白领进行初步调查，运用数据统计软件进行女性白领的群体特征、行为特征、社会问题的统计分类。根据数据统计，建立项目数据库，初步分解任务。

3. 第三阶段：项目介入阶段（四周）

与女性白领初步建立工作关系，对其性格特点、心理特点、人际关系、社会融合等方面进行评估，并对其精神心理需要、发展需要进行分析，建立问题与需要档案，并建立“女性白领需求数据库”。由此数据库构建并选择女性救助方案。建立项目管理整体架构，建立项目监控体系、进度安排体系、人员调动体系、资源调动体系，分解任务到人、分解进度到天、分解标准到表。

4. 第四阶段：项目实施阶段（八周）

（1）小组活动启动（一周）。包括协议的签订与组员之间的相互认识。

（2）小组活动六次（六周）。由专业社工带领组员开展小组活动，每周一次。企业社工在每次小组活动结束后进行资料整理，对每次小组活动的方法、内容、形式进行评估和反思。

活动一：向日葵的微笑——女性白领心理援助计划。

通过对女性白领进行个案访谈及问卷调查，了解女性白领的心理及其行为方式，并深入剖析这些问题的原因，以把握基本的女性白领心理动向并寻求相应的干预措施，制订适合女性白领实际情况的服务计划

（包括团体辅导、心理训练、个体咨询、心理陪伴等），予以实施，并进行评估。

具体活动计划：互相欢迎：相互介绍。

我愿意：签订小组合约。

短讲：健康新概念——身与心的健康。

小组分享：我的困扰及处理方法。

小结：心理问题产生的原因。

理论了解：简明介绍艾利斯“ABC”理论。

知识介绍：四种能力摆脱心理亚健康。

减压活动：自主平衡三步法。

每周音乐：推荐减压轻音乐。

每周食疗：介绍减压食物。

每周作业：运动练习。

活动二：超越自我——女性白领职业发展规划社会工作介入方案。

此活动是针对陷入规划危机的女性白领而制订的计划。在社工的指导、引导下，结合自身实际和当前社会发展状况，让女性白领做出符合自身发展需要的职业及生活发展规划。

具体活动计划：新生活：蝴蝶的启示。

专家引导：不盲目学习深造。

分组分享：放下执着。

集体活动：放飞机。

小组分享：未来职场规划。

分组创作：我是快乐的女白领。

每周音乐：推荐减压轻音乐。

每周食疗：介绍减压食物。

每周作业：运动练习。

活动三：健康生活　快乐相伴——女性白领健康危机社会工作介入方案。

此活动是针对身体不佳的女性白领制订的计划。通过她们自身的感觉和体检报告，联系医生提供给她们自我预防及自我诊疗的一些知识，并且引导、鼓励她们进行适当的体育运动。

具体活动计划：知识介绍：压力过大的症状——中西医的角度。

舞出生命力：学习简单瑜伽或舞蹈动作。

我爱运动：介绍几个减压运动或提供运动减压的建议。

减压游戏：减压知多少。

每周音乐：推荐减压轻音乐。

每周食疗：介绍减压食物。

每周作业：运动练习。

活动四：职场俏佳人——女性白领服饰危机社会工作介入方案。

此活动是为一些女性白领不能做到“职业化着装”而设计的。在社工的指导帮助下，女性白领穿着得体，建立了自信。

具体活动计划：热身游戏：大家来找茬。

小组交流：职场女性的着装。

视频学习：金正昆教授讲服饰礼仪。

互相欣赏：指出优点。

冥想松弛练习：欣赏自己。

视频学习：简单的化妆技巧。

每周音乐：推荐减压轻音乐。

每周食疗：介绍减压食物。

每周作业：运动练习。

活动五：同伴教育　亲子沟通——女性白领情感处理社会工作介入方案。

女性白领社会化的主要场所是家庭和同辈群体，在同辈群体中，每个人在原则上都是平等的，因此可以彼此间讨论在家庭中不能讨论的话题，培养并发展出家庭以外的人际关系。通过组织“同伴教育”的活动，帮助女性白领在同辈群体之间建立和谐融洽的关系，培养其自尊感、安全感和归属感，从而促进女性白领的身心健康发展。通过家庭沟通帮助个人更好地理解家人、教育孩子，增进彼此的感情。

具体活动计划：亲子游戏：袋鼠接力、大风吹。

视频感受：播放家庭影片。

纸上谈情：写出心里话。

专家讲座：介绍沟通技巧。

每周音乐：推荐减压轻音乐。

每周食疗：介绍减压食物。

每周作业：运动练习。

活动六：靠近你　温暖我——圆梦行动。

收集她们的小心愿，并号召企业为她们圆梦，给予她们关爱与温暖。企业也要为女性白领创建良好的工作环境，积极组织活动，从而调动女性白领的工作积极性，使她们能快乐、高效且轻松地工作。

具体活动计划：热身游戏：水中寻宝。

小组交流：合作的重要性。

妙招点拨：爱惜自己，进行适当压力管理。

每周音乐：推荐减压轻音乐。

每周食疗：介绍减压食物。

每周作业：运动练习。

（3）项目总结与联欢（一周）。处理离别情绪。

5. 第五阶段：项目评估与整改阶段（四周）

通过政府、第三方机构——专业社工机构，分别对该项目的绩效进行多方评估。根据服务实施过程中妇女表现的变化和社工取得的经验教训，及时整改。

6. 第六阶段：项目结案阶段（一周）

整改后，通过专家团队的验收与第三方评估来结案。结案后，如有必要，则进行后续跟进工作。

五　项目评估

本项目采用内部评估和外部评估相结合的方式。内部评估主要由小组成员、企业社工、志愿者和省妇联进行自评。外部评估主要委托第三方专业的社工机构和政府进行监督。评估主要采用参与式评估方法，使用问卷、量表、访谈、座谈会等方式，具体包括以下几个方面。

（1）在首次活动开始前及最后一次活动后，成员将被安排完成同一份问卷，以比较成员在活动前后的变化。

（2）每次活动最后，通过访谈交流的形式，安排小组成员互相分享感受，提出意见或建议，进行主观描述评估。

（3）依据工作人员在活动中的观察及分析，对活动的方法、内容、形式进行评估和反思。

（4）项目结束后，随机抽取几位小组成员进行个案访谈。

（5）从出席率及参与、投入程度等进行量化评估。

（6）对相关资料的检查与审核。

最后，将各种评估资料进行汇总，形成项目评估报告。

六 预期效果

预期效果主要包括以下方面。

（1）运用社会工作的理念、知识和技巧，尤其是小组工作方法可以服务于女性白领的减压工作，推动社会工作专业实践领域的发展，为以后类似的服务项目提供经验和指导。

（2）以社工的方式介入女性白领减压工作中，可以为女性白领提供更加全面、更加专业、更易于接受的活动，并且通过后续的跟进巩固成果，从而真正带领白领女性走出高压的困境，实现个人的发展。

（3）企业女性白领可以实现个人的减压和发展，提高工作效率，为企业更好的发展提供可能性。

参考文献

[1] 张李玺．妇女社会工作．北京：高等教育出版社，2008.

[2] 莫海燕，石丹．Stress时代，压力生存报告．职场，2007（11）．

[3] 女性职场遭遇五大危机．[2010]．http：//bbs. mnrc. com. cn/detail-28642. html.

[4] 谢家琳．从倾诉和沟通开始．[2004]．中国人力资源开发网．

[5] 夏学銮．“职业白领”的困惑与出路．人民论坛，2009（20）．

（案例来源：江苏师范大学社会工作系张叶。）

“健康有道”小组

一 项目背景

健康乃是人生之大事。世界卫生组织对“健康”进行了以下定义：健康不但是身体没有残疾，还要有完整的生理、心理状态和社会适应力。具体地说，健康包括躯体、器官等生理方面的正常发育，也包括认识、情感、意志与人格特征以及社会适应等心理方面的正常发展。躯体健康和心理健康统一起来，才是完整的健康。

作为新进大学的大一女生，容易对陌生的大学环境产生困扰，包括对自己的兴趣爱好、自己的未来、情感等问题的迷茫。这种局面可能会导致她们失去方向，或者甚至不愿去面对这些问题。取而代之的是整天泡在网上，封闭自己，足不出户，习惯晚睡，饮食不规律，缺乏运动或者情绪波动大，甚至形成忧郁等心理问题。当然，也有的女生对大学环境充满好奇，想去尝试不同的东西，忙于社团工作或学习，但因为社团工作或学习的关系也会忽略睡眠、饮食、运动。除此之外，也有其他原因导致的健康问题。

团体互动理论认为，成员在互动中可以了解别人眼中的自我，即库利所说的“镜中我”。通过了解自己在别人眼中的形象，自己可以从另一个方面更清晰地了解自己的性格、情绪、行为等。同时，在互动中个人也可以学习到对他人“共情”的能力以及与人沟通的能力，这些方面对个人的心理健康有着非常重要的作用。团体行为理论认为，成员在团体中可以相互交换和相互学习，成员可以通过语言交流、肢体接触、游戏等方式进行信息的交换，也可以在团体中通过观察他人的行为进行学习。本小组从以上对大一女生生活的观察和假设出发，针对她们生活中的健康问题进行探索，希望她们通过在团体氛围中的实践和督促，在小组中能找到适合她们各自的健康生活。

具体而言，本小组对健康的理解借鉴了世界卫生组织的定义，即健康包括身和心两个方面的健康。身体方面，我们着重从饮食、睡眠、运动来探讨身体健康；心理方面，我们着重从情绪调节来探讨心理健康。当然，贯穿始终的、最重要的还是成员自己对自己的了解与自己对自己的期望。因为只有成员对自己有更深的了解，才能明白适合自己的是怎样的健康生活，以及自己在多大程度上需要这种生活，这对实践健康的生活方式来说，也是必要的。此外，成员也只有了解了自己对自己的期望以后，才能更清楚地知道怎么平衡自己的追求与生活的关系。小组也希望能借助小组这个开放、宽容、友好互助的氛围来帮助成员更加了解自己，寻找适合自己的健康的大学生活方式。因为每个人都是不一样的，所以适合每个人的生活方式也是不一样的。

二 项目基本信息

"成长小组"是南京大学社会学院社会工作与社会政策系开展的应对大一新生成长问题的课程，由肖萍老师进行督导，已有多年发展历史。"健康有道"是"成长小组"下的一个项目。

"健康有道"小组工作实务项目于 2011 年 9 月 12 日—2011 年 12 月 16 日在南京大学仙林校区展开，该项目由南京大学社会工作与社会政策系三年级本科生唐晓、孙妍进行实务带领，由南京大学社会学院肖萍老师担任督导老师。服务对象为南京大学仙林校区 2011 级（一年级）女生。本小组共招募 6 名女生，一共进行 8 期活动，每期活动两个小时。

三 需要分析

（一）评估方法

需要分析主要是在进行社会服务前，针对服务对象的服务需要而进行的预评估内容。

我们主要采取“一对一”会谈的形式进行需要的收集和分析。会谈对象一共六人，每人会谈半小时左右，由两名工作者和一名对象共同完成每次会谈，地点在南京大学仙林校区活动教室。

（二）评估内容

1. 身体健康的需要

大一女生刚进入大学，由于环境的变化所导致的行为上的变化对身体有较大的影响，如晚睡晚起、没课的时候不按时吃饭、上网时间过长、缺乏运动等都是比较普遍的行为特点。这些状况对身体会造成负面影响。

2. 情绪管理与心理解压的需要

健康泛指身心两方面的健康，心理是否健康对身体健康有非常重要的影响。大一女生由于刚进入大学，到了一个新的场域，需要学习新的规则、适应新的环境，很容易产生情绪上和心理上的压力。

3. 大学生活的指引需要

作为大一新生，进入新的大学环境，有转变自己的认知、行为习惯的需要，所谓“人在环境中”，在不同的环境中需要有不同的实践模式，所以大一的女生也具有指引自己大学生活的需要。

4. 人际沟通能力培养的需要

人与人之间的互动和关系对刚进入大学的女生来说也是非常重要的。在大学人际关系模式更加多样化、复杂化，她们需要学习不同的人际沟通的方式。

5. 自尊、自信的需要

刚进入大学的新生一般都是作为各个学校的骄子而来的，而在大学各自有各自的能力，评判优秀与否的方式也更多样，对于心理上一贯以成绩取胜的学生来说是一个新的转变。在大学，新生有需要去寻找自己，了解自己，找到属于自己的自尊和自信。自尊和自信作为认同自己的独特性而富含新的特质。

四 项目实施过程

活动一共分为八期，采取小组活动的形式。

（一）初见

1. 活动目标

（1）团体形成；

（2）成员相互认识，建立互动关系；

（3）建立团体规范；

（4）让成员更了解团体的目标以及内容，澄清成员关于团体的疑问。

2. 活动内容与过程

（1）破冰活动：自我介绍（15 分钟）。

目标：使成员相互认识，增强团体互动气氛。

方法：

第一，“姓名的含义”。让成员把自己的名字、昵称、外号、网名等写在卡片上，然后逐一分享其含义，特别要解释自己为什么会被别人这么称呼。

第二，“三人行”。先由工作者叫成员甲的姓名，在其右边的成员代其答“到”，在其左边的成员代其举手。然后再由甲叫成员乙的姓名，乙右边的成员代其答“到”，左边的成员代其举手。以此类推，点名答到的速度加快。

（2）订立团体规范（15 分钟）。

第一，工作者说明团体规范的重要性。

第二，成员轮流说一个自己希望或不希望在团体中看到的事，比如不要窃窃私语。

第三，由一人将每位成员的意见写在白纸上。

第四，工作者综合成员意见，指出应遵守的团体规范及违规时的处理方式。

第五，讨论属于团体的名称和口号。

（3）阐述团体目标和内容（5 分钟）。

目标：让成员对团体有进一步的了解。

流程：首先，工作者向成员详细介绍团体的目标和内容。其次，工作者回答和澄清成员的疑问。

（4）大家一起来交流（20分钟）。

从以下两个方面来谈。

第一，谈谈你对大学新环境的认识，从学业的变化、人际关系、对环境的适应等轮流谈。

第二，分享进入大学以来自己在健康生活方面做得好与不好的地方。

（5）总结（10分钟）。

第一，讨论、分享对此次活动的感觉。

第二，工作者再次向成员澄清团体规范及其相关注意事项，并交代下一次活动的地点以及时间。

活动器材：卡片、白纸、笔。

（二）十字路口

1. 活动目标

（1）进一步增进成员之间的了解。

（2）帮助成员初步探讨自己对大学环境的看法以及面对的困扰。

2. 活动流程

（1）热身游戏：暴风骤雨（10分钟）。当工作者说小雨的时候，大家就拍手三下；当工作者说中雨的时候，大家就用力拍三下大腿；当工作者说大雨的时候，大家就用力跺脚三下。

（3）写下你的朋友（20分钟）。工作者发给每个成员各一张纸和一支笔，让成员在纸上写下进大学以来，最经常和朋友一起做的一件事，和朋友在一起做的最开心的一件事，近期和朋友做的最难忘的一件事。大家写好之后，轮流分享。分享完之后，大家一起来讨论与大学的朋友在一起和与高中的朋友在一起的感受有什么不同。

（4）我的时间蛋糕（30分钟）。成员在纸上画一个像蛋糕一样的圆，然后自己将它分成任意几个部分，成员自己思考自己目前生活的时间都花在哪些方面，例如学习、睡觉、运动、上网等，按照其分别所占的比例大小“切蛋糕”。完成后成员轮流展示和解说自己的时间蛋糕。每一位成员在展示后谈谈自己对自己时间蛋糕的想法，如自己喜欢这样的时间蛋糕吗？喜欢和不喜欢的原因是什么？

（5）让我们来抢凳子（15分钟）。拿报纸当凳子也行。工作者播放音乐，让成员围成一个圈，中间放几张凳子或椅子，音乐响起时，成员以走或跑或蹦跳的形式绕圈走；当音乐停下时，成员就抢凳子坐下，没抢到的成员被淘汰，然后继续下轮。每次淘汰一个成员，就撤出一张凳子，淘汰的成员站中间随音乐跳动并控制音乐。直到最后一位成员胜出。

（6）瑜伽练习（15分钟）（如图2—3）。

图2—3　小组成员练瑜伽

左图，练瑜伽；右图，瑜伽结束。

（7）总结与反馈（10分钟）。成员在笔记本上写下自己的心得与收获。工作者做出本次活动的总结。

（三）生命在于运动

1. 活动目标

了解成员的运动爱好、习惯与增强其健康运动的意识。

2. 活动流程

（1）热身踢腿练习（10分钟）。大家跳兔子舞，围成一个圈跳，并把踢腿的动作幅度加大。

（2）我的运动爱好（15分钟）。成员依次交流自己喜欢的三项运动（包括走路、骑自行车等），并分享自己喜欢它们的原因。

（3）运动的好处（15 分钟）（如图 2—4）。成员相互分享运动的好处，由一个成员记录下来，随后这位成员进行总结。这让成员更加清楚地认识到运动的好处。

（4）代表性物体。成员想一个物体来形容自己，并分享为什么。

（5）瑜伽练习（15 分钟）。由工作者或者一位成员带领大家伴随音乐做瑜伽练习。

（6）运动在于坚持（15～20 分钟）。每个人在纸上订立下周的运动小计划，订立好之后大家相互分享，并约定下次活动进行自我运动的汇报。

图 2—4　小组成员交流共享运动项目与经验

（7）总结与反馈（10 分钟）。成员在笔记本上写下自己的心得与收获。工作者做出本次活动的总结。

（8）布置作业。成员回去上网学习有关睡眠的知识。

（四）睡美人

1. 活动目标

提高成员对睡眠的作用、怎样提高睡眠等问题的认识。

2. 活动流程

（1）运动计划实施分享（10 分钟）。成员逐个将上周的运动实施情况与大家分享。

(2) 作息时间分享（10 分钟）。每个成员在一张纸上写出自己平常的作息时间表，然后轮流做分享。

(3) 睡眠的好处（15 分钟）。成员展开头脑风暴，相互讨论和交流睡眠的好处与睡不好的坏处（包括对身体、皮肤、心情、状态等的影响）。由工作者记录，并在讨论后总结。

(4) 传表情游戏（15 分钟）。把成员平均分为两组，一组朝一个方向排成直线，可坐可站，不能回头；另一组观摩。工作者把写好相关表情的字条，如“风情万种”、“喜气洋洋”、“怒火中烧”、“似笑非笑”等让队伍末尾成员抽取一张。让其思考片刻后轻拍前面成员的背令其回头，并以身体语言传达字条的意思，但不能发出任何声音。表情一直传到最后一位，主持人让他选择答案，看其是否能猜中所传达的表情。另一组可同样进行，每组做完一次后，大家分享活动中的收获。

(5) 最喜欢的特质（20 分钟）。先请成员写出自己的五项最具代表性的特质，再请成员分享自己在其中最喜欢的特质，成员之间进行相互反馈。

(6) 睡得香的小绝招（20 分钟）。成员从以下几个方面来依次讨论：床上用品的设置、室内环境、睡前饮食、睡前思绪与心情。

(7) 瑜伽练习（10 分钟）。

(8) 布置作业：睡眠小检测（5 分钟）。成员在接下来的一周每天写一篇睡眠小日志，记录自己的作息时间、睡眠质量以及运用的小方法。

（五）吃出健康来

1. 活动目标

(1) 进一步增强团体凝聚力；

(2) 了解不同地域人群的饮食习惯；

(3) 帮助成员搭配合理膳食；

(4) 帮助成员进一步了解自己。

2. 活动内容与过程

(1) 暖身活动：进化论游戏（10 分钟）。进化论分为四级，即鸡蛋、小鸡、凤凰、人类。蹲下来，双手抱膝，代表鸡蛋；半蹲下来，双手叉腰，代表小鸡；站立双手放在头上，代表凤凰；站立双手叉腰，代表人类。游戏开始时，全体成员蹲下化为鸡蛋，然后两人一组，开始猜“包剪锤”，胜方可晋升一级成为小鸡，再找同级的同伴继续猜拳，直至变为人类；相反，负方须退化为前一级，再找同级的同伴继续猜拳。

暖身活动的备用方案：安静的生日。让成员根据自己的生日日期，按照由小到大的顺序排成一组或者U形。唯一要求就是禁止大家相互交谈。

（2）我的饮食习惯（25分钟）。

第一，每个成员分别介绍在学校时通常会怎样解决早中晚三餐。包括时间的选择，经常吃什么，会不会挑食，对学校食堂的看法等（如图2—5）。其他成员予以响应。

第二，成员结合具体的水果和蔬菜，分享常见蔬菜水果的功效。

（3）健康知识小问答（25分钟）。请每位成员在工作者发放的小卡片上分别对下列问题作出回答：请列举至少三种不当的饮食方式，请列举至少三种常见的健康减肥食物，对减肥以及整容整形的看法。

（4）三件我想改变的事（30分钟）。

目标：协助成员澄清问题和计划改变。

方法：让每个成员写下三件想改变的事，完成后轮流分享。成员需要选出其中一件，详细解释为什么不喜欢它、想改变什么、计划如何改变等。在下一次聚会时每个成员报告进展。

（5）瑜伽练习（10分钟）。

（6）成员写活动感想，工作者总结（10分钟）。

活动器材：卡片、笔。

（六）做个情绪好管家

1. 活动目标

（1）帮助成员归纳日常生活学习中常常遇到的情绪困扰。

（2）帮助成员正视并积极应对困扰。

图 2—5　分享不同的饮食方式

(3) 帮助成员培养乐观的心态。

2. 活动内容与过程

(1) 暖身活动：解“人结”(10 分钟)。

目标：活跃团体气氛，增强团体的凝聚力和信任感。

方法：成员围成一圈，伸出双手，随意与他人的手相握，但每只手要握着不同的人，于是形成一个很紧的“人结”。解结时，不能把手松开，只能通过钻、跨等方式打开。经过大家的共同努力，“人结”便可渐渐解开，形成一个或两三个独立或互相交叉的圆圈。最后，大家坐下来，一边放松，一边分享活动感受、心得。

(2) 我的心情日记（10 分钟）。请成员写下 5 个自己常有的情绪，并用两个词语说明自己现在的情绪（如愤怒、快乐、悲哀、恐惧、喜悦、惊喜、满意、苦闷、悲伤等)。

(3) 快乐有道(20分钟)。小组成员根据自愿原则结合自己经历分享自己发泄情绪的方式。

(4) 情景再现(30分钟)。工作者事先在卡片上对情景进行描述。然后由成员抽取卡片，根据抽签结果完成相应的要求。没有抽中的成员点评其他成员的表现。

情景1：想在某门课程上得优秀，但是在期中考试时却只得了及格。这时候，你该怎么办呢?

情景2：多年以来，你一直想重学一种你在儿时学过的乐器，而现在只是为娱乐，你又开始学了。你想最有效地利用时间，你该怎么去练习?

情景3：当你走过一群陌生人身旁时，他们突然哈哈大笑。你会有何情绪反应?

情景4：在食堂排队打饭时，你前面的那个人把排在你后面的他/她的朋友叫过来站在你的前面，你作何反映?

(5) 性格描述(20分钟)。它能帮助成员进一步了解自己以及别人眼中的自己。

方法：工作者准备一些即时贴，在每位成员背上贴上。然后让每个成员在他人的即时贴上写下自己对该成员看法的词语。大约五分钟后，让成员将自己背上的纸条拿下来，并且回答这样的问题：看到纸条后，你是否感到意外?是否认同别人对你的评价?

(6) 瑜伽练习(15分钟)。工作者带领大家在舒缓的音乐中练瑜伽，帮助成员达到心境平和的状况。

活动器材：卡片、笔、白纸。

(七) 对美的困惑

1. 活动目标

(1) 帮助成员树立健康的心态，从而树立正确的饮食习惯。

(2) 成员分享自己对美的认识。

2. 活动内容与过程

(1) 暖身活动：一见钟情(10分钟)。

目标：活跃团体氛围。

方法：工作者先对“一见钟情”进行解释并做示范，调动起大家的情绪。“一见钟情”是两人面对面站立；“反面无情”是两人背对背站立；“不解风情”是两人面对同一方向，女在男背后；“自作多情”是两人面对同一方向，但男在女背后。参加者分男女两行，面对面横排站立。工作者随意叫出四个成语中的一个，成员马上做出动作反应，错者被淘汰。最后未被淘汰者胜出。

（2）情绪与膳食（20 分钟）。

成员结合自己的体验，谈谈是否有因为情绪问题影响到自己饮食的情况，有没有比较严重的情况（比如较长时间厌食或暴饮暴食）及由此而来的后果。如果有，则请她们谈谈是怎么样渡过这一时期的。

（3）自然美与人工美的选择（30 分钟）。

请成员回答以下问题：大家对为了苗条的身形而长期节食有什么看法？怎么看待为了更漂亮而去做整容整形手术这一行为？大家对手术的效果及安全性有什么认识？把答案写在工作者发的白纸上，然后分享。最后，工作者总结。

（八）别离

1. 活动目标

（1）回顾小组的活动，了解小组对成员生活的影响。

（2）让成员分享自己以后的健康生活计划或构想。

（3）进一步帮助成员了解自己。

（4）宣布小组活动结束。

2. 活动流程

（1）暖身活动：“信任跌倒”（10 分钟）。每个成员轮流跌倒在大家怀里。

（2）回顾（30 分钟）。工作者回顾前几期活动的主要内容。成员自我评估自己在活动中的表现，并谈谈心得，再进行团体分享。

（3）每位成员在纸上简单描绘出自己以后生活的健康计划，从睡眠、运动、饮食、情绪方面入手并思考怎样将其付诸实践。

(4) 我对小组的感觉（20 分钟）。每个成员轮流分享自己对小组的感觉，让其中一个成员进行记录并总结。

(5) 我想对小组说的一句话（5 分钟）。每个成员在工作者准备的纸上写下想对小组说的一句话，并依次念出来。

(6) 工作者宣布小结结束。

五 项目评估

(一) 评估方式

1. 团体评估

主要包括工作者评估、成员评估、督导评估三个方面。

(1) 工作者评估。对象包括团体目标的达成度、成败的原因、活动设计的调整、活动执行的得失、所花资源是否恰当等。

(2) 成员评估。包括分析成员与预期对象的差距、评估成员的改变以及开放程度。

(3) 督导评估。督导评估活动程序、社工的专业技能等方面的内容。

2. 按照活动进度评估

(1) 团体前期。工作者可请督导或相关指导老师进行团体计划书的评估。

(2) 团体中期。工作者通过成员的表现及每一期活动成员总结的感觉和收获，以及工作者自身的体会来对团体活动进行评估。

(3) 团体结束后。团体活动结束后，在最后一期活动结尾时，工作者请成员填答两份问卷，以评估团体的效果。

(二) 成效评估

1. 成员分析

鉴于我们小组探讨的主题是健康生活学习，在招募成员时并没有设定性别要求。本打算招募 8 到 10 人。受上这门课程的总人数的影响，我们最终选择了 6 名女生成员，加上工作者，共 8 名女生。在筛选成员时，我们出于异质性的考虑，选择了4名汉族，1名藏族和1名朝鲜族成员，并且同一寝室的成员数不超过2人，以免她们形成小团体。最终选定的成员同预想并没有出入。

2. 宣传和招募策略

宣传活动就是在事先预定的教室以幻灯片简单、生动活泼地阐述我们小组的主题和活动的主要方面。在后期筛选成员时，跟每位选择我们小组的同学进行简单的有关运动、饮食、睡眠、人际关系等方面的沟通，大致了解其情况，并再次阐述我们的主题和人员条件限制，推荐几个同学到其他小组去，最后确定我们的成员。

3. 筹备工作

总体上是按照原定计划来的，但在具体活动设置上，会根据督导老师的建议及我们讨论时间的限制调整活动次序以及删减个别活动。早期的问题是连续三期（第二、第三、第四期）都有成员缺席，后来工作者一再重申小组规范，就再也没遇到过这个问题。中后期的问题是成员似乎习惯了各自在小组中的角色，有的成员会一直滔滔不绝，有的成员则沉默不语。这个应引起工作者注意，要不断提醒大家让说得少的成员有机会讲话。

4. 目标达成度

总体来说，小组目标达到了。成员的变化体现在两方面。一是储备了不管是饮食、睡眠、运动、情绪管理和应对压力等方面的一些小知识，并且有部分已经得到运用。二是通过这样一个交流平台，成员逐渐有了这些方面的意识，并会积极去思考相关问题。

但也存在几个问题。一是小组成员彼此更熟悉，有可能在小组外忽略了其他人，或者在小组内彼此很熟悉但是小组结束后少了这个平台互相交流，过一段时间又变得陌生了。这导致了成员对曾经共同活动过的小组失望，觉得它并没有真正地让自己有所收获。二是本来计划的活动没有完成，小组成员可能会觉得工作者的承诺没有兑现。

第一个问题受诸多因素影响，要看她们在小组结束以后的生活学习轨迹及相处情况。第二个问题是程序执行的问题。在小组前期，工作者曾跟成员讲以后尽量每次都保证十分钟的瑜伽练习。但由于活动时间不够以及小组后期天气越来越冷，不适合在教室练习瑜伽，所以没有坚持下来。

5. 活动设计的评估

按目标达成度，分析活动设计需加以留意或改善的地方。在化解压力方面，活动设计应该再全面一点，预设的可能性再多一点。活动设计还可以更多样，趣味性更强些。活动设计可以多侧重于督促成员写计划及其分享执行情况方面。

6. 成员对程序安排的满意程度

（1）每期主题明确，按照计划进行。

（2）工作者要顾及团体的整体氛围，关注到每一位成员。注意确保让每位成员获得同等的表达机会。

六 经验与反思

（一）专业实务能力表现

1. 对成员感受情绪的处理

通常能够运用同理、支持关怀等技巧去倾听、理解成员的情绪和感受，能够适当地给予支持性的反应。

2. 对成员的想法的总结

前两期的总结做得不够好，通常是直接跳到下一个环节。从第三期开始，能适当地运用复述或者简述的方法去总结成员表露的内容，从而顺利完成一个环节的总结和过渡。

3. 对成员表情、动作、姿势的把握

一般来说，对成员的喜怒哀乐都可以敏感地把握到。例如：当成员玩手机的时候，会及时地给予提醒；当成员走神或者相互之间打闹的时候，也会敏感地捕捉到并给予制止的暗示。

4. 对小组气氛的掌控

当小组出现沉默或者尴尬的气氛时，一般采取转移话题的方式或者插入游戏的方式来活跃小组的气氛，这样的介入还是挺有成效的。

5. 对小组活动进程以及时间的掌握

基本上每次都可以按时完成小组活动流程。

（二）理论与实务结合的能力

1. 优势视角的运用

以成员自身的优势和能力为着眼点，帮助成员增强自信。

2. 增权理论

开发成员自身的潜能，帮助她们认识到自己的需要和权利，以及可以在多大程度上适应环境并进行自由选择的权利。

3. 团体互动理论

在团体互动的过程中，能通过别人眼中的“我”以及互动过程中对“我”产生的看法和认识来帮助成员更深刻地认识自己。

4. 生态系统理论

将成员看成是系统中的一个人，其蕴含在家庭系统、学校系统、同伴系统、社会文化系统之中，这样更能理解其观点和想法，其身处的环境，重要他人、重要事物以及价值观。

5. 团体动力理论

在小组中利用小组的凝聚力与压力使成员可以更好地融入到小组中，感受到自己对小组的责任，也能在其中表明自己的动机，平衡自己的需求和小组整体的需求，从而得到发展。

（三）督导表现

督导在专业技巧、理论的运用以及情感上都给予了及时的支持。

1. 专业技巧方面

督导在小组活动设计的时间把握上给予了建议，保证了小组活动的按时完成。在讨论环节，督导也给予了具体化和情景化的建议，让讨论得以顺利地展开。

2. 情感方面

督导在每次研讨会上都耐心地鼓励、支持工作者，帮助工作者分析问题，并给予我们足够的信任。

每个人都有相通的地方，比如我们都需要情感交流，都需要找到自己生活的意义，都需要和别人建立各种各样的关系，都需要认识和了解自己。但每一个人也有自己的特点和潜能。

(四) 工作者感受总结

这次的活动让工作者更懂得在面对一群人的时候，应该怎样更好地带动小组的气氛，怎样把握小组的敏感点，怎样关注到每一位成员，怎样敏锐而自然地转移话题。这些都很重要，也很需要实践锻炼的技巧。在面对一组成员的时候，工作者切忌将关注焦点放在自己的身上，比如总是考虑自己是否说得好、做得好，自己是否对成员的信息作出了反应，自己是否赢得了成员的关注、赞同和喜爱等。这样的话，工作者就很容易出现紧张情绪，或者忽略很多小组中的重要事件和信息，也不容易搞好整个小组的气氛。所以工作者应该努力将关注的焦点放在成员乃至整个小组上，细心关注成员的反应，细心体会小组的氛围，给予成员及时的反馈、支持、关怀、理解等。

在讨论的技巧方面，工作者应该设计一些具体化和情景化的讨论主题，让讨论可以顺利地深入。这样的话，成员通常可以很具体地回忆某一事件或者想象某一事件，从而带动成员思考，并且使成员有具体的感受和想法。这对成员的自我探索和深入思考都是很有帮助的。

参考文献

[1] 刘梦．小组工作．北京：高等教育出版社，2003.

[2] 顾东辉．社会工作概论．上海：复旦大学出版社，2008.

[3] 周沛．社会工作概论．天津：天津大学出版社，2009.

[4] 李军红．李军红说新妇科千金方．南昌：江西科学技术出版社，2011.

[5] 孙静．女人 28 天身体日历大全集．昆明：云南人民出版社，2012.

（案例来源：南京大学社会学院副教授肖萍；社会工作与社会政策系唐晓、孙妍。）

女大学生生殖健康与安全性行为的同伴教育小组

一 项目背景

当今社会疏忽了生殖健康与安全性行为的教育，进而导致了人们对其了解不足抑或缺乏正确的认识，从而造成了女性妇科疾病多发、意外怀孕、堕胎及艾滋病相关性病的传染等危害女性身心健康的社会现象，并以低龄化的趋势恶性发展。生殖健康和安全性行为的现状堪忧！一项大学生生殖健康问题的调查显示：在校女大学生中约一成女生有过性生活经历，但表示接受过正规性教育的不足四成，绝大部分女大学生只是通过书刊、朋友或更易接触到的网络来了解性知识。此外，如今大学生性观念日趋开放，但女大学生生殖健康教育和服务落后于实际需求，对性卫生、性病知识、安全性行为、避孕及性传播疾病知识的了解明显不足，从而导致女大学生意外怀孕、堕胎的现状愈来愈普遍，严重影响了女大学生的身心健康。

若将在校女大学生组织起来，通过社会工作的同伴教育小组活动特有的培训方式对她们进行培训，则能改善其对生殖健康和安全性行为方面的认知，通过自我参与、自我服务的理念，能解决她们现有的困难。故而以同伴教育小组活动的方法服务于在校女大学生，继而传播生殖健康和安全性行为知识，应该大有所为。本项目旨在将在校女大学生组织起来，将同伴教育内在的知识与社会工作小组活动的理念、方法相结合，提升她们对价值观、爱情观的自我认识，改善她们对生殖健康和安全性行为的认知，加强她们对自我身心的保护。

（一）理论基础

1. 社会学习理论

此理论由美国心理学家班杜拉提出。班杜拉认为人们的行为是通过观察学习、聆听周围社会环境中人们的言行或是通过自身直接体验获得的。个体既观察他人行为的本身，也观察其行为的结果，把观察得来的信息储存于认知系统中，在日后相同或相似的环境中，就会做出原先通过观察而习得的行为。在此过程中，个体会主动地进行选择，决定模仿哪些，不模仿哪些。获得低龄化性行为的外部条件便是社会一些不良文化的影响。大众传播媒介、文字、图像等符号的示范作用，进而使这些不良性行为得到外部强化而得以保持。外加社会对“无痛人流”的强化性误导及社会对此方面教育的忽视，客观上强化了女大学生不正确的价值观及错误的生殖健康和安全性行为的认知。而本项目旨在通过社会小组工作的专业技巧，运用社会学习理论来引导她们培养积极的价值观和爱情观，强化她们正确的生殖健康与安全性行为知识。

2. 不良环境决定论（同伴影响）

由于目前大学生思想开放及受西方文化的影响，女大学生身边不乏有性行为经历并为之骄傲的同学，女大学生在这群同伴的影响下不断地受诱惑、不断地使不良性行为“正常化”，也踏上“不归路”。本项目旨在通过“同伴作用”的力量，将相同年龄、相似背景经验的女大学生聚集在一起，通过小组社会工作的方法使其改善认知，学会自我保护，并能通过同伴之间的作用将正确的知识与积极的价值观传播给身边的朋友。

（二）工作理念

本项目将社会工作专业“助人自助”的理念与小组工作方法和同伴教育的专业知识相结合，使受益群体通过参与式的方式来改善认知及行为，了解更多的生殖健康与安全性行为知识。

二 项目目标

（一）总目标

本项目的总目标主要在于运用社会工作的方法开展女大学生生殖健康与安全性行为的同伴教育小组活动。一方面是改善小组受益人群对性行为、生殖健康知识的认知，培养她们积极的价值观与爱情观，从而改善她们的不良行为。另一方面是通过培养小组领袖将社会工作的理念、方法及同伴教育的专业知识传播给身边的朋友，以便小组结束之后能够保证其可持续与复制性，让更多的人受益。

（二）分阶段目标

第一阶段目标在于以社会工作理念、方法及同伴教育专业知识为主，做游戏、案例分析为辅的参与式方式来培养组员积极的人生观、价值观与爱情观，并通过“情景模拟”的方法来加强组员对生殖健康与安全性行为知识的认知，改善自身不良行为。

第二阶段目标在于通过小组社会工作的方法来培养一支同伴教育的社会工作人才队伍，使其能够运用社会工作专业的理念、方法与同伴教育专业的知识，在小组结束后以同伴的作用来影响周遭的人群，并创新性地将室内同伴教育的小组活动拓展到室外。

三 需要分析[①]

（一）女大学生的性及生殖健康知识匮乏

调查显示，很多女大学生对于一些最为基本的生理知识，如“什么导致痛经”、“何为安全期”等生殖健康知识和“如何正确使用避孕套”、“紧急避孕药有何危害”、“艾滋病的全称是什么”等安全性行为的知识相当匮乏。调查人群中有93.7%的人不能全部了解相关方面的知识，有47.2%的人几乎对此一无所知，这一现象令人忧虑！

（二）女大学生的爱情观、价值观出现偏差

在被调查的600多名女大学生中，近61.5%的人认为“婚前性行为是一种可以理解的正常现象，对此我们不应该给予过多的指责”。仅从这一数据中，我们便可发现目前女大学生的爱情观、价值观已出现偏差。此外，还有24.3%的人表示认同“如果爱对方，就应该给予对方”的这一观

① 这部分资料来源于2011年南京人口管理干部学院社会工作协会的师生为进行社工专业性的同伴教育而对本校沧波园校区一至三年级的女大学生展开的问卷调查，内容包括对性、生殖健康基本知识的了解程度，自我爱情观、价值观的体现，学校在这方面的教育情况，对协会开展女大学生生殖健康与安全性行为的同伴教育小组活动需要程度四大方面的调查。

点，可见目前女大学生在爱情上过于感性，爱情观也过于肤浅，大部分的调查对象没有关注爱情的内在品质，同样价值观也出现了偏差。

（三）学校对女大学生开展此类教育的情况

虽然学校开设了一门“大学生性健康教育”课程，但截至2011年这门课程只是作为公选课，大部分选报这门课程的学生只是抱着“这门课程成绩好过”的心理，而且对男女集体进行授课的方式颇为不习惯，经常出现逃课现象。而对于学校的其他老师而言，他们表示不能很坦然地面对“性”这一话题，虽然平时会对学生进行有意无意的提醒与案例警示，但流于表面，而未深入探讨。

（四）女大学生对生殖健康与安全性行为的同伴教育小组活动的需要

在问及我们开展的女大学生生殖健康与安全性行为的同伴教育小组活动时，调查显示，有94.3%的女大学生表示，愿意参加并希望通过小组活动加强对此方面知识的深入了解，并表示会积极配合并加强对身边朋友关于此方面知识的影响，但之前由于话题的敏感、对公共场合的忌讳、男女生间的尴尬等诸多原因限制，不能真正地将自己这方面的需要表达出来。

通过问卷调查，我们了解到了在校女大学生在此方面诸多未被满足的需要。生殖健康与安全性行为同伴教育小组活动不仅能够传承传统性同伴教育的专业内容，同时更为女大学生提供了一个学习生殖健康与性知识的交流平台。一方面，避免了传统性同伴教育男女混合产生的尴尬、冷场，鼓励女大学生畅所欲言，更好地达到预期效果；另一方面，以生殖健康和安全性行为为主，以生殖模型及模拟操作为辅的培训内容，使女大学生更为深刻地了解所学的知识，便于以后更好地保护自己及他人。

四 方案计划

（一）服务对象

本方案目标人群是基于自愿原则并符合本方案要求的从南京人口管理干部学院沧波园校区挑选出来的500名大一至大三的女大学生，两个周期的目标人群数量均为250名。

（二）参与人数

（1）本方案参与的目标人数为500人。方案为期一年，共有两个周期，每个周期开展25次完整的小组活动，每次完整的小组活动开展4到6次分活动，每次小组人数为10人，每个周期共有250名小组成员。

（2）本方案参与的项目人数包括：督导1人，社工2人，志愿者3人，记录员1人，前期准备工作人员与后期结束工作人员若干等。

（三）实施人员

实施人员包括：（1）南京人口管理干部学院社工协会成员；（2）南京人口管理干部学院社会发展与社会工作研究中心教师；（3）南京人口管理干部学院社会工作专业的学生。

（四）进度安排

本项目为期一年，主要的进度安排如下。

1. 前期阶段

（1）对学校大一至大三女大学生开展项目需要调查与评估；（2）设计活动方案；（3）对项目进行宣传、动员并招募小组活动成员进行活动。

2. 实施阶段

（1）开展两个周期的生殖健康与安全性行为的同伴教育小组活动。每周1次完整的小组活动，1次完整的小组活动有4到6次分小组活动，为期半年的25次完整的小组活动为1个周期，全年共有两个周期。

一次完整的小组活动有4到6次分小组活动，具体内容如表2—1至表2—5所示。

表2—1　　第一次小组活动："有缘千里来相会"

节数	简要内容
第一环节	社工做自我介绍，并澄清活动的目的、目标、内容和意义。
第二环节	进行"破冰"游戏，组员间相互介绍。
第三环节	社工与组员一起制定小组公约。

续前表

节数	简要内容
第四环节	进行“八百里加急”游戏（社工讲述“杨贵妃和荔枝”的故事，发给组员每人一支铅笔表示快马。组员围圈而坐，每个人代表一个驿站。用唯一的一支不同颜色的铅笔代表荔枝，先从其中一个组员开始传递。组员只允许双手的指尖触碰这支铅笔的两端，并且必须保持手指中有笔。依次传递，任何一个人失败则从头开始，直到传送至最后一个人），以活跃气氛，保证小组活动顺利进行。
第五环节	以“击鼓传花”的形式，让组员对此次的活动发表建议和意见。

表 2—2　　第二次小组活动：“价值、爱情排排选”

节数	简要内容
第一环节	社工组织组员玩“深入了解”游戏，邀请组员回忆上次的内容，并引出主题。
第二环节	社工举几个小案例，让组员进行评价，认为应该的站社工左边，认为不应该的站社工右边。两组各派代表说明，其他组员有不同看法可以补充。
第三环节	进行“价值商店”游戏（游戏以拍卖的方式进行，让组员买下他们认为能有效提高自信的“物品”。将组员随机分成 3 组，各小组拥有 1 万元，对能有效提高自信的“物品”进行拍卖，每件“物品”底价 1 千元，叫价 3 次确定后由最高出价者得之，每次出价不能高于 1 万）。小組交流：1. 你最想买到的“物品”有没有买到？2. 没有买到的原因是什么？3. 哪件“物品”是你最想买的？为什么？4. 有没有买到你不想要的？为什么？5. 你为什么要花那么多钱买那件“物品”？6. 有些提高自信的方法是否能用钱买到，如果不行，如何获得？
第四环节	社工设计一些场景，模拟日常生活中的冲突情境，使组员通过角色扮演体会当时的感受，并通过讨论寻找良好的应对策略。例如：男朋友要求女朋友与其发生性关系的场景等。
第五环节	社工让组员描述出自己心目中的男友形象，包括外在和内在的，并派代表说明原因，最后大家一起讨论。
第六环节	社工引导组员分享此次活动的感受和想法，并提出建议。社工告知组员下次活动内容。

表 2—3　　第三次小组活动："性，你好——性脱敏"

节数	简要内容
第一环节	社工带领组员一起回顾上次活动的内容，通过热身游戏引出本次活动主题。
第二环节	进行"动物成语"游戏（让每个组员依次说出一个带有动物的成语，如猪狗不如等。每个人的成语不能重复，并记住自己所说的成语。然后让组员在自己说的成语前面加上"姐姐我洞房花烛夜猪狗不如"）。游戏结束后社工提问："为什么刚开始说这些成语的时候，大家没有笑？而加上这句话后就哄堂大笑？是否加上的那几个字让你想到了什么？"
第三环节	社工将组员分为两组，进行性健康的问答赛，并颁发奖品。
第四环节	社工为组员实物演示如何使用避孕套，并鼓励组员上台演示。
第五环节	社工引导组员发表对本次活动的感受，并给予支持与鼓励。

表 2—4　第四次小组活动："女生，我们爱自己——生殖健康教育与艾滋病"

节数	简要内容
第一环节	社工带领组员回顾上次活动的内容，并引出本次活动主题。
第二环节	社工组织组员观看关于生殖健康的视频。
第三环节	社工对艾滋病的相关问题对组员进行提问，让组员回答并给予小礼品。进行"道德与职业"小游戏。
第四环节	社工引导组员进行本次小组活动的感受分享，后进行总结并告知下次活动为最后一次活动，让其做好准备。

表 2—5　　第五次小组活动："不说再见，让我们一起做内在美的女生"

节数	简要内容
第一环节	社工让组员回顾上次的活动内容，并引出本次活动主题。
第二环节	大家在音乐背景下跳舞唱歌。
第三环节	组员围在圆桌旁聚餐，分享自己参加小组活动后自我的改变、收获以及他人对其变化的评价，且给予小组活动建议和意见。
第四环节	社工进行总结，并让组员填写期终调查问卷，还让组员填写祝福卡给予彼此祝福，最后大家拍照留念。

（2）在结束第一个周期小组活动的同时进行中期小组活动评估。

（3）在开展第二个周期小组活动时，第一个周期的组员已经可以以同伴教育者的身份开展活动并把生殖健康与安全性行为的知识、理念传播给身边的同学、朋友。

3. 最终阶段

在完成两个周期的小组活动后对整体的活动进行期终评估。

五 项目评估

（一）评估方式

采用前期、中期、后期三阶段，问卷调查与个案访谈相结合的方式进行评估。

（二）评估过程

使用问卷调查与个案访谈对小组活动的两方面进行评估。

1. 组员进行自评

包括组员在小组活动中的参与度、对生殖健康和安全性行为知识和模拟操作的掌握程度，以及对他人进行培训的专业程度。

2. 对小组活动效果进行测评

（1）使用问卷调查进行前测，了解女大学生对生殖健康和安全性行为知识的了解程度以及对同伴教育现实性需要的程度；（2）使用问卷调查及个案访谈对组员所在宿舍的舍友及朋友进行调查；（3）最后在以上多种评估方式的基础上，完成评估报告。

使用其他方法进行评估：社工、督导、记录员通过在小组活动中的观察、每次的小组活动计划书、小组活动总结书等方面进行评估。

六 预期效果

本项目主要有以下几方面的预期效果。

（1）在受众单一化，均为女性大学生的前提下，使其在触及类似“性脱敏”等敏感性言语及游戏时，可以有效地避免因男性在场而产生的尴尬及冷场状况，鼓励女大学生畅所欲言，继而促进其对价值观、爱情观的重新认知。

（2）培训内容以生殖健康和安全性行为为主，以生殖模型及模拟操作为辅。在培训内容更为专一化的前提下，让受众更为深刻地了解所学的知识，提高自我保护意识，便于其以后更好地保护自己及他人。

（3）在条件成熟时，将室内同伴教育小组活动拓展到室外并成立同伴教育户外拓展协会。

（4）将小组社会工作的理念、方法创造性地运用到同伴教育中，以便验证社会工作理论体系、价值观念等在实务中的运用，使同伴教育更为专业化，同时也推动社会工作在实务中的发展，为小组社会工作理论提供实务经验。

参考文献

［1］彭聃龄．普通心理学．北京：北京师范大学出版社，2001.

［2］李迎生．社会工作概论．北京：中国人民大学出版社，2010.

（案例来源：南京人口管理干部学院社会工作系沈燕。）

准妈妈、新妈妈完美变身课堂

一 项目背景

生育是妇女人生中的一个重大转折，它不仅对妇女自身的生理、心理各方面有重大而深远的影响，还会对她们的孩子以及她们的家庭产生各种影响。自从实行计划生育的国策以来，全国绝大多数的城市妇女一生之中只生育一胎。因此，如何安全、健康地度过这个怀孕、生产和初为人母的重要阶段，完成从妻子到母亲的角色转换，是她们人生中的重大课题。因为一生只经历一次，她们的相关知识和技能绝大多部分是通过外在途径获得的。这些途径既包括非正式社会支持系统中的女性长辈和其他生育过的亲友同事，也包括正式社会支持系统中的各种医疗卫生服务单位、相关商业机构和杂志及网站等媒体。途径的多元化带来的一个困扰是资讯的不一致，让很多妇女无所适从。目前社会上绝大多数面向准妈妈、新妈妈的服务主要关注焦点是生理方面，较少涉及心理、社会方面，缺乏全面性和系统性。跟生育有关的各项服务收费也颇高，让很多普通家庭难以承受。

准妈妈需求的多样性与现有服务的单一、不足产生一种紧张状态，导致孕期护理不当、产后抑郁、家庭冲突频发和社会角色失调等各种问题，也影响到婴幼儿的身心健康成长。准妈妈、新妈妈完美变身课堂是为准妈妈、新妈妈设计的一套以成长性、教育性为主要特征，结合了资讯提供、支持系统构建和优化以及资源联结等综合功能的服务方案，可以帮助她们顺利度过这一特殊阶段。

二 理论依据

1. 角色理论

社会角色是指与人们的某种社会地位、身份相一致的一整套权利、义务的规范与行为模式。从怀孕到分娩再到新生儿的养育，女性在短时期内面临着一系列新角色的挑战。新妈妈受到来自不同方面的角色期望，多种角色期望使她一时难以胜任，出现来自新角色的紧张感。同时，新妈妈的多重角色之间也会发生冲突，如新妈妈作为在职人员，需要在工作上投入精力，但孩子对其的依赖又要求其投入大量精力，于是两种角色间便会产生冲突。同时，在新生儿养育方面，角色不清，有可能造成一些夫妻、婆媳间的冲突。这些角色紧张与冲突都会给妈妈们带来压力，影响她们角色和谐与自我同一，造成一些负向体验。

2. 妇女赋权理论

从结构的视角去理解赋权，赋权就是人们如何获得对自己生活的控制权力的问题。而妇女赋权，是将女性从受压制的意识形态中解放出来，使每个人，无论性别差异，都是一个完整的人，强调权力是共享、平等的。在我们的工作中，会把男女平等、女性维权等一些理念融进小组中。

3. 社会支持理论

社会支持网络从不同的层次区分为以个人为中心的网络和以组织为中心的网络。社会支持网络就个人层面上来讲指的是个体间那些持久的相对稳定的社会联系（人际关系、交流渠道、交换往来），它把个体和建设性资源联系起来以达到个人的有效适应。新妈妈可以通过这种关系网络获得情感、经济、信息等方面的支持。新妈妈的社会支持网络是指女性在分娩之后需要帮助时寻求的对象。新妈妈在孕期、分娩以及新生儿照顾这些阶段，会遇到这样或那样的问题，需要从他人那里获得必要的情感支持以及工具性援助等。

4. 家庭生命周期理论

该理论把家庭看作一个个体，认为家庭也有其生命周期和不同发展阶段的任务。在育儿期阶段（第一个子女出生到该子女两岁半），家庭的发展任务是适应新生子女的诞生、成长，发展成为一个可以满足双亲和新生儿的家。对于整个家庭发展而言，家庭生活各阶段是前后延续的，其间有转折和衔接，后面阶段会受到前面阶段的影响。每一个阶段都有其发展的任务，若重点的发展任务不能很好地完成或者家庭不能随着阶段之间的转变而做出相应调整，则不仅容易遭遇家庭关系的紧张和家庭矛盾，而且会影响到下一阶段的家庭生活。育儿期阶段这种转折过渡时期是最容易导致家庭关系紧张，家庭成员焦虑的时期，也是需要家庭成员加倍投入精力，努力做出适应和调整的关键时期，应该给予特别的重视。

5. 社会学习理论

社会学习理论强调，人们通过观察和模仿他人的行为就可获得改变，形成新的行为方式。在小组活动的过程中，准妈妈、新妈妈通过自己的观察与模仿可以获得很多的新的行为，从而促进其生活的改变。在班杜拉的社会学习理论方法中，还有一个重要的概念是自我效能。自我效能指的是一个人对能够从事某种行为，并且能获得预期效果的自信程度。当人们对其从事某种行为的能力有充分的把握时，他们的自信心往往较高。新妈妈如果能够适应新角色的转变，那么会有更大的成就感，从而能更好地诠释母亲的角色。

三 项目目标

1. 总目标

项目的总目标分为两个方面：一是通过该项目，促进准妈妈、新妈妈的身心健康、角色和谐和成长发展。二是通过该项目引入社会工作的理念与方法，建立服务站，为准妈妈、新妈妈提供交流沟通的平台，营造舒适的社区文化氛围。

2. 分阶段目标

第一阶段的目标是针对社区内的潜在服务对象进行了解，通过派发调查问卷对服务对象的需要进行调查。根据问卷调查的结果，对这些潜在服务对象的具体信息进行资料整理和分析，进行初步评估。

第二阶段的目标是陆续开展准妈妈、新妈妈在分娩和新生儿养育方面可能会出现的状况的相关活动，如如何进行情绪调整，以协助她们进行角色转换。以社区为依托，招集服务对象，研究其异质性与同质性，对服务对象进行分组，设置不同的小组，小组活动进入准备和开始阶段。

第三阶段的目标是进行中期评估，准妈妈、新妈妈对各类活动有一定的评价，收集这些评价信息，调整活动的进行模式及方式。同时开展其他亲子类活动，比如爸爸课堂设计的一些亲子教育的活动，使她们身边的人也学会帮助营造适合她们的家庭环境。

第四阶段的目标是妥善安排好各类活动的结束，对项目结果进行评估，整合项目活动成果。

四 需要分析

总体上讲，绝大多数准妈妈、新妈妈缺乏系统有效的育儿相关知识和技巧，这些知识和技巧主要包括以下几个方面。

1. 孕期营养和护理

众所周知，怀孕期间宝宝的身体发育所需营养，全部依赖于妈妈的供给。妈妈如果在怀孕期间不注意均衡地摄取营养，怕长胖而少吃，就会影响到胎儿生长，造成胎儿营养不良、发育不好。但更多的妈妈为了宝宝，猛吃猛喝，过量摄取营养，结果造成胎儿过大，导致妊娠期糖尿病、妊娠期高血压等孕期疾病，甚至难产。那么，妈妈如何能够保证宝宝充足且均衡地摄取营养？如何做好孕期护理呢？这些都是值得关注的问题。

2. 产前准备和产前紧张情绪的缓解

做好产前准备工作，不仅可以避免孕妇临产时的慌乱，还可以缓解产前孕妇的紧张心情。部分孕妇出现的产前紧张现象，已影响到孕妇身心健康和胎儿发育。因为孕妇紧张时，会造成胎儿的心理紧张，致使母子无法很好地相互配合，容易造成孕妇抑郁或者早产。因此，孕妇一定要缓解过度紧张的心理。

3. 产后“月子”的护理

“坐月子”在我国是一项久远的习俗，从现代医学观点来看坐月子仍有其重要性。坐月子是指从胎儿、胎盘分娩出后到产妇肌体和生殖器官复原的一段时期，一般需要 6～8 周。医学上将这段时间称为产褥期和产后期，民间俗称坐月子。坐月子意味着产妇要卧床休息。现代妇女坐月子，一要有足够的休息，调养好身体，促使生殖器官和肌体尽快康复。二要以均衡的营养来补充生产时的消耗及满足喂食母乳之所需。

4. 婴幼儿的喂养

婴幼儿期良好的营养，是个体一生体格和智力发展的基础，亦是预防成年慢性疾病如冠心病等的保证。由于婴幼儿期的生长极为迅速，对营养的需要极大，而各器官的发育尚未成熟，对食物的消化吸收能力有限，因此，如何进行科学喂养以确保婴幼儿的生长发育显得极为重要。

5. 产后健康“瘦身”计划

据国外统计报告指出，两三个月至半年内是产后妈妈修复身材的最好时机，因为这段时间新妈妈的体内脂肪还处于游离状态，未形成包裹状的难减脂肪。而且，这段时间减肥，皮肤弹性的修复难度会比较小。医学研究也发现：产后两三个月，月经就会恢复正常，即内分泌及新陈代谢逐渐恢复正常，这个时候选择正确的减肥方法，不但不会影响哺乳，还会让奶水更通畅。

6. 新生命带来的家庭关系调整、家庭角色转变和可能的冲突处理

三口之家中孩子出生前，妻子与丈夫互相给予对方全部的爱情，而当孩子降临时，妻子的爱开始分摊到孩子和丈夫的身上。究竟几几分成，每个人各不相同，但可以肯定的是，几乎所有的丈夫都要从妻子的爱中“退居二线”。如果妻子在其中处理不好对孩子和丈夫的爱的“分成”，那么这极有可能导致丈夫的心理落差，从而使家庭生活产生裂痕，更有甚者会“促使”丈夫出轨，从而导致家庭生活的彻底崩溃。因此新生命带来的家庭关系调整、家庭角色转变，都需要妻子和丈夫的重新适应。

7. 回归职场的新适应

做妈妈是每一位女性的神圣职责，创造生命的价值要远远高于职业创造的物质财富和精神财富，职业女性应选择最适合自己的生理年龄完成这项神圣的使命。而在现实中，许多完成了生育大计的女性，在重返职场后，发现自己正面临着许多困惑和变化。最大的变化是时间安排上的压力。婴幼儿对母亲的依赖使得这些回归职场的母亲必须腾出更多的宝贵时间和精力来照顾家庭和孩子。这会影响到她们对工作的投入程度以及在职场上的表现和成就。如何调整自身的心态，妥善应对这些变化，需要这些职场妈妈重新思考并适当调整自己的人生规划，尽快明确产后的发展方向与目标，提前为生育后的职业生涯在心态、能力和人际关系上做各种准备。

8. 关于婴幼儿的早期教育

0～6岁早期教育是人生中最重要的教育，现在也有人认为早期教育应向前延伸到怀孕期间的胎教。脑科学表明，婴幼儿期是生命发展的基础阶段与关键期，早期教育是为婴幼儿的身体、大脑、智力、个性、人格、精神、心灵等方面打下根基。如果早期教育做得好，那么孩子会受益一生。家庭教育对早期教育有重大影响，父母怎样对孩子进行早期教育，这是我们要关注的。

五 方案计划

1. 服务对象

直接的服务对象主要是准妈妈及孩子1周岁以内的新妈妈，项目会惠及她们的孩子和她们的整个家庭。

2. 参与人员

参与人员包括：

（1）项目社区的干部、妇女主任及其他工作人员；

（2）项目社区的准妈妈、新妈妈，以小组工作方法开展小组活动，每个小组人员为8～12名；

（3）参与人员还包括育儿专家、医生等。

3. 实施人员

实施人员包括：

（1）项目社区的干部、妇女主任及其他工作人员；

（2）项目社区、街道提供行政支持的政府官员；

（3）南京理工大学人文学院与社会科学学院的教师及学生；

（4）来自社区的其他相关机构的人员。

4. 进度安排

项目首次持续时间为一年。

第一季度：准备工作阶段。

（1）整合资源：联系社区居委会及社区其他相关机构，获取社区资源，与社区的相关工作人员建立好合作关系，在社区内建设好相关服务设施。

（2）宣传活动：在社区机构的帮助下，在社区内宣传和倡导此次项目预备开展的活动，制作关于活动的宣传海报，营造项目在社区的文化氛围。

（3）问卷调查：针对社区内的潜在服务对象进行了解，通过派发调查问卷对服务对象的需要进行调查。

（4）需要评估：根据问卷调查的结果，对这些潜在服务对象的具体信息进行资料整理和分析，进行初步评估。

（5）破冰活动：前期注重满足准妈妈、新妈妈步入角色的最迫切的需要，在社区内开展轻松的讲座，如关于准妈妈、新妈妈的身心健康知识的了解，邀请医学方面的专家进行现场咨询等。

（6）建立服务站：通过设置一些类似的服务站，方便随时为准妈妈、新妈妈提供帮助，解决她们在遇到困难时不知向何处寻求帮助的问题。

第二季度：项目初步进展。

（1）继续构建支持网络：社区内关于项目的文化氛围已初步形成，与社区机构合作日渐融洽，陆续开展准妈妈、新妈妈在分娩和新生儿养育方面可能会出现的状况的相关活动，如如何进行情绪调整，协助她们进行角色转换。开展一些轻松的沙龙，为她们提供可以交流沟通的平台，获取经验人士的有用信息。

（2）完善服务站：在社区设置的服务站步入正轨后，陆续收集到准妈妈、新妈妈迫切需要的资料，完善社区服务站所能提供的各类服务，增添服务站设置初期所未顾及的方面。

（3）小组工作的准备：以社区为依托，招集服务对象，研究其异质性与同质性，对服务对象进行分组，设置不同的小组，小组活动进入准备阶段。以专业为特色的小组此时处于形成期，经过组员的招募及遴选，确定小组目标，制订小组工作计划，确定小组的规模与工作时间，安排好小组活动场地及设施，才逐渐完备。前期的小组活动，通过一些热身活动使服务对象融入到小组当中。

（4）小组活动进入了初步阶段，小组成员之间互相熟悉，成员开始对小组产生认同感，渐渐适应小组模式。在这个阶段，小组成员对小组产生一定的期望，小组讨论保密原则并订立契约，小组规范得以制定，信任的小组氛围开始形成。了解社区内的服务对象，接触典型的个案，并针对典型的个案进行一些情绪心理辅导工作。

第三季度：项目进展中期。

（1）中期评估：项目在社区内已经产生一定的影响，社区机构成为项目推动的中坚力量，准妈妈、新妈妈对各类活动有一定的评价，收集这些评价信息，调整活动的进行模式及方式。

（2）小组活动的进行：在这个阶段，以准妈妈、新妈妈为服务对象的小组活动进入到成熟阶段，她们在小组中经历了大半年时间，这个时期遇到的各种问题都会交由小组成员讨论，由此产生的小组动力成为支持小组运行的力量，小组成员互相支持，对小组表现出较强的认同感，小组凝聚力增强，成员关系亲密程度较高。准妈妈、新妈妈自身能渐渐学会如何去应对这一期间出现的一些状况。

（3）爸爸课堂：随着项目的进程，项目的活动逐步将准妈妈、新妈妈身边的初级群体纳入到活动当中，如加入爸爸们参与的谈话或游戏活动，设计一些亲子教育的活动，使她们身边的人学会帮助营造适合准妈妈、新妈妈的家庭环境。

（4）完善服务站：由于上半年的宣传努力，社区形成关注和关心准妈妈、新妈妈这个特殊群体的氛围。社区内设置的服务站成为准妈妈、新妈妈在遇到困难和困惑时求助的地方。为提升服务站的成效，服务站会记录一些在工作中遇到的困难，接受一些专业社会工作者的督导。

第四季度：项目进展后期。

（1）结束小组活动：以新妈妈为主的小组活动进入到了结束阶段，引导小组成员分享小组过程中新妈妈的心路历程，合理地处理成员的离别情绪与感受，协助成员保持小组的经验，进行小组评估。

（2）项目进展后期：在这个阶段，需要妥善安排好各类活动的结束，进而结束项目进程，对项目结果进行评估，整合项目活动成果。与社区相关机构协调关于结束项目的各类事宜，如其中一些活动是否有必要由社区相关机构持续开展下去或是进行终止。在社区设置的服务站是否有保留的必要，或是改造成多功能服务站。活动末期，在社区内宣传此次活动进行中得到的支持以及一些心得，并巩固这一年内在社区形成的文化氛围。

六 项目评估

本项目采用参与式评估方式，主要分为阶段评估和总结评估。阶段评估主要根据小组成员和组织者的评估做出，每期活动结束后及时总结发现不足，及时在下一期活动中弥补。总结评估主要由新妈妈及准妈妈、组织者、社区负责人根据各自对活动的评价，评估活动的价值、目标的实现程度等。具体包括以下几个方面。

（1）根据调查记录、访谈资料及相关材料对项目进度进行督导和评估。

（2）根据项目服务方案所设计的计划和安排评估和考核进度与效果。

（3）设计记录表格、访谈问卷等工具，保证记录资料的可比性。

（4）指定专人负责督导评估工作，督促工作记录的整理、保管、分析与使用。

（5）根据情况，请相关专家参与现场工作。

七 预期效果

本项目的预期效果可以概括为健康、和谐、成长和发展这四个词。健康主要是指准妈妈、新妈妈的生理和心理两个方面。在生理方面，它能在女性产后调养、营养方面给予指导，让女性恢复良好的健康状态。在心理方面，有些妇女因为角色转换、家庭和工作不能平衡等问题，可能会产生产后抑郁的情况。对此，我们会予以特别关注，帮助她们更好地调试自己的心理状态。和谐主要指妇女自身各角色之间、妇女和其他家庭成员之间、妇女家庭和社区之间关系的和谐，更广意义上来说，是妇女整个生态系统的和谐。成长和发展则主要指本项目会帮助她们适应妈妈角色，提升她们胜任母亲的能力。

参考文献

［1］乔纳森·H·特纳．社会学理论．北京：北京大学出版社，2009.

［2］宋林飞．西方社会学理论．南京：南京大学出版社，1997.

［3］冯德全．冯德全早教方案6：0～3岁婴幼儿家长指导手册．北京：中国妇女出版社，2007.

［4］管睿．新妈妈的第一本产后恢复书．长春：吉林科学技术出版社，2011.

（案例来源：南京理工大学人文学院社会学系王宇红、尉宁。）

丧偶妇女减压互助项目

一 项目背景

为了推动各方对丧偶妇女及其子女的关注，2010 年 12 月联合国大会通过决议将每年的 6 月 23 日定为“国际丧偶妇女日”。潘基文呼吁各界认识到丧偶妇女对社会所作出的贡献，关注她们及其子女的艰难境况，确保她们的权利得到尊重，并向她们提供所需的社会保障。

在我国，丈夫的去世在经济、社会和文化等方面往往对丧偶妇女及其子女造成许多不利影响。经济上，她们丧失了家庭经济的主要来源；精神上，丈夫离世，特别是因突发事件丧生使失去配偶的妇女遭受着极大的打击；生活中，她们失去了分享喜怒哀乐的亲人，精神极度空虚；在教育子女和照顾老人方面，她们不得不依靠自己柔弱的肩膀扛起所有家庭重担……她们既要通过辛勤工作来保证家庭收入来源，又要照顾家庭、子女和老人，不管是生理还是心理的压力都非常大。与此同时，社会急剧变迁，竞争日益加剧，城市丧偶妇女的深层人际互动机会减少，人际关系出现窄化趋势。因此社交面较窄的丧偶妇女难以在社区中找到合适的倾诉对象，压力和苦闷无法得到排解，心理或精神危机很难解决，继而抑制或消减其工作及其他社会能力。

本项目以江苏省某城市社区中 28 至 40 岁的丧偶妇女为服务对象，从社会工作的专业角度出发，运用个案、团体、社区社会工作的方法和多元化的形式开展对丧偶妇女的服务活动，协助丧偶妇女释放压力、缓解压力，树立自立、自强、自尊、自爱的生活态度，并为其创建社会支持网络。我们希望通过本项目为其他城市社区中丧偶妇女问题的解决提供一些借鉴。

本项目秉持的基本理念是助人自助。我们只是这些服务对象的协助者，我们最大的使命是协助她们进行自助，只有这样才能使服务的效果具有持续性。

二 需要分析

1. 丧偶妇女具有女性弱势的特征

由于受社会价值观念的影响，社会中的女性往往处在弱势地位，而丧偶妇女在女性群体中则处于边缘地位。她们由于自身的生理和心理上的特殊性，想要更好地适应社会生活，享受社会给予她们的权利和服务，就需要社会给予她们更多的关注和帮助。

2. 丧偶妇女生活压力大

在中国传统的文化中，男性是家中的顶梁柱，男性是家里经济收入的主要来源，失去了配偶对于多数妇女而言就意味着家庭经济支柱的丧失，那么丧偶妇女将会接替配偶成为家里的顶梁柱。她们不仅需要承担以往的家庭照顾者的角色，还需要扮演家庭主要经济收入来源的角色，经济和生活上的压力要明显高于其他同龄已婚妇女。

3. 亲子互动对于丧偶妇女来说极其重要

现在的家庭多以家中的孩子为家庭生活的中心，孩子是夫妇最记挂的人。在失去了男性配偶之后，妇女的生活重心会很大程度上落在孩子身上。但是，由于孩子失去父亲之后情绪和行为会受到影响，丧偶妇女同样也会受到影响，两者的关系往往会发生些许改变。所以我们也需要关注丧偶妇女家庭中的亲子关系，尽量协助丧偶妇女适应当下的环境，保持亲子的良好互动。

4. 丧偶妇女需要重新调整自己从而适应周围的环境

由于男性配偶的丧失，这些妇女的生活或多或少地会发生改变。为了她们更好地适应变化了的生活，我们需要对丧偶妇女在适应生活中遇到的困难给予及时的帮助和解答，从而协助她们更好地生活、更有尊严地生活。

三 方案计划

（一）服务对象

服务对象为江苏省某城市社区内28至40岁的丧偶妇女。

（二）实施人员

实施人员包括区妇联、社区社会工作者、有社会工作或心理学背景的志愿者。

（三）进度安排

本项目拟定于2011年12月开始实施，为期一年。

1. 2011年12月4日—2011年12月7日

（1）了解社区丧偶妇女的基本状况；

（2）招募并培训爱心服务热线话务员、阳光生活家访员和社区丧偶妇女专职人员；

（3）招募筛选服务对象；

（4）确定爱心服务热线的办公场所，购买电话、桌椅、记录本、笔等物品。

2. 2011年12月8日—2012年12月16日

开展爱心服务热线和阳光生活家访员活动。

3. 2011年12月4日—2012年2月12日

相伴同行小组每两周举行一次活动，共六次，直至2012年2月12日小组结束。

4. 2012年3月15日—2012年4月8日

在这个时期，开展“亲亲一家人”社区活动。

（四）活动内容

我们从社会工作专业视角出发，运用社会工作的专业方法，采取个案工作、小组工作和社区工作的三大方法，计划从个人、家庭、丧偶妇女群体、社区四个层面入手来开展本项目。

1. 爱心服务热线

（1）活动介绍。

从个案工作的角度出发，社区设立丧偶妇女专属的爱心服务热线，通过爱心服务热线，案主可以向工作人员及时倾诉困难和压力，袒露自己的需求，以及寻求一些舒缓压力的方法和技巧，从而在一定程度上减少精神上和生活上的重压。此项活动强调案主的自主性。

（2）活动目的。

首先，为案主建立一个倾诉渠道。

其次，鼓励案主积极乐观地面对生活的压力，保持良好的心态。

再次，给予案主应对压力和解决问题的建议。

最后，对案主的生活和就业、家庭方面的问题给予帮助。

（3）工作阶段。

前期准备（2011年12月1日—2011年12月7日）：选择合适的地点作为爱心服务热线的工作地点；从招募来的志愿者中选出爱心服务热线志愿话务员3名；购买电话、记录本、笔等；对话务员进行培训；安排好话务员的值班表，制定出具体的工作制度。

活动宣传（2011年12月8日—2011年12月15日）：制作和张贴海报、传单。然后，由工作人员单独联系到社区内的丧偶妇女，向她们进行宣传，鼓励她们积极利用这个途径来缓解自己的压力。

活动执行（2011年12月16日—2012年12月16日）：话务员按照值班表和具体的工作制度轮流值班、接听热线电话，并做好电话记录（注意需要经过案主同意）。话务员每周要进行一次活动的评估和分享各自在工作中发现的问题及心得。社区妇联的工作人员和社区丧偶妇女专职人员每月对话务员的工作进行一次督查。

2. 阳光生活家访员

（1）活动介绍。

从个案工作的角度出发，专职人员的家访，能更深刻地了解丧偶妇女生活、家庭的环境，及时了解其压力和需求，以帮助其获取有效资源。同时，专职人员的持续性家访能保持服务的连贯性和延续性。此项活动更强调社区丧偶妇女专职人员的主动性。

（2）活动目的。

首先，深刻观察了解案主的就业、家庭环境和各种生活压力。

其次，采取主动、及时、持续性的跟踪服务，提供更具个性化的服务方案。

（3）活动建议。

第一，每月进行两次家访，主要了解丧偶妇女的困难和压力来源，并做好持续性的具体的家庭访问记录。

第二，将了解到的信息及时反馈给社区专职人员，并由社区专职人员及时反馈给妇联或其他相关组织，以帮助案主获取相应有效的资源。

第三，每个月要与志愿者和社区内参与志愿服务的居民进行一定的分享和讨论。

（4）工作阶段（2011 年 12 月 8 日—2012 年 12 月 16 日）。

首先，预定每个月家访两次，与丧偶妇女建立信任关系，并在此基础上通过观察、询问以及向周围邻里询问情况等各种途径了解丧偶妇女及其家庭的实际困难与需求，做好持续性的家访记录。

其次，将了解到的信息及时反馈给社区、妇联等相关组织机构，使这些组织机构能及时了解最真实的情况，并帮助案主获取相应有效的资源。

再次，家访员除了每月两次的家访以外，还可以通过短信、电话、书信的形式与案主保持沟通和联系。

最后，所有家访员每个月开一次集体分享讨论会，评估案主的实际需求，为开展团体工作做准备，同时通过分享与讨论及时对工作中不当之处做出修正。

3. 相伴同行小组

（1）活动介绍。

社区中的失去丈夫的妇女并不孤单，她们有属于自己的群体，那就是社区中的丧偶妇女这个大群体。从小组工作的角度出发，将这些具有相似经历和特征的案主组织起来，让她们组成一个支持小组。她们具有相似的经历和特征以及共同的压力，所以更容易进行压力缓解和问题解决的交流和分享。小组的力量能帮助小组成员舒缓压力和促进自我成长。

（2）活动目的。

首先，通过小组成员之间给予相互的情感支持，稳定案主情绪。

其次，协助案主正视当前的困难，增强其对生活的信心。

最后，分享应对压力和解决问题的经验和技巧，如应对生活方面压力的技巧和亲子互动方面的技巧，通过对这些方面的学习促进个人的成长。

（3）小组成员招募。

活动宣传。撰写活动通知单，其内容应该包括：小组成立的目标和目的；小组活动的日期、地点、次数和时间长短；小组工作人员的姓名、电话、专业经历和训练等个人资料；小组工作人员和小组成员的权利和义务；其他相关的安排事项，如小孩照顾的服务、有无交通服务和茶水点心供应等。

筛选报名人员。向报名者澄清有关疑虑、小组存在的理由、日后准备要探讨的一些主题，并了解报名者的意愿。筛除有偏差人格特质的报名者，这些偏差人格特质包括有自杀倾向的、精神病的、面对极端危机的、高偏执狂的、妄想的、极度自我中心的、有仇视心的、行事行为独霸性的、有侵犯性的以及极度自恋的等，这类报名者更适合给予个别心理咨询、个别治疗。

（4）活动安排。

小组的理论依据是社会学习理论、团体动力学理论、系统理论。小组目标包括：协助组员重新认识自我，提升自信心；提高丧偶妇女应对压力、沟通的能力；让丧偶妇女建立起相互支持性的网络。小组特征为成长性小组、支持性小组、封闭性小组。小组活动的具体安排如下。

第一单元：大家来相识。

活动目标：

首先，建立小组，协助成员互相认识，建立互动关系。

其次，澄清成员的需求和目标以及对小组的期待，营造良好的小组气氛。

最后，建立小组规范，让所有成员自愿投入小组的过程。

活动地点：根据筛选出的丧偶妇女的人数，选择一个合适的场所，这个场所要安静舒适。

活动时间：2011 年 12 月 4 日下午 3 点。

本单元的活动流程、活动内容、时间分配和所需材料，如表 2—6 所示。

表 2—6　　第一单元：大家来相识

活动流程	活动内容	时间分配（分钟）	所需材料
一、暖身	1. 工作人员介绍自己，致开场白。 2. 发给每一位成员一张小纸片和一支笔，让成员在欢乐的音乐声中，通过互相采访，以最快速度与其他成员热情打招呼后，获取对方的详细资料（如姓名、生日、血型、个性），采访的对象越多越好。 3. 待音乐结束后，将每一位成员的采访结果公布，并予以采访对象最多的那一位成员优胜奖（奖品是大家的掌声）。	20	笔记本电脑、纸、笔、音响
二、相识（叠罗汉）	1. 成员围个圆圈坐下。 2. 先由某位成员介绍自己的姓名，依顺时针方向大家轮流介绍。 3. 每位成员在介绍自己的姓名之前，需重述前面成员介绍过的内容，并且加上对自己的形容，形容可以是正面的也可以是负面的。如第一位介绍“我是勇敢的王明”，第二位介绍“我是勇敢的王明旁边的会紧张的刘宁”，以此类推（越是后面的人需复述的人名越多，压力越大，领导者需适时进行提醒）。姓名介绍完后，再选某一位成员先说出自己喜欢的一项“兴趣特长”，方式同前。	45	椅子
三、澄清成员的需求和目标以及对小组的期待	1. 每人发一张纸，领导者进行说明和示范。领导者提出对小组的期待的一句话，例如“希望大家说出心中想说的话”，并写在纸上，其他成员同样写出自己的需求以及期待，写完由领导者收齐。 2. 由领导者大声读出纸条上的期待，成员认为可以遵守的，以手掌击拍大腿，表示同意这一期待。	20	纸、笔

续前表

活动流程	活动内容	时间分配（分钟）	所需材料
四、订立小组契约，创建小组规范	1. 将刚才成员都同意的期待记录下来，请一位成员帮忙记录。 2. 成员进行讨论分享，并在契约上签字。将契约贴在活动中心的醒目处，直到小组结束。	15	纸、笔
五、总结并结束第一单元活动	1. 成员分享在第一次活动中对于小组的感受。 2. 总结这次活动的成果。 3. 通知成员下次活动的时间和地点。	20	

第二单元：我们可以相互信任。

活动目标：

首先，增进成员的熟悉程度，进一步融洽小组气氛。

其次，促进成员彼此间的默契共识，帮助成员更好地融入小组。

最后，提升小组凝聚力和培养小组成员之间的相互信任感。

活动地点：要求不变。

活动时间：2011 年 12 月 18 日下午 3 点。

本单元的活动流程、活动内容、时间分配、所需材料，如表 2—7 所示。

表 2—7　　第二单元：我们可以相互信任

活动流程	活动内容	时间分配（分钟）	所需材料
一、暖身	由成员说出第一单元活动中的采访对象的姓名等信息，越详细越好。说对了，对方就给予 5 秒钟掌声；说错了，对方则轻拍其肩膀以表示安慰。	20	
二、全身倾倒游戏	让 8～10 人一组围成一个圆圈，大家要紧密地靠在一起。选择一个组员站在圆圈的中央，用布将其眼睛蒙住。然后让其双脚并拢站在地上，并将身体倒向圆圈中的任何一个人，而这个人则需要以手轻轻地将他推往圈中的另外一个人处。这一组的每一个成员都要轮流站到圆圈的中央去。	40	

续前表

活动流程	活动内容	时间分配（分钟）	所需材料
三、活动反馈与分享	1. 在轻缓的音乐声中，请成员回顾刚才游戏中的环节，讨论在游戏中的感受，并与大家分享。 2. 由其他成员进行补充，反馈。 3. 由领导者对成员分享和反馈的结果进行总结。	30	笔记本电脑
四、总结、结束第二单元活动	1. 成员分享对这次整个活动的感受。 2. 领导者总结成员在这次活动中的表现。 3. 布置家庭作业：准备三个自己的故事（与处理压力和解决生活、家庭方面的困难有关的），下次与大家一起分享。 4. 通知成员下次活动的时间和地点。	20	

第三单元：讲出你的故事。

活动目标：

首先，促进成员进一步融入小组，袒露自己的内心。

其次，增进成员情感交流，培养成员合作的态度，便于以后小组工作的开展。

最后，通过成员之间的分享、讨论，给予提供分享的成员情感、技巧上的支持，并让成员进行学习运用。

活动地点：要求不变。

活动时间：2012 年 1 月 1 日下午 3 点。

本单元的活动流程、活动内容、时间分配和所需材料，如表 2—8 所示。

表 2—8　　　　第三单元：讲出你的故事

活动流程	活动内容	时间分配（分钟）	所需材料
一、暖身	1. 大家围坐成一圈。 2. 播放歌曲《从头再来》，把歌词发给大家。歌曲播放三遍，第一遍会唱的跟着唱，不会唱的熟悉旋律，三遍下来争取会哼唱。歌曲放完后，成员齐声朗读歌词。	25	笔记本电脑、歌词复印件

续前表

活动流程	活动内容	时间分配（分钟）	所需材料
二、讲讲我的故事	1. 成员根据上次所布置的作业，在音乐中将自己准备好的故事跟大家分享。 2. 每个成员分享完自己的故事后，其他成员分享自己的感受或者对发言者的困惑给予自己的解答和帮助意见。 3. 由一个成员负责做好发言者的困惑和压力的记录以及反馈者的意见和发言记录。	50	笔记本电脑、纸、笔
三、活动分享与反馈	1. 大家一起回顾刚才做好的发言记录，找出其中比较有用的处理压力和应对问题的技巧。 2. 成员分享自己在活动中的感受和自己的收获，尤其是所学到的处理压力和应对问题的技巧。 3. 领导者对成员的感受和反馈进行总结。	20	
四、总结、结束第三单元活动	1. 成员分享对这次整个活动的感受。 2. 领导者总结成员在这次活动中的表现。 3. 布置家庭作业：让成员将自己在这次活动中所学到的技巧积极运用到自己的实际生活中去，下次活动与大家分享。 4. 通知成员下次活动的时间和地点。	20	

第四单元：大家来扮演。

活动目标：

首先，设定不同的压力情景，成员运用上次活动所学来的技巧进行角色扮演，从而巩固所学。

其次，帮助成员提高适应力和弹性，即使其明白原来解决一个问题可以有不同的方式。

活动地点：要求不变。

活动时间：2012 年 1 月 15 日下午 3 点。

本单元的活动流程、活动内容、时间分配和所需材料，如表 2—9 所示。

表 2—9 **第四单元：大家来扮演**

活动流程	活动内容	时间分配（分钟）	所需材料
一、暖身	1. 大家围坐成一圈。 2. 进行“优点轰炸”游戏。先选定一个成员，然后其他成员自由发言，说出这位成员的优点。 3. 就上次布置的家庭作业，成员依次发言，与大家分享自己对上次学到的技巧的应用情况。	30	
二、角色扮演	1. 领导者给出一个特定情景：一位丧偶妇女的儿子在学校经常违反学校的规定，时常逃课，回到家中也不愿与自己的妈妈沟通交谈。设定问题：你如果是这位妈妈，会怎么处理？这个情景中的角色包括学校老师、妈妈、儿子。 2. 将成员分组，然后给成员 20 分钟的准备时间。 3. 各组成员进行角色扮演，其他成员仔细观察和思考。	60	椅子、纸、笔
三、活动的分享和反馈	1. 成员分享自己在扮演过程中的感受。 2. 成员就其他成员的扮演分享自己的感受，表达自己的看法。 3. 成员集体讨论在扮演过程中扮演者运用的处理压力和解决问题的技巧和方法，找出其中比较好的方法。 4. 由领导者写下大家讨论的结果，并与成员分享。	30	纸、笔
四、结束、总结第四单元活动	1. 成员分享对这次整个活动的感受。 2. 领导者总结成员在这次活动中的表现。 3. 布置家庭作业：让成员将自己在这次活动中所学到的新技巧积极运用到自己的实际生活中去，下次活动与大家分享。 4. 通知成员下次活动的时间和地点。	20	

第五单元：我想要的生活。

活动目标：

首先，帮助成员树立积极乐观向上的态度。

其次，了解自身的需求，学会处理生活中的压力。

活动地点：要求不变。

活动时间：2012 年 1 月 29 日下午 3 点。

本单元的活动流程、活动内容、时间分配和所需材料，如表 2—10 所示。

表 2—10　　第五单元：我想要的生活

活动流程	活动内容	时间分配（分钟）	所需材料
一、暖身	进行“腹背受敌”的游戏。4～8 人一组，领导者先派发给每个成员一个气球，要求成员把气球吹大。每组成员排成一行，将手中气球夹在自己的腹前和前面成员背后之间。要求组员一起向前，不要让气球掉落。然后，成员分享参加游戏的感受，以及做家庭作业的感受和收获。	35	气球若干
二、我想要的生活	1. 大家围坐在一起。 2. 给各个成员分发纸和笔。 3. 成员将自己想要的生活，及要达到自己想要的生活需要做些什么，现在自己已经做了哪些，还有哪些需要去做，现在的困难和压力有哪些，分别写在纸上。 4. 各个成员就刚才写下的内容与其他成员进行分享。 5. 其他成员对发言者提出的问题和困惑给予反馈和建议。	50	纸、笔
三、活动分享与反馈	1. 成员分享自己在这次活动中所学到的技巧和感受。 2. 领导者对各个成员的分享内容进行总结。	20	
四、结束、总结第五次活动	1. 成员分享对这次整个活动的感受。 2. 领导者总结成员在这次活动中的表现。 3. 布置家庭作业：总结自己在这个小组中的收获和自己的成长。 4. 通知成员下次活动的时间和地点。	20	

第六单元：明天会更好。

活动目标：

首先，巩固成员在小组中所学到的技巧。

其次，帮助成员树立未来生活的信心。

最后，帮助成员顺利结束小组活动。

活动地点：要求不变。

活动时间：2012年2月12日下午3点。

本单元活动流程、活动内容、时间分配和所需材料，如表2—11所示。

表2—11　　　　第六单元：明天会更好

活动流程	活动内容	时间分配（分钟）	所需材料
一、暖身	1. 播放轻音乐。 2. 在音乐声中，让成员自由地走动，走动的同时深呼吸，放松自己。	20	笔记本电脑
二、明天会更好	1. 播放歌曲《明天会更好》，大家可以一起轻声哼唱。 2. 围成一圈，每个成员以这样的表达方式进行发言：我相信我的明天会更好，我会运用我的所学，积极乐观地应对生活、家庭带给我的压力，我会活得更好！	30	笔记本电脑
三、活动分享与反馈	1. 在音乐声中，成员轮流分享自己在这个小组中所获得的处理压力和克服困难的技巧，以及自己的改变，其他成员要给予积极的肯定和正向的反馈。 2. 成员一起回顾小组历程并总结，处理离别情绪。 3. 给每个成员发纸和笔，让他们自由地与其他成员交换联系方式。	40	笔记本电脑
四、小组结束	1. 领导者分享对小组的感受。 2. 成员之间互相祝福与道别。 3. 成员齐唱《明天会更好》。	20	

4. “亲亲一家人”社区活动

本次活动的对象是社区成员，特别是女性及其孩子。本次活动的内容以互动游戏、才艺表演、有奖问答、母子互动及真情告白采访等方式开展。

（1）活动介绍。

根据社会工作中的系统理论，人是处在环境中的，我们周围的环境对我们有着深刻的影响，同时我们也会影响着环境。我们可以借助丧偶妇女所处的社区环境，通过丧偶妇女和社区成员之间的良好互动和交流，建立一个具有支持性、成长性的环境，给予丧偶妇女情感、物质方面的支持，帮助她们更好的缓解自己生活、家庭上的压力。

（2）活动目标。

首先，塑造一个支持性的社区环境，给予丧偶妇女情感上的支持和认同。

其次，通过社区成员向丧偶提供一些力所能及的帮扶，帮助丧偶妇女缓解部分压力。

再者，加强社区成员与丧偶妇女的沟通互动，帮助丧偶妇女培养良好的心态和积极的态度。

最后，增加丧偶妇女与家庭成员及社区成员之间的互动和交流。

（3）活动方案。

活动的具体内容如表 2—12 所示。

表 2—12　“亲亲一家人”社区活动的具体内容

环节	内容	所需物资（物品）
领导讲话	邀请社区、街道领导讲话。	话筒
互动游戏——击鼓传花	舞台上下互动，击鼓时接到花的居民要上台介绍自己和自己的家人。	话筒、小鼓、塑料小红花
社区妇女 T 台秀	由社区妇女表演 T 台秀。	音乐、服装、道具
有奖问答	关于缓解压力技巧的知识问答。	题卡、小奖品
志愿者合唱	由志愿者合唱《阳光总在风雨后》。	音乐
社区工作人员诗歌朗诵	朗诵内容为鼓励社区居民共建美好社区的内容。	音乐
母子互动活动	1. 母子一起学习制作手工玫瑰花，孩子在妈妈的协助下完成手工作品并送给妈妈。 2. 评出玫瑰花制作得最好的孩子，颁发给他小奖品。	纸、剪刀、双面胶、卡纸、订书机、小奖品
有奖问答	有奖问答的问题与女性权益、社区服务、亲子关系等有关。	题目若干、小奖品
妇女团体舞蹈	由丧偶妇女居民组成，表演集体舞蹈。	音乐、服装
真情告白	现场采访：孩子对妈妈说一句赞美的话。	音响设备
康乃馨发放	发放康乃馨给社区妇女。	康乃馨
填写反馈表	随即抽取参与居民填写活动反馈表。	反馈表、笔若干

（4）活动实施（见表2—13）。

表2—13　　“亲亲一家人”社区活动实施阶段

阶段	具体内容
前期阶段 （2012年3月15日—2012年3月20日）	1. 联系活动场地。 2. 撰写及修改活动方案。 3. 活动前筹备会。
节目筹备 （2012年3月20日—2012年4月7日）	1. 社区妇女T台表演演员招募，联系专业教师及进行节目排练。 2. 志愿者合唱排练。 3. 诗歌朗诵表演筹备、排练。 4. 所有节目彩排。 5. 准备有奖问答的题目。
活动宣传 （2012年3月25日—2012年4月4日）	1. 中心来访、电话宣传、手工制作报名。 2. 制作资源册、横幅、宣传单等，进行外展宣传。
物资筹备、人员安排 （2012年4月4日—2012年4月6日）	1. 购买及借用活动物品。 2. 制作签到表、反馈表、题卡等。 3. 联系志愿者、化妆师。 4. 社工及志愿者在活动前举行统筹会议。
活动开展 （2012年4月7日）	节目表演区、签到台1个、咨询台1个。
总结评估 （2012年4月8日）	1. 评估活动效果。 2. 总结经验及反思不足。

四　项目评估

本项目的评估方式包括预评估和过程与结果评估。预评估主要是内部评估，由参加项目的工作人员对潜在的服务对象进行评估，主要采用的是问卷调查、观察法、访谈法和查阅文献法等；过程与结果评估由内部评估和外部评估相结合，主要采用问卷调查、访谈法。

1. 预评估

（1）通过观察法、访问法，了解丧偶妇女的生活和工作现状、困难和需求（包括配偶去世原因及去世时间、经济收入、家庭结构、工作状况、心理需求和困惑等）。

(2) 运用家庭结构图、社会生态系统图和社会网络分析法来帮助了解丧偶妇女的生活经历、生活环境以及与周围环境的互动状况，从系统中找出有利和不利的因素。

2. 过程与结果评估

(1) 在个案工作中仔细收集案主的语言及非语言信息，评估案主的需求，甄别案主的困难和问题。

(2) 在小组和社区工作中观察活动的气氛。

(3) 在每一阶段，例如每次小组活动后进行总结，与案主倾谈，了解他们对小组的感受和意见。

(4) 通过问卷调查的形式了解参与活动的丧偶妇女和其他社区居民的反响。

(5) 志愿者进行自我评估。

(6) 利用目标核对表评估目标达成情况。在工作介入过程中和介入结束时采用一些标准来衡量介入后的行为，记录下它们，将介入前后的行为进行对比，讨论这些变化对服务对象的意义是什么。

五 预期效果

本项目的预期效果主要包括以下方面。

(1) 通过多元化服务协助丧偶妇女缓解压力、抒发情感、表达诉求、分享经验、接受安抚，使其树立自立、自强、自尊、自爱的生活态度，并为其创建社会支持网络；

(2) 为丧偶妇女建立起缓解压力、克服困难的渠道；

(3) 协助丧偶妇女管理情绪，使其加强自我认识和成长、增强自信；

(4) 协助丧偶妇女与家人建立起良好的互动关系；

(5) 加强丧偶妇女这个群体之间的联系，扩大她们的人际交往范围，建立自助团体，构筑起社会支持网络；

(6) 提高丧偶妇女的社会适应能力，协助其获取必要的资源。

参考文献

[1] 蔡立．妇女社会工作实务．北京：社会科学文献出版社，2009.

[2] 卓惠萍．多重社会排斥：农村离异和丧偶妇女的不堪承受之重——对豫北某县农村离异和丧偶妇女的调查研究．武汉：华中师范大学政治学研究院，2006.

[3] 张银．城市贫困女性社会工作的本土化实践探索——基于优势视角的分析取向．中华女子学院山东分院学报，2008（5）．

[4] 贺燕．单亲家庭社会工作介入案例分析．社会工作下半月（理论），2009（4）．

（案例来源：南京师范大学社会发展学院王森、李梓伊、陈晏。）

三 欢乐主妇俱乐部

一 项目背景

(一) 项目背景

1. 中年空巢时代的到来

随着中国第一、第二代独生子女走出家庭，以往在老年人群体中存在的空巢现象，正逐渐呈现“中年化”趋势，有关专家很形象地将其称为中年空巢现象。据有关专家预测，在近十年的时间里，空巢将会成为老年甚至中年家庭的主要形式，空巢家庭将占到80%的比例。与之前的老年空巢相比，中年空巢显示出更多的主动性，对于自己唯一的孩子，家长总是希望其能够拥有更加美好的未来，也积极地鼓励其走出家门去求学或是工作。但是，整体的家庭氛围还是比较难以改变。中年空巢家庭的逐年增多使得社会将更大的关注度投到这一特殊形式的家庭。研究表明，像老年空巢家庭一样，中年空巢家庭也面临着诸多问题，如夫妻关系、中年人的孤独与寂寞等问题层出不穷。尤其是作为传统家庭中孩子主要教养者的母亲，在孩子离开家庭之后各种问题会表现得更为明显和严重。

2. 50 岁的诸多问题

50 岁上下对于女性来说是一个比较特殊的年龄段，这个年龄段的女性在心理和生理上都必须面对一些新的变化，同时也要承受相关的生活压力。我国法律规定，女职工需在 50 岁或是 55 岁时离开工作岗位，而男性退休的时间则是 60 岁，但是这一阶段的中年女性大多还有较强的劳动能力，生命力还处于较为旺盛的阶段。随着退休生活的开始，人际交往减少了，空余时间增多了，加上与丈夫的生活节奏不同步，使得这一阶段的很多女性都面临着婚姻与家庭问题。同时，我国城市妇女平均绝经年龄 49.5

岁，农村妇女为47.5岁，生理方面的这一重大变化也可能对这一阶段女性的生活造成极大影响。身体衰老的加快也使得这一阶段的女性容易出现各种健康问题。

当女性同时面对空巢与退休等各种新的情况之时，她们难免会出现各种各样的适应问题。本身就处于相对弱势地位的她们在这种情况之下显得更加弱势。同时，她们的这些问题不仅仅是她们的个人问题，对这些问题的解决将直接关系到家庭甚至社会的稳定。这决定了我们必须正视和重视这些问题，积极地为其提供相应的帮助，帮助其更好地解决生活中的各种适应问题。也正是在这样的背景之间，我们设计了本项目的服务方案。

（二）方案目的

本项目的主要目的是，将社会工作的工作方法和理念运用到社区工作中，帮助面对诸多问题的中年空巢女性摆脱其在50岁的人生转折期所面临的困境。同时本项目也希望通过社会工作的介入，激发服务对象的潜能，使其能够得到能力和自我认同感的提升，从而实现服务对象的自助。

（三）理论基础

1. 社会性别理论

社会性别理论认为传统造成了至今家庭中依旧沿袭的“男主外，女主内”的家庭分工。在这种家庭分工的影响之下，女性更多地承担着与家庭和孩子有关的事务。同时女性母亲形象的确立，又在一定程度上造成了社会对女性应当为家庭及孩子做牺牲的刻板印象。正是在这样的社会认知的影响下，女性自身权益往往被忽视。也正是在这样的社会分工下，当家庭处于空巢状态时，女性往往在生理及心理等方面面临着更多的问题。

2. 增能理论

增能是个人在与他人和环境的积极互动过程中，获得更大的对生活空间的掌控能力和自信心，以及通过促进对环境资源和机会的运用，进一步帮助个人获得更多能力的过程。增能理论的基本假设认为由于社会环境中存在着直接和间接的障碍，人无法发挥自己的能力，但是这种障碍是可以改变的。同时每个人都不缺少能力，个人的能力是可以通过社会互动不断增加的。服务对象是有能力、有价值的。服务对象的能力不是助人者给予的。社会工作者的作用在于通过共同的活动帮助服务对象去除环境的压制和他们的无力感，使他们获得能力，并能正常发挥他们的社会功能。本项目的设计就是基于增能理论的基本假设，通过项目活动的开展激发服务对象内在的潜能。

（四）工作理念

助人自助是社会工作者的第一面旗帜（王思斌语）。本项目在设计以及开展过程中都秉承着这一工作理念。本项目的设计主要依托社区自助组织，通过参与式方法，激发服务对象自身的潜能，提升其内在的能力，从而达到助人自助的目的。同时，本项目也希望通过助人自助服务，更好地实现项目的可持续性。

二 项目目标

（一）总目标

本项目的总目标为帮助面临多重问题的中年空巢女性，解决其这一转折阶段中的多重问题，使其顺利实现生活的正常过渡，同时在这一过程中激发服务对象的潜能，从而实现助人自助的工作目标。

（二）分阶段目标

第一阶段的主要目标是对社区现有的志愿者组织、妇女之家组织等相关资源进行整合，选取社区中的居民骨干成立“欢乐主妇俱乐部”。同时在社区中进行宣传，吸引社区中空巢女性对俱乐部的关注。

第二阶段的主要目标是社会工作者联合俱乐部骨干共同设计、组织活动，并在活动开展过程中对俱乐部骨干进行相关的指导和培训，以实现其能力的提升。

第三阶段的主要目标是在社会工作者及俱乐部骨干的带动下解决社区中空巢女性的具体问题，并引导其参与活动的组织和策划，真正实现助人自助，实现项目的可持续性。

三 需要分析

(一) 中年空巢女性心理问题

由于孩子的离开，家庭中以孩子为生活中心的母亲，在生活中容易陷入孤独寂寞甚至焦虑等负面情绪中。这一阶段的女性往往面临着空巢和更年期的双重压力。孩子的离开和对自己生理上衰老的认识都在其精神上造成了很大的压力，使得这一阶段的女性出现心理问题。

(二) 中年空巢女性的生理问题

中年空巢女性很多都处于绝经期和更年期。在这一阶段，女性的生理会发生很多的变化，女性卵巢功能逐渐衰退，垂体功能亢进，分泌过多的促性腺激素，引起植物神经功能紊乱，从而出现一系列程度不同的症状，诸如面色潮红、出汗、心悸、眩晕以及激动、忧虑、失眠、抑郁等生理和精神上的不适现象，在医学上被统称为更年期综合征。同时社会上关于女性更年期的刻板印象，诸如这一年龄段的女性易怒、记忆力减退、工作能力下降等，反过来影响了更年期女性对自己的预期，增加了她们的心理、精神压力，加重了生理症状。这是这一阶段女性较容易出现生理问题的原因。

(三) 中年空巢女性的家庭关系

1. 亲子关系

当孩子走出家门之后，母亲陷入孤独和寂寞的情绪困扰中时，她往往会通过电话等方式与孩子取得更多的联系。在部分情况下，这种交流电话很可能会发展成为“盯梢”电话。母亲出于对孩子的思念和担心，通过不断地打电话来了解孩子的各种情况。但是这样的行为无形中会对孩子造成困扰，引起孩子反感，并容易导致亲子关系的紧张和恶化。

2. 婚姻关系

以往家庭中，夫妇关系不是全部的家庭关系。随着家庭进入空巢期，夫妻双方的婚姻关系也相应地进入空巢期阶段。此时的空巢期婚姻作为婚姻关系的独立发展阶段，对婚姻关系有着非常重要的影响，也有人将家庭的空巢期称为第二个新婚期。然而，在这种中年空巢家庭中，只剩下夫妻两人，他们是彼此互动的对象，夫妻关系对于夫妻二人的意义与以前不同。若两人之间产生摩擦，由于没有子女在中间发挥缓冲作用，那么摩擦演变成冲突的可能性会增大。虽然空巢家庭中只剩下夫妻两人，但如果两人缺少了对婚姻的激情与新鲜感，这第二个新婚期则不能给人以与新婚期同样的预期，甚至会出现婚姻关系的恶化。因此这里需要对空巢女性进行婚姻关系的分析。

（四）中年空巢女性的社会关系变化

除空巢的压力之外，这一阶段的部分女性还处于将退休和退休阶段，她们的社会关系网也将发生较大的变化。退休使得她们在生活中有了更多的闲暇时间，也让她们的生活空间及人际交往受到一定程度的限制。人在环境中，环境的变化会对人造成很大的影响，而人际交往和互动网络属于影响人们社会环境的重要方面，因此这里还需要对空巢女性的社会关系变化进行一定的分析。

四 方案计划

（一）服务对象

服务对象需满足以下条件：年满50周岁及以上，属于空巢女性，已近或是近期即将退休。

（二）参与人员

参与人员包括居委会成员及社区全部有服务需求的中年空巢妇女。

（三）实施人员

实施人员包括高校社工督导2人、高校社工系学生5人左右、居委会成员2人，及社区居民骨干若干。

（四）进度安排

首先以项目执行人为主体，在社区中建立一个名为“欢乐主妇俱乐部”的社区组织（这一组织可以与社区中现已存在的相关组织，例如妇女之家、志愿者服务组织相结合）。以此为依托在社区中综合运用社区、小组和个案的工作方法举办一系列活动，从而帮助服务对象解决其相关问题。在此基础上，培养和锻炼服务对象的自我管理和救助的意识，进而使其独立地解决自己生活中存在的相关问题。

欢乐主妇俱乐部主要有以下几个部门：部长、副部、组宣部、档案部、财务部、咨询部。各部主要负责人各一名，其中副部为两名，一位可以由社工担任，另一位建议由社区中较有威望的人担任。

俱乐部各部门职能如下——部长统筹管理俱乐部所有事宜；副部协助部长管理部门事宜；组宣部负责活动的策划和宣传，管理和安排活动人员及志愿者；档案部负责以个案管理的形式收集服务对象的各种信息和活动的记录；财务部负责财务管理和活动用品的采购；咨询部负责个案辅导工作的进行和日常的服务对象的咨询工作。在项目开展过程中根据实际情况结合活动开展对俱乐部骨干进行参与式培训。

项目首期持续一年时间，具体的时间安排如下。

1. 准备阶段（两到三周）

（1）初步圈定服务试点社区。联系机构服务情况，并查阅相关文献，初步划定服务实施的几个候选社区。

（2）开展“社区行”活动。在圈定的几个社区中进行社区行，实际了解各社区的基本情况，选定一个社区作为本项目的实施试点。继而在确定的社区中再次进行社区行，以进一步了解社区中存在的问题、解决问题可以凭借的相关资源，同时与社区居委会及社区居民建立一定的关系。

（3）确定服务对象。在服务对象的确定过程中可以采取以下两种方式。

第一，公开在社区中招募，通过海报、广播等宣传途径招募愿意参加的服务对象，并进行进一步的筛选。

第二，在了解社区相关情况的基础上由社工主动在社区中挑选服务对象，在征得当事人同意的基础上让其参与到活动中来。

2. 实施阶段

具体的项目设计方案分为“健康篇”和“情感篇”两大板块，活动举办过程中将两种性质的活动交叉进行，以更好地达到本项目的目的。

在“健康篇”中，主要活动包括：免费体检（一次）、健康讲座及沙龙交流（每月一次，共十次）、外出郊游（每两周一次）、晨练及晚练活动等。在“情感篇”中，主要活动包括：欢乐主妇成长小组（预计举办2到3期）、欢乐主妇公益行（每周一次）、欢乐主妇个案辅导等。在项目即将结束的时候，初步拟定举办一项大型的“星妈评比大赛”活动。具体活动安排及活动频率可结合实际情况进行适当调整。

“健康篇”具体活动安排如下。

（1）健康体检。通过活动前期的调查，确定社区中空巢女性比较需要的体检项目，进而开展具体活动。健康体检作为整体活动的安排之一，主要是为了更好地在社区中宣传本次活动，提高活动的影响力，以吸引更多的人参与到活动中来。

（2）健康讲座及沙龙交流。每两周一次的健康讲座及沙龙交流主要目的在于提高服务对象的健康知识，同时沙龙活动的形式能将服务对象更好地纳入到活动中来，有利于激发其主动性。前期活动可以由社区组织并邀请相关的专家讲解，后期活动主要由服务对象作为“沙龙女主人”来进行。这一活动的开展希望为服务对象搭建一个相互交流的平台，促进彼此之间的互动和交流。活动可以围绕“中医养生”、“中年女性多发疾病及预防”等主题来进行。

（3）外出郊游。外出郊游活动每月一次，主要是为了让服务对象走出家门，在户外的新鲜空气中，感受自然的美好，从而减轻内心的孤独感，同时也达到锻炼身体和交流情感的目的。外出郊游不必去很远的地方，在社区附近即可。郊游的过程中，社工可以和参与者共同设计具有娱乐性质的小活动，每期都可以选定一个主题以丰富郊游活动的内容。

（4）晨练及晚练活动。在项目正式启动之后便可以在社区中宣传锻炼的好处，组织大家晨练和晚练。如果社区中此项活动已经开展得比较好了，那么社工可以参与进来，推动和促进这一活动的发展。

“情感篇”具体活动安排如下。

（1）欢乐主妇成长小组。本项活动主要针对服务对象因空巢而出现的亟待解决的情感问题。小组将在社区中半公开招募组员，同时引入志愿者。小组每期暂定为6次，具体的活动安排在小组过程中进行相应的调整。小组每次活动的时间在一小时左右，每组成员暂定8人。小组开展的期数根据服务对象人数而定。

小组的具体活动设计参考以下方面。

第一次：以“有缘相聚”为主题，订立小组公约，明确小组的性质与目的。

第二次：以“我是谁”为主题，通过“自画像”和“生命河”的形式更好地认识自己。

第三次：以“水晶球的秘密”主题，讲述生活中的“开心事”与“烦恼”，分享一个心中的秘密，加强成员之间的关系。

第四次：以“我的家”为主题，讲述自己在家中与丈夫和子女的交往形式及关系，最好以表演的形式展现出来。然后大家进行讨论和交流，启发组员正确处理自己与在家丈夫和离家孩子的关系。

第五次：以“我在哪里”为主题，讨论和交流自己对自己在家庭中的定位，可以考虑以人体雕塑的形式来展现。引导组员反观自己现在的行为，找准自己在家庭中的定位。

第六次：以“说再见”为主题，分享大家参加小组的感受与进步。向组员宣告小组结束，征求组员的意见，以他们比较认同的形式来结束小组活动。

(2) 欢乐主妇公益行。公益行主要是指到附近的儿童福利院和养老院进行公益活动。本项活动的设计主要考虑到服务对象情感寄托的需要及其自我价值实现的需要。我们希望通过这项公益活动丰富服务对象的生活，提高其生活质量和自我认同感，同时也为公益事业作出一定贡献。

(3) 欢乐主妇个案辅导。个案辅导主要是针对问题比较严重的服务对象，希望通过个案的方式为其提供更为深入的服务，以解决其生活中存在的问题。个案的选择采取主动求助和观察选择两种方式。

3. 结束阶段

在本项目的最后两个月中要告知服务对象项目即将结束。这一阶段，社工要开始处理离别情绪，并引导服务对象更多地进行自助服务，锻炼其独立自主的能力。同时，鼓励积极参与项目的服务对象及相关人员将这一活动进行下去，并为项目的持续进行做好准备工作。

在经过了一年时间的项目活动之后，社区中服务对象之间的熟悉度有很大的提升，服务对象的基本问题也得到了一定的解决，精神面貌有所改变。这里设计了一项“星妈评比大赛”作为本项目结束的活动，也在一定程度上对项目实施效果进行检验。

项目结束活动之“星妈评比大赛”主要由服务过程中表现突出的服务对象即欢乐主妇俱乐部的骨干人员来负责。以下是对这项活动开展的初步设想，具体实施需要相关组织者进一步讨论。参赛选手必须为本社区人员。参赛选手先通过自报名的方式在俱乐部报名登记，从而获得参赛资格。比赛分为淘汰赛和决赛，各位参赛选手可以以自己独特的方式来展示自己的魅力。大众评审和专家评审通过投票决定进入决赛的十名选手。之后进入下一轮展示，接着投票选出各位“星妈”。同时，参与和谐夫妻评比的人员也需通过展示或是演说，由大众评审进行投票。活动将评出“风采之星”、“自信之星”、“欢乐之星”、“参与之星”、“动人之星”，同时评出三对和谐夫妻（注：这里所设计的活动均为前期构想，具体活动的开展需结合社区实际情况并与服务对象商议之后确定）。

五　项目评估

（一）评估框架

1. 过程评估

过程评估包括对每项活动的评估及中期评估。由项目参与者对每项活动的过程及结果进行评估。同时在中期评估中，对项目进行阶段性评估，为后期的项目提供改进的基础。

2. 结果评估

结果评估主要指期终评估，即对整个项目的结果及产生影响进行评估。

（二）评估方式

1. 内部评估

由项目参与者对工作人员的能力、所举办的活动成果、整个项目的运作进行评估。

2. 外部评估

对外请相关专家对项目的结果及影响进行评估，并提出专业性建议。

（三）评估方法

1. 问卷调查

（1）在每项活动开展的前后发放问卷，以了解和评估活动是否达到了预期目的。

（2）在项目开始及结束时分别展开问卷调查以进行项目效果评估。

2. 访谈法

（1）对项目参与人员进行访谈。

（2）对项目服务人员进行访谈。

（3）召开项目效果座谈会，进行集中讨论。

六 预期效果

本项目的预期效果可以分为以下几个方面。

（1）帮助面临退休、空巢及更年期三大困境的中年妇女，解决其部分家庭和社会适应问题，使她们的生活过得更加充实。

（2）帮助服务对象形成关于自我定位和自我价值的更为明确且深刻的认识，使其更加有信心地面对这一阶段的中年危机。

（3）培养服务对象自我觉察和自我救助的意识，使其积极主动地面对生活中的变化，并积极地寻求相关资源来改善自己的生活。

（4）在一定程度上改善社区整体的环境和氛围，改善社区居民尤其是服务对象之间的沟通与交流，促进社区整体和谐与发展。

参考文献

[1] 祝建辉，傅彩燕．“中年空巢”是社区管理中的一个新问题．社区，2011 (7).

[2] 张晓翔．农村中年空巢家庭妇女的社会支持网络研究．中华女子学院学报，2005 (12).

[3] 陈中林，吴伟东．社会工作评估一般架构．重庆社会工作职业学院学报，2005 (6).

[4] 余超，阳雪．新空巢家庭情感支持的状况研究——以四川省内江市为例．社会工作，2011 (8).

（案例来源：中华女子学院社会工作系杨珊珊。）

独居老年女性的社区照顾项目

一 项目背景

毫无疑问，中国是世界上老年人口数量最多的国家。2010年第六次全国人口普查数据显示：我国内地60岁以上的老年人口已达1.776 487 05亿，占总人口的比重达13.26%，与2000年第五次全国人口普查相比，上升了2.93个百分点。其中，江苏省65岁及以上人口为8 567 807人，占江苏省常住人口的10.89%，与第五次全国人口普查相比上升了2.13个百分点。江苏省的人口老龄化和全国情况一样，具有老年人口规模大、老龄化发展迅速、地区发展欠平衡、女性老年人口数量多于男性、老龄化超前于现代化等特征。显然人口老龄化已然成为江苏省人口一大特征，日益严峻的养老问题在本省的居民生活、经济发展、社会稳定等方面向我们提出了一系列考验。

结合中央政府在指导老龄工作时提到的"优先发展社会养老服务"的要求和"老有所养、老有所医、老有所教、老有所学、老有所为、老有所乐"这一目标，江苏省切实加大了老年服务工作的推进力度，出台了一系列扶持老龄事业发展的政策措施，并积极开展形式多样的敬老助老活动，初步形成了具有江苏特色的养老新格局。

目前社会并存的多种养老模式，多少都存在缺陷和漏洞，有的养老模式应随着现实需要改革或转型，有的甚至应被淘汰。

(一) 主要养老模式

1. 机构养老

机构养老是指以专业化、制度化和集中管理的方式在养老院、福利院等特别设置的院所，为老弱病残和孤寡人员提供生活上、身体上和精神上的照顾与治疗的福利服务模式。

以机构养老的方式解决因工业社会的发展造成的人际关系疏离、社区解组、社会流动频繁、核心家庭取代扩展家庭等系列社会变迁带来的社会问题，对缓和社会矛盾，稳定社会秩序，帮助失去生活来源或家庭支持的老弱病残孤寡人员摆脱生活困境起着重要的作用。

机构养老需要巨大的资金支持，这一点随着社会人口老龄化的加快、社会经济结构的变化变成政府财政和人民生活的巨大经济负担。而且，机构养老完全依靠工作人员的服务，使得受照顾者在经过长期的照顾之后，变得过分地依赖工作人员而丧失了自立意识和自主性。这将给老年人带来严重的不安全感和失落感。

2. 家庭养老

家庭养老（也称家庭照顾）是指养老的物质需要和生活照料由家庭成员提供的一种养老模式。家庭养老是中国传统的养老方式，这种养老方式能使面广量大的老龄问题在家庭中得到解决，减轻了政府和社会的负担。而且老年人的特殊需求容易得到满足，子女与老人长期相处，对老年人不同层次的特殊需求比较了解，有利于对老年人的生活料理。此外，老年人的感情得到慰藉，生活上有安全感。家庭成员基于血缘关系，思想情感易于沟通，几代人生活在一起，享受天伦之乐，老年人精神上有所寄托，无孤独感。

然而，随着计划生育政策的有效执行和经济的快速发展，社会急剧转型，家庭结构出现了高龄化、小型化趋势，家庭养老功能减弱，家庭养老已无法单独应对老龄社会的挑战。

3. 居家养老

居家养老是指老年人在家中居住，但由社会提供养老服务的一种养老模式。居家养老以家庭养老为基础，旨在提供家庭养老中经济保障以外的其他大部分服务，可提高服务效率，增加老年人的福利水平。居家养老是家庭养老和社会养老的有机结合。其基本内容是：劳务养老由社会承担，精神生活养老由家庭承担，物质方面养老由国家、集体和个人共同承担。

居家养老作为家庭养老和社会养老的有机结合，综合了这两种养老模式的优点，并有效弥补了它们各自在制度和实施上的缺陷。本项目拟将居家养老与社区工作结合，采用社区照顾模式，充分利用社区中的各方资源如家人、亲戚、朋友、邻居、志愿者、社区、企业等组成非正式网络，协同各种正式的社会服务机构，在社区内对老年群体提供养老服务。

（二）工作理念

将社区照顾模式与居家养老模式结合，基于下面三个基本工作理念。

（1）让服务对象生活在自己的原环境——自己的家或社区类似家的环境中，区别于机构与院舍化的环境，服务对象可以尽可能地过上正常的生活，实现社会工作助人自助的价值信念。由社区提供适当的照顾与支持，使个人生活获得高度的独立自主性，并发挥最大的潜能，有利于保持个人能力和身心健康。

（2）社区照顾模式提供给服务对象的服务是个性化、人性化、以人为本的，充分考虑到了老年人的独特需求。在老年服务方面，机构化的群居生活固然能为老年人提供一个同辈群体的环境，但千篇一律的服务却丧失了人文主义的关怀，社区照顾模式对每一个有需要的个案进行个性评估，制定照顾计划，为不同的服务对象提供不同的服务。

（3）充分利用社区各方力量支持对社区居民的照顾与服务。相关社会研究发现，家庭与社区蕴含着丰富的支持与照顾的非正式资源。社区照顾模式可以将社区内松散的资源整合起来并有效利用，实现正式服务系统和非正式照顾系统的互补。

（三）理论支持

1. 从社区照顾角度出发

基本理念：家人、亲戚、朋友、邻居、志愿者和社区领袖等组成的非正式网络，协同各种正式的社会服务机构，在社区内对需要照顾的人提供服务的过程，使失能者在日常生活的环境里恢复或维持其担当一定社会角色的能力，从而回到正常社会，实现社会工作以人为本和助人自助的价值信念，促进人的协调发展。

2. 从社会性别视角出发

社会性别是指由社会形成的男性或女性的群体特征、角色、活动及责任，是社会对两性及两性关系的期待、要求和评价。从社会性别角色分工来看，照顾家庭和照顾别人常常被视为女性的责任，而女性也常常自觉或不自觉地接受这种观念。这种状况和观念使老年妇女缺乏寻求照料的主动性和意识。在老年群体中，老年妇女的经济保障水平更低，也更不稳定；老年妇女健康水平低，医疗费压力较大；老年妇女孤独感强，社会参与意识较弱；老年妇女合法权益更易受到侵害。构建社会性别视角是独居老年妇女社会支持干预性政策体系的核心。用社会性别视角研究我国的老龄问题，从独居老年女性的现状和需求出发，科学地制定和构建一系列适合我国国情的老年妇女社会支持干预性政策和实施体系，既是应对人口老龄化所带来的机遇和挑战的重要举措，也是体现以人为本发展观的具体实践。

3. 从文化视角出发

每个地区的每个群体都有其特定的文化，在做服务方案时，应从江苏省的文化底蕴出发，增加项目的文化理解力，因此对于有些服务方式，必须考虑地域文化，应充分考虑江苏省独居老年女性在特定文化下的具体需求。

本项目提出的老年服务方式是指以社区照顾理论为基础，运用社区照顾的专业技巧与服务方式，采用资源调动、社区联络、社区教育、社区照顾训练、支持服务等方法开展社区养老服务。

二 项目目标

（一）总目标

本项目的服务方式立足于江苏省的省情，以社工价值理论和专业理论为基础，运用专业的方法来实施，以期建立适合该地区的独居老年女性的社区照顾模式，最终实现“老有所养、老有所医、老有所教、老有所学、老有所为、老有所乐”的工作目标，努力改善独居老年女性的生活质量，维护独居老年女性的合法权益，促进老龄事业的健康发展，并在此基础上创新妇联的工作，提高妇联服务独居老年女性这一特殊人群的能力，从而推动妇联组织的专业化与职业化建设，提高妇联作为政府联系基层的纽带和桥梁作用。

（二）分目标

（1）建立适合该地区独居老年女性的社区照顾模式，使老年人的家庭照顾社会化，减轻机构养老的负担，使独居老年女性可以得到很好的精神慰藉、经济供给、生活照料。

（2）挖掘社区的各种人力资源，建立社区支持网络，使社区资源得到充分有效利用，形成社区居民的良好互助关系和合作意识，为社区养老模式奠定基础。

（3）为老年人开展丰富多彩的活动，让老年人的晚年生活实现老有所乐、互助互慰，在集体活动和同伴群体中建立归属感，提高独居老年女性的生活质量。

（4）通过各种宣传活动在社区中营造相互帮助、敬老爱老的公益环境，有助于提高整个社区的文化氛围和人文关怀，有助于维护独居老年女性的合法权益。

（5）最终达到创新妇联的工作，提升基层妇联工作人员的专业技能，推动妇联组织的专业化与职业化建设的目标。

三 需要分析

（一）身体健康层面

（1）女性在晚年时期大多身体较虚弱，健康水平较低，因此需要更多的悉心看护和照料。老年女性患慢性病的比例较高，在这里需要特别指出的是这些慢性病具有使其残疾和影响其自理能力的危险，独居老年女性的健康状况因其独自居住而更需要得到关注。

（2）部分老年女性还是老年病的易感群体。研究表明，女性比男性有更高的抑郁比率。独居老年女性群体也属于易感群体之一，孤独感很可能会造成独居老年女性的抑郁病发。

（3）对于社区内提供的义诊及健康知识讲座，老年人希望增加实操性的内容。老年人不仅去听讲座，还可以去实践，比如养生操、手指操。

（二）日常生活照料层面

1. 日常生活照料问题

日常生活照料问题主要包括请保姆看护、定时送饭、陪同看病、帮助购物等。此外，购物方面还存在一定的不便，社区现有的超市不能满足居民的需求，主要是货物不全，价格较贵。

2. 寻医看病困难

社区卫生服务站的服务尚未健全，服务体制还不够完善。往往存在应急设施缺乏，社区的卫生服务站数量较少等问题。对独居老年女性来说，外出就医，出行不方便，需要麻烦子女。

（三）心理层面

1. 情感需要

根据埃里克森人格发展八阶段理论，我们可以看出老年人处于自我调整对绝望感的心理冲突阶段。独居老年女性的身体机能逐渐老化，子女又不在身边，尽管子女会定期回家看望她们，但是她们由于生理上的不便，常常没有人陪伴聊天。而且由于独居老年女性身边缺乏子女照顾，她们比普通的老年人更容易遇到困难，产生孤独感，这样有可能出现抑郁、行为能力降低、记忆力和判断力衰退，甚至会诱发老年痴呆、老年性抑郁症等老年性精神疾病或心理疾病，因此更需要情感上的关怀。

2. 家庭关系和睦需要

家庭环境对独居老年女性的心理会产生重要的影响。这里的家庭环境包括家庭结构、家庭经济状况、家庭成员的人际关系等方面。老年人由于接受新鲜事物的能力较弱，与子女及孙子女存在代沟，经常感到无话可说，找不到倾诉的对象。

3. 自我价值肯定与被尊重关怀的需要

随着老年人社会角色的转变及身体机能的下降，独居老年女性可能会感觉自己无用，没有年轻人愿意倾听她们的过去，也不会找她们求助，因此独居老年女性的自我价值感较低，缺乏尊重和关怀。因此在接触或照顾独居老年女性时，首先要尊重她们，耐心听取她们的意见，积极想办法解决她们的问题。在尊重她们的基础上，还要关怀她们的生活，比如：经常与她们交流，了解她们的需要，从而消除她们的失落感和孤独感，使她们充分感受到家庭和社会的温暖。

（四）社会层面

1. 社会经济保障的需要

老年人口的性别比例处于男少女多的状态，尤其高龄老年人口的性别比例极不平衡，成为老年人相对其他年龄组在性别构成上最为突出的特点，这也使得老年女性人口在社会经济保障方面比老年男性人口有更多的问题，需要更多的扶持和帮助。独居老年女性的收入低且收入来源相对较少，生活质量相对较差，因此其社会经济保障的需要更值得关注。

2. 社会交往的需要

由于自身和外界的种种因素，独居老年女性一般对各种社交活动不感兴趣。以往调查表明，大部分的老年人其实都有社会交往的需要，他们期待与其他的老年人交往互动。但从现实情况来看，独居老年女性的文化娱乐活动较为缺乏，仅限于在社区里与邻居聊聊天，与邻里的沟通较少或交流层次较浅，缺乏固定的有效的社交支持网络。因此应该尽量鼓励其进行社交活动，以期使她们获得发展与成功老化。

3. 参与社区活动的需要

由于社区活动针对的都是低中年龄层次的老年人，而部分独居老年女性往往自我认同感和价值感较低，出于自身身体和心理等原因不愿意参加社区活动，此外也很少有适合中高龄层次独居老年女性的社区活动。

由上可知，独居老年女性的各方面需要都较为强烈，值得整个社会的重视。但同时我们也不能忽视独居老年女性参与本项目方案时所具有的优势。独居老年女性处于相对自由的生活环境中，时间不会被家庭琐事占据。个人拥有的闲暇时间较多，因此能充分地参与到本项目中，并从中获得收益和自身更好的发展。

四 方案计划

（一）方案框架

从实施主体和独居老年女性的需要两方面考虑，初步拟定一些服务方式和活动，如图2—6所示。

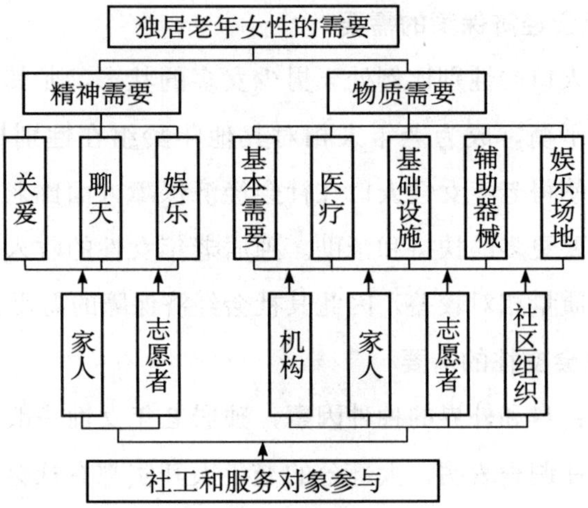

图2—6 方案的框架图

（二）服务对象

社区内年龄超过65岁、有子女的独居老年女性40名。

（三）参与人员

（1）社区内年龄超过65岁、有子女的独居老年女性40名。

（2）专业社工2名。

（3）所在社区的妇女主任1名。

（4）妇女骨干、社区志愿者、独居老年女性的邻居。

（5）一家定期为独居老年女性义诊的医院。

（6）项目培训专家1人、项目督导2名。

（四）实施主体

从框架图可以看出，服务方案大体从需要出发，动用社区内的正式与非正式资源，以家人、社区组织、志愿者、机构、社工为实施主体，去关爱独居老年女性，满足独居老年女性的精神需要和物质需要。需要指出的是，在整个方案实施过程中，社工作为专业人士，运用其专业理论、方法、技巧推动整个方案的实施，而服务对象即独居老年女性则是实施过程中最重要的参与者。

（五）具体活动实施情况

本方案选取了较有代表性的活动和服务方式，老年妇女的需要能否得到较好的满足，不仅是我们积极应对老龄问题的重要标尺，更是衡量我国整个社会协调发展的重要标志。希望本次服务方案可以使社区独居老年女性受益。

1. 老年人口信息建档

实施主体：专业社工 2 名、社区志愿者 10 名。

参与人员：独居老年女性。

此活动在本方案开始前进行，按照社工分队与辖区联系的基础，在某个时段内对社区 65 岁以上的独居老年女性进行探访，了解她们的基本状况及需要，并作分类和详尽记录。对于涉及政策资源的，及时向居委会和街道职能部门转介；对于需要特别照顾的，纳入具体的社工介入方案中。

2. 独居老年女性互助小组

实施主体：专业社工 2 名。

参与人员：独居老年女性，每组 8～10 人。

此活动主要是将独居老年女性组织起来，成立一个互助小组，定期进行聚会联欢，组员分享经验，讲述年轻时的故事，诉说心中苦闷。此活动旨在构筑一个聊天、学习、自强、独立互助互慰的心灵港湾，使独居老年女性在同辈群体中找到归属感。

3. 丰富多彩的活动

实施主体：社区组织工作人员若干名、专业社工 2 名。

参与人员：独居老年女性 40 名。

针对独居老年女性的需要、立足独居老年女性的优势开展活动，如：

开办手工坊，由她们制作的各种手工制品，被放到市场上出售，收益归她们所有，使她们老有所得；教她们各种老年舞蹈及各种适合的体育项目；举行微笑摄影展，主要收集她们的微笑，让她们熟悉自己、认识自己；定期举办联欢会等。

4. 独居老年女性个案工作

实施人员：专业社工 2 名。

参与人员：需要进行个案介入的独居老年女性若干名。

随着年龄增长，独居老年女性不仅生理机能降低，疾病增多，而且还会出现性格改变，心理障碍增多。如何掌握独居老年女性的心理特点，更好地与她们沟通，消除化解独居老年女性的不良情绪，使之身心健康，值得我们社会工作者的关注。心理学研究认为，老年女性尤其容易承认自己衰老，自叹年老不中用，在心理上易出现孤独、焦虑、自我意识不稳定、高度抑郁等。因此利用个案工作方法，与独居老年女性进行聊天和沟通，拉家常式的谈话会使她们慢慢消除孤独感和焦虑感，能够便于我们很好地了解其家庭背景、性格特点及存在的主要问题。独居老年女性个案工作除了要遵循一般个案工作的方法与原则外，还有其自身独特的原则和要求。这些原则和要求大致如下：从价值观上尊敬并接纳她们，建立相互信赖的关系；对她们要有耐心、多鼓励，让她们自我选择、自我决定；采取个别化的原则等。

5. 护理服务和义诊

实施人员：不同科类的医生 5 名、志愿者若干名、社工 2 名。

参与人员：社区全体独居老年女性。

老年女性在晚年阶段多发疾病，较男性的发病种类更多。老年女性患有慢性病的比例较高，需要特别关注的是，这些慢性病具有使其残疾和影响其自理能力的危险。而独居老年女性独自居住，这就更加需要我们关注其自身的健康状况。通过联系医院定期为独居老年女性进行义诊和提供护理服务，有助于了解独居老年女性的健康状况，也有助于独居老年女性在晚年生活中健康长寿，身心愉快。

（六）进度安排

项目首期为期一年，共分为五个阶段，主要进度安排如下。

1. 第一阶段：准备阶段

确定选题，收集资料，负责人拟定详细的研究计划，讨论确定课题的具体研究计划和日程表、成员的分工以及实施计划时的具体要求。

2. 第二阶段：社区老年人口信息建档阶段

通过社区居委会，了解社区内老年人口的情况；社会工作者、社区志愿者等项目实施主体走访每户住有老年人的家庭，询问老年人的家庭状况、身体状况、个人需要等，为独居老年女性建立信息档案并进行整理，发现社区老年人的普遍需要及独居老年女性的独特需要。

3. 第三阶段：服务方案实施阶段

链接资源，联系养老院、社区等。实施我们的服务方案计划，开展为期两个月的独居老年女性互助小组、个案咨询、手工坊、兴趣队、义诊等活动。

4. 第四阶段：中期评估阶段

召开项目组成员会议，评估调查资料的质量，总结中期项目进程中出现的困难和问题，并对老年互助小组进行中期评估。

5. 第五阶段：期终评估阶段

项目实施主体的自评；项目实施主体的互评；服务对象对服务提供者的评价；服务对象的小组交流会。

五 项目评估

评估方式主要分为过程评估和总结评估两部分。过程评估是指在服务提供过程的每个阶段都对服务的质量进行评估；而总结评估是在针对服务对象的所有服务均结束之后对服务对象的养老服务质量进行综合性效果评估。评估主要采用参与式评估方法，使用问卷、访谈、座谈会等方式，具体包括以下几个方面。

（1）使用问卷量表及定性问题对项目的效果进行评估。

（2）开展独居老年女性小组成员项目中期个案访谈（5～6 个），并结合独居老年女性的日记、周记等个人分析与总结，评估项目服务实施的效果以及她们生活的变化。

(3) 开展独居老年女性小组成员项目期终问卷调查（40份），调查对象根据自己的感受和变化对为自己提供服务的工作人员和志愿者进行打分，提出意见和建议。

(4) 社区工作者、社区志愿者、社区居委会、社区服务站举行项目中期座谈会、项目期终座谈会。

六 预期效果

项目预期效果主要包括以下五个方面。

(1) 将社会工作的小组、个案以及社区的工作方案与价值理念融入对独居老年女性的服务中去，为解决新时期的养老问题提供新的方法和理念，减轻家庭、社会的养老压力，为整个社会全面实现“六个老有”发挥重要的作用。

(2) 提高独居老年女性人群的生活质量，主要体现在其家庭生活质量、经济生活质量、闲暇生活质量以及提高独居老年女性人群的健康与保健状况及心理水平。

(3) 创新妇联的工作，为在妇女、老年人的工作方面提供翔实有效的经验，提高妇联服务独居老年女性这一特殊人群的能力，提升基层妇联工作人员的专业技能，推动妇联组织的专业化与职业化建设，提高妇联作为政府联系基层的纽带和桥梁作用。

参考文献

[1] 陈永生．对我国社区养老的可行性分析．北京城市学院学报，2008（6）．

[2] 郭婷．浅谈埃里克森的人格发展阶段理论．理论导报，2010（4）．

[3] 江苏省2010年第六次全国人口普查主要数据公报．[2011－04－30]．江苏省统计局官方网站．

[4] 景小力．我国社区式居家养老模式的探讨．经营管理者，2010（18）．

[5] 徐永祥．社区工作．北京：高等教育出版社，2004.

[6] 赵青．我国社区居家养老模式的现状及问题浅析．今日南国（中旬刊），2010（7）.

（案例来源：中华女子学院社会学系卢昊、林惠玲；社会工作系穆丽萍、李璟怡。）

家庭篇

社区探访快车

一 项目背景

近年来，长三角地区成为农民工最密集的区域，南京作为长三角地区的核心城市之一，经济发展迅猛、城市扩张极快，居住在城乡接合部的流动人口家庭数量逐步增多。流动儿童如何接受教育的问题越发突出。现有的流动儿童教育模式由于简单地模仿城市儿童教育模式，无法适应随时处于流动状态的流动儿童，更无法彻底改善其匮乏的家庭教育环境。同时，单一的书本教育也无法满足流动儿童在心理、社会认知等方面的需要。能否解决这些问题，能否让流动儿童得到有效的教育，关键是能否探索出适应流动儿童需要的社会服务模式，否则他们将成为城市发展中的新兴贫民。

南京市协作者社区发展中心（简称南京协作者）作为一家在建邺区民政局注册的民办非企业公益机构，针对社区居民尤其是社区内有需要的流动人口开展社会工作专业服务。为了解决流动儿童教育的问题，探索出了社区探访快车这一流动教育服务模式。

本项目以社区社会工作为服务手法与理论依据，以“团结协作、助人自助”为服务理念，针对南京城乡结合部的流动儿童及家庭，开展流动教育探访服务，以探访快车为载体承载由（音像）图书馆、参与式教学工具、教育宣传展板、健康器材等基本设备组成的流动教室，以及组织具有专业社会工作服务经验的工作员、城市青年知识分子志愿者和有着切身成长经历体验的打工青年志愿者，有计划地持续深入城乡接合部流动儿童聚集的家庭、社区、学校，开展家庭教育、儿童成长、就业、法律、健康等巡回流动教育探访服务活动。

二 项目基本信息

本项目由南京市协作者社区发展中心发起，项目实施周期为 2008 年

11月1日至2009年10月31日。项目在2008年成为由世界银行支持的第二届中国发展项目“中国最具创新性的100个扶贫项目”之一，得到了最高额的项目资金支持。项目实施过程有南京协作者全体工作人员的直接或间接参与。为有效落实项目的执行及检测，专门成立了三人组成的项目实施小组，由它负责项目的决策事宜；南京协作者负责人李真负责项目的督导，工作员卢金艳、王瑞海负责项目的具体执行。对志愿者的培育也是该项目突出的特点之一，来自政府、媒体、高校、服务对象群体的志愿者，自项目一开始就参与到项目具体活动的决策、执行及评估中。在项目期间，共247位志愿者参与了该项目的志愿服务活动。

项目负责人李真丰富的农民工社会工作服务经验与理论研究，保障了项目的顺利开展。李真自1996年开始参与农民工志愿服务活动，2005年在香港理工大学获社会工作硕士学位，拥有深厚的理论修养、丰富的实践经验。同时，李真多年从事农民工公益服务，曾在《中华儿女》杂志、《中国妇女报》等多家媒体担任记者、编辑等职，出版了《打工时代》、《工伤者》、《流动与融合》、《农民工流动在边缘》等著作。其导演的农民工戏剧《一个民工的美丽期待》、《一个民工的幸福生活》，不仅深得农民工喜爱，而且被中央电视台《焦点访谈》等多家媒体报道。卢金艳毕业于长沙民政学院社工系，多年从事农民工社会工作服务，助理社工师；王瑞海来自农民工群体，多年参与农民工社会工作服务，自学社会工作专业课程并取得助理社工师资格。

三 需要分析

南京协作者针对流动人口聚集的边缘社区开展了社区半结构访谈、与社区居民绘制社区资源图等方式了解社区需要，通过访谈、调查逐渐发现流动人口新的需要。

（一）流动家庭的需要

我们在服务贫困农民工的社会工作中发现，由于流动人口自身的流动性很大，城市固有的传统的静态教育服务手法无法完全覆盖他们。尽管农民工生活在城市，但并不能真正融入城市生活，处于信息社会的“孤岛”，相对封闭，难以与城市居民和主流知识分子建立相互间的基本沟通支持网络。受城市财政安排的制约，其所在的社区服务部门没有将其完全纳入服务范围，从而使农民工成为被城市与乡村同时剥离的贫困人群。传统社区服务无法覆盖流动群体，流动家庭需要新的服务模式。

（二）流动儿童的需要

当前针对流动儿童的教育服务基本是书本基础教育。然而，涵盖健康、心理、沟通等综合性的教育服务，能鼓励他们与城市人群交流，让他们感觉到来自成人社会和城市社会的关爱。

（三）流动人口及其子女成长的需要

在社会诸群体中，农民工更加渴望通过能力的提升进而改变自身命运。近年来非农化转移浪潮中开始出现一个新现象，即家庭式迁移，这些携家带口的农民工的需要已不再局限于就业、劳动保障层面，而是涉及公共卫生、劳动权益、社区关系、居住权、子女教育等社会生活的各个层面。由于年龄偏大加上受教育程度低，他们渴望获得自身能力尤其是自我教育能力和子女教育能力的提升机会，渴望建立良好的社区家庭教育环境。

（四）公民社会发展的需要

很多城市居民，尤其是青年大学生，从内心并不排斥外来人口，相反，许多人具有强烈的服务社会、贡献自我力量的激情和愿望。然而，由于缺少有效的组织平台和参与渠道，个人很难承受组织化的服务成本。很多青年志愿者只能凭热情去从事这项工作，比较松散，流于形式，难以与边缘人群直接接触，难以实现自己的社会实践理想。

四 项目实施过程

（一）服务方式

本项目采取以下服务方式。

1. 开展教育物资巡回传递服务

跟踪不断迁移的流动儿童及其家长，提供包括图书巡回借阅、音像读物巡回放映、基本健康检测、展开参与式教学游戏等服务。

2. 开展参与式教育活动

采用游戏、案例、故事分享、成长小组的形式，将卫生保健、同辈沟通、亲子关系、人生规划等传统教育很难覆盖的成长知识融入活动中，使孩子在社区游戏中得到启发和自我认知，并建立相互间的支持关系。

3. 开展流动家长培训服务

流动教室将配备家庭教育的相关资料，在专家和志愿者的引导下，定期开办社区流动家长课堂，讲授家庭教育、亲子教育以及普法教育等相关知识。

4. 开展流动教师培训服务

通过探访快车的现场演示，在教师中推广"角色扮演"、"参与式游戏"、"案例讲述"等传统教育模式中缺乏的教学手法，培育教师"尊重、接纳、认同、启迪"的社会工作教育理念。

5. 开展社区教育倡导活动

以探访快车为载体，进入城市居民与流动人口社区，开展宣传、咨询、交流活动，促进主流人群与流动人口之间的沟通理解。

（二）实施过程

1. 前期准备阶段（2008 年 11 月—2009 年 1 月）（如图 3－1）

（1）项目实施人员通过半结构访谈、参与式评估等专业手法，分析社区资源与需要，绘制社区资源图，确定社区探访服务点。

（2）组织社区儿童、家长、志愿者、学校老师通过小组活动方法开展项目交流会，共同完善服务计划。

（3）发放机构宣传单，宣传项目内容及服务咨询热线，鼓励社区居民的参与。并于 2008 年 12 月底，在 2009 年新年联谊会上正式对外公布项目信息，公开招募高校、城市志愿者。

（4）装配流动教室，采购流动教学车所需物资，培训项目执行人员熟练使用相关服务设施。

图 3—1 前期准备工作

左图，开展社区居民需要调查；右图，项目实施小组根据居民需要制订服务计划。

2. 服务试点阶段（2009 年 1 月—2009 年 3 月）

（1）针对招募的志愿者，以及参与服务活动的社区干部、流动人口骨干，通过小组参与式手法开展城市化发展、志愿者管理、社区发展、社会工作小组等专题培训活动。

（2）在 QH、JN 两个流动人口集中的社区开展图书借阅、社工兴趣小组、现场咨询与宣传等试服务，在服务的基础上，进一步完善服务手法。

3. 正式实施阶段（2009 年 3 月—2009 年 10 月）（如图 3—2）

（1）正式启动项目。

通过露天联谊的形式，在一所打工子弟学校开展项目启动仪式，并邀请政府、社区、媒体、志愿者、农民工代表参与。在流动人口社区正式挂牌成立新市民之家，建立稳定的社区探访点。

（2）开展教育物资巡回传递服务。

每周六进入探访社区，为流动儿童及其家长提供包括图书借阅、音像读物巡回放映、参与式教学游戏、学习辅导等服务；在流动儿童家庭中建立了由流动儿童及其家长轮流管理与维护的爱心图书角。

（3）开展参与式教育活动。

定期开展流动儿童摄影、文艺、运动兴趣小组活动，朋辈交流、感恩等成长小组活动。

（4）开展流动家长培训服务。

以探访快车为载体，配备家庭教育资料，组织家长开展家庭教育培训，在社会工作者的引导下，家长分享亲子教育、普法教育中的困惑与经验，促进家长提升自我教育与子女教育的能力，促进家长间的互助支持。

（5）开展流动教师培训服务。

针对流动人口社区内的学校教师开展参与式培训，将“角色扮演”、“参与式游戏”、“案例讲述”等传统教育模式中缺乏的教学手法在打工子弟教师中推广。

（6）开展社区教育倡导活动。

定期组织服务对象、志愿者走进南京高校（如三江学院）、南京文化场馆（如南京博物馆、总统府），在工地生活区、边缘社区开展露天电影分享、图书借阅、法律安全知识培训，丰富流动人口业余生活，促进社会主流人群与流动人口的沟通理解。

（7）开展流动儿童公益夏令营活动。

针对流动儿童暑期家长工作忙，无人照顾的情况，分别在三个社区开展了流动儿童公益夏令营活动，组织 20 名流动儿童前往北京，登长城、游古都，与北京流动儿童交流，丰富流动儿童业余生活，搭建流动儿童健康快乐的暑期成长平台。夏令营闭营时，组织北京行小营员走进江苏教育电视台《家春秋》栏目，与观众分享北京行感受，促进社会对流动人口的了解与关注。

4. 评估总结与推广阶段（2009 年 10 月）

（1）评估活动。

在项目后期邀请政府工作人员、社区干部、流动人口、志愿者开展社区交流评估活动，评估活动成效，总结项目服务经验；邀请项目方走进探访社区，实地了解服务成效及服务对象对项目的评价。

（2）总结活动。

根据评估活动的成果，以及项目日常积累的图片、文字等资料，撰写完成通俗易懂、便于推广的项目报告，整理日常积累的图片、影像资料，制作完成一部小型的项目纪录片。

图 3—2 正式实施阶段

左上图，项目启动仪式；右上图，探访社区的流动儿童及其家长；左中图，社区儿童在借阅图书；右中图，流动儿童在社工开展的游戏中成长；左下图，深入到流动儿童家庭开展家庭教育培训；右下图，流动儿童及其家长做客江苏教育电视台《家春秋》栏目。

（3）推广活动。

通过开展大型联谊活动，邀请政府、媒体、学界、农民工、流动儿童、志愿者等社会各界代表参加，发布项目报告，并进行现场观摩交流活动，将项目经验推广为社会可鉴的服务经验。

五 项目评估

南京协作者建立了政府、社区、媒体、农民工、志愿者、服务对象及工作员共同开展参与式的项目评估方式。针对项目进展，由上述对象部分或全部参与到项目评估监测中。

此次期终自我评估活动以大型社区联谊活动的方式，邀请了来自江苏省民政厅、南京市民政局、建邺区民政局以及街道的工作人员 6 人，农民工代表 30 人，志愿者 5 人，流动儿童 49 人，媒体 5 家。大家进行了现场观摩和交流活动，南京协作者向公众发布了项目报告，并以视频、访谈的方式将项目成果向公众进行展示。该项目取得的成效得到了政府、媒体及服务对象的广泛认同，大家也对项目结束后探访快车的运作提出了更高的期望和给予了美好的祝愿。

1. 目标

（1）针对因为城市扩张不断搬迁而不能得到持续有效教育的边缘流动儿童及其家庭，开展流动式的教育探访服务，使贫困的流动儿童及其家长得到持续的综合能力提升，弥补现有书本教育的不足。

（2）针对流动儿童及其家庭与城市主流社区割裂的状态，动员青年知识分子深入流动儿童社区，使流动儿童及其家庭与主流社会建立相互沟通的支持网络。

（3）总结创新一种动员整合城市社会资源，以流动的方式服务边缘社区流动人口的教育扶贫模式。

2. 具体目标及达成效果

（1）至少 100 名志愿者理解志愿服务理念，掌握流动探访服务基本手法，并能有效地进行自我管理。

达成情况：志愿者参与人员 247 人，包括青年学生、媒体工作者、流动儿童家长、打工子弟学校老师及流动儿童等多方人员。

（2）通过召开新闻发布会，邀请政府、社区、媒体、志愿者、农民工代表，在试点社区举办项目启动仪式。建立广泛的社会动员机制，使更多有需要的流动人口，以及有服务意识的志愿者了解项目信息，并能参与到项目中来。

达成情况：建立了广泛的社会动员机制，正式启动了项目，召开了新闻发布会，推动了社会对流动人口社区教育服务的深入了解；9 家媒体进行了报道，并在多家网站上进行转载。

(3) 开展参与式教育活动，至少使 3 000 名流动儿童及其家长在活动中不仅能得到图书、音像等文化资源服务，而且能得到传统教育很难覆盖的成长知识教育，使他们得到启发和自我认知，并与城市志愿者建立相互的接纳、尊重、关爱的支持关系。

达成情况：开展教育物资巡回传递服务、参与式教育活动，共计服务 12 563 人，探索出以探访快车为载体，从流动儿童到其家长、到社区的流动教育服务模式。

(4) 定期开展流动家长课堂，主题包括家庭教育、亲子教育、普法教育等知识，平均每月至少 1 次，使边缘社区的流动人口家长骨干能得到自我教育与子女教育的能力提升，从而建立良好的社区教育与家庭教育环境。

达成情况：开展流动家长培训服务 14 次，至少 200 人的家庭了解并认识到家庭教育的重要性，掌握了子女沟通、儿童心理等家庭教育的基本知识。

(5) 为至少 200 名打工子弟学校老师提供参与式社工教育方法、技巧培训服务，培育其尊重、接纳、认同、启迪的社会工作教育理念。

达成情况：开展教师服务培训 11 次，至少 209 位教师得到了社会工作教育理念的传播。

(6) 至少在 10 个以上城市主流人群集中的社区、文化场所等开展巡回公众教育活动，至少使 50 000 名知识分子从多元的角度体验、理解、尊重和接纳边缘流动人口的处境、需要，以及该群体独特的文化，从而促进主流人群与流动人口之间的沟通理解。

达成情况：在三江大学、南京理工大学、南京人口管理干部学院、江东街道、金典社区、HN 打工子弟学校等举办了 9 场图片展、5 场高校交流座谈会。南京协作者通过印刷年历、发放服务活动宣传页、张贴宣传海报，并通过电邮群定期将项目进展对外进行交流沟通，加上媒体报道舆论传播，影响人群至少 52 000 名。

（7）将项目有益的经验归纳总结成有理论支持的服务手法，发现项目不足并以参与式手法制定出有效的改进方案。

达成情况：南京协作者社区探访快车模式被 JN 社区所认可，该社区为项目服务提供固定活动场所。在社区成立的新市民之家，成为探访服务的社区服务点。随着机构服务的扩展，影响的扩大，省市相关领导希望南京协作者的服务可以在南京市范围内得以复制。

（8）探索创新出适合流动人口的流动教育服务模式并在其他社区尝试推广。

达成情况：撰写了一份可推广的项目报告，以及拍摄了一部小型纪录片。

（9）项目成果被政府部门所肯定，项目的下一步运作得到政府的全额或部分的服务采购支持，至少 5 家媒体公开报道。

达成情况：以暑期夏令营闭营活动总结评估项目服务情况，使服务对象、政府及公众了解项目运作情况。5 家媒体进行报道，并在十几家网站进行转载。

截至项目结束之时，除探访快车的购买因资金拨付的原因与原计划有些出入外，其他各项服务，无论从服务开展还是从完成效果来看，完全与计划一致。其中部分服务的成效超出了项目预期。

探访快车购买的推后，是与项目支持方沟通并达成一致的结果。在快车没有到位的时候，南京协作者采取了措施，如以乘公交车、地铁等方式，依然按计划启动、推动项目开展，尽量将影响降到最小，但人力投入超出了项目计划。

项目目标均已得到实现，且取得了显著成效。项目运作后期产出了项目预期外的成果，如成立了流动儿童互助小组、家长互助小组等，这些均是服务对象自发参与的自我服务，也为项目的后续延伸打下基础。

3. 不同利益群体对项目的评价

流动儿童傅佳：快车，你是我的希望，因为你为别的孩子带去了欢乐；快车，希望你走得更远；快车，希望你能给像我一样的孩子带去更多的帮助与温暖。

流动儿童志愿者文静（多次参与两个社区的探访服务活动）：有了这辆快车，能让爱传递给每个人，让资源流动到各地。希望快车能开得更远，让所有的人都沉浸在爱的海洋里。祝我们的快车越来越快，承载的东西越来越多。

流水线上的打工妹小丽：我可能无法用行动来支持你们，但我会用我的眼睛一直关注你们，祝愿协作者越办越好，将爱心永远传递下去！

流动儿童家长傅刚：小燕子（服务对象对工作员卢金艳的称呼），你们协作者那柔弱的翅膀撑起了一片爱的天空，我真真切切感受到，“让爱流动”在你们的身上得到充分显现！你们真棒！

CBM 打工子弟学校张校长：谢谢你们对我们学校工作的支持，对打工子弟的帮助，祝愿你们一生充满阳光！

河海大学志愿者 LY：炎炎夏日，协作者的热情唤起了心底最深的感动，一直想着你们。因为协作者这个大家庭带给我们最质朴最温暖的成长。

建邺区民政局副局长金新：一起努力，继续努力。让南京协作者成为一个汇聚爱的平台，让社区的弱势人群可以享受到更好的服务。

《南京日报》记者杜文双：大家一同努力，南京协作者的工作做得很有意义。建议今后活动都及时联系，在确保活动正常开展的同时，充分地考虑让活动得到更多的关注（杜文双多次对南京协作者的服务活动进行报道，并介绍同行媒体朋友关注南京协作者的工作）。

卢金艳：探访快车对每一位接触过它的人，都有着不同寻常的意义，对我而言，她让我觉得自己更有力量，因为爱需要力量。

六 经验与反思

（一）主要经验

（1）扎实的服务是获得社会关注及资源的基础，服务创新是项目推广的基础，持续性深入服务是巩固服务成效的手法。

（2）初步探索出适合流动人口的流动教育服务模式，尤其探访快车与志愿者的结合，从流动儿童到其家长、到社区的教育服务活动。这种教育服务模式不只使一个人的受教育状况得到改变，更重要的是服务跟随流动人口流动性开展，从家庭到学校再到整个社区的教育环境都随着服务的深入有不同程度的改变。南京协作者在项目结束后将继续对该服务模式进行更深入的探索创新，并进行推广倡导。

（3）监测评估多元化，尤其注重服务对象的参与，可以丰富、拓展项目活动的意义，是项目可以按需开展的保障。多样的监测评估形式，如座谈、电话会议、电邮交流等，可以及时、全面反映项目成效，有效推动项目开展。不只重视项目中期、期终评估监测，而且重视每次服务的前期筹备、实施中及时的碰头会及结束后的单次评估总结会，使监测评估贯穿于整个项目运作，最终确保项目有序、有效开展。

（4）项目前期宣传及实施中注重与媒体、政府等相关部门的充分合作，是赢得社会认同与支持、确保项目可以顺利开展的重要条件。实施中注重服务对象对项目的评价、建议，并根据服务对象的需要灵活调整，是确保项目服务质量的必要条件。项目执行中吸收志愿者参与，是为志愿者提供志愿服务的平台，也是对志愿者的培育，是志愿服务与项目进展可以有效结合的重要保障。

（5）任何一个项目开展的活动都不是孤立地只为这一个项目存在，尤其注重该项目所要关注的社会问题与整个社会的关系脉络。南京协作者在开展本项目的同时，更广泛地关注流动人口的社区教育服务，因此，与教育部门、民政部门、高校、社区等都建立了关系并带动它们参与到这一服务中来，从而为项目运作的成功创造了良好的社会环境，这是项目成功实施的重要保障之一。

（二）项目反思

1. 项目资金支持方式的固化制约了项目的开展

本项目计划中符合服务开展要求的探访车的购买，因项目拨款方式而受到严重制约，从而影响了服务活动的开展，是项目运作中面临的最大问题。

2. 不可抗拒因素的制约

本项目期间，“甲流”严重影响了服务活动的开展，尤其集体活动、系列小组服务在社区、打工子弟学校集中进行时，受到严重影响。这些活动往往因场地提供方必须遵循上级关于预防“甲流”的要求且无法衡量该传染病风险而不能开展。尽管南京协作者做好了各项相关预防工作，包括每次活动前确保提醒参加人员洗手、测量体温等，但服务依然受到不同程度的影响。

3. 非正常因素的干扰

南京协作者在社区开展探访服务多与社区基层政府部门合作，但政府自上而下的工作机制，往往使得基层部门的工作安排经常处于变化之中，不确定因素很多，尤其上级一个指示，很多计划都会被打乱。这使得南京协作者的一些系列计划受到不同程度的影响。对此，南京协作者尽量灵活处理，包括改变活动地点、多以集中服务方式开展活动等，以减少干扰。

参考文献

［1］周沛．社区社会工作．北京：社会科学文献出版社，2002.

［2］何雪松．社会工作理论．上海：上海人民出版社，2007.

［3］陆士桢．儿童社会工作．北京：社会科学文献出版社，2003

［4］李真．工伤者．北京：社会科学文献出版社，2005.

［5］李真．流动与融合．北京：团结出版社，2005.

［6］李涛，李真．农民工流动在边缘．北京：当代中国出版社，2006.

［7］李真．农民工城市新生活自助手册．北京：农村读物出版社，2007.

（案例来源：南京市协作者社区发展中心李真、王瑞海。）

图书漂流活动项目

一 项目背景

根据第八次全国国民阅读调查数据，我国17周岁以下未成年人图书阅读率为82.7%，不同年龄段未成年人的图书阅读率均有提升。因此，随着阅读量的逐渐增大，青少年用于图书的花费将逐渐增多。在2010年，未成年人购书花费明显增加，14～17周岁人群平均购书花费超过70元。

然而，对于像孤儿、外来务工人员子女以及社区中贫困家庭的子女，由于受到自身经济条件和地域文化条件的限制，他们所在的家庭本身基本上是不能满足他们对书籍阅读的渴求的。因此，他们迫切需要来自各方的协助来获取图书资源以及阅读机会。

乐助社工事务所希望通过图书漂流活动，加强与众多爱心人士的联系，最终在政府的支持下，影响越来越多的企业、社区以及市民参与到图书漂流活动，推动了公益城市运动。

二 项目基本信息

乐助社工事务所以“助人为乐，利人乎即为，不利人乎即止”的乐助理念，致力于打造融社会工作服务、社会组织培育为一体的新型社会服务综合体。乐助社工事务所的服务领域包括：青少年社会工作援助项目，居家养老服务规划、设计、评估等工作，社会组织规划、设计、培训、孵化、评估等工作，社区建设的规划、设计、培训、评估等相关工作，企业的公益活动策划与设计，为企业提供EAP（Employee Assistance Program）服务。图书漂流活动的服务对象是外来务工人员子女、单亲家庭孩子、孤儿、社区中贫困家庭的子女。

三 项目内容

为了丰富外来务工人员子女、单亲家庭孩子、孤儿、社区中贫困家庭子女的课余生活，并能够使他们获取更多更好的课外读本资源，乐助社工事务所在图书漂流活动项目中展开如下的活动。

（一）故事1+1（故事大王）

通过阅读书籍，孩子们之间互讲一个故事。你有一个故事我有一个故事，我们就知道两个故事，知识便在交流中传递。该活动旨在帮助孩子提高复述能力、语言组织能力，并在交流中认识新的朋友。

（二）我是小小图书管理员

在“图书码头”活动有一个良好的管理条件下，旨在让孩子们从事图书管理员的工作，亲身体验自己作为福利投送者的自尊与自信。

（三）读书笔记展

“好记性不如烂笔头”，该活动旨在培养孩子们良好的读书习惯，提高他们的记忆力。在现代快节奏的社会生活中，父母没有足够的时间关心孩子的学习和成长，在活动中，让孩子们养成独立学习的耐心以及获得好的学习方法。

（四）“图书码头”手工坊

该活动旨在通过手工拼图等相关图书，让孩子们自己动手，制作自己的手工作品。孩子们通过精细制作手工作品，增进手脑眼协调发展，提高观察力、耐心与专注力；均衡左右脑开发，提高视觉记忆力；提高空间思维、组织归纳与逻辑思维能力；增强自信，体验成就感；寓教于乐，在玩中了解世界。

（五）“图书码头”素质课程

本活动包括孩子们最缺乏的艺术教育（音乐、美术、手工等）、艺术欣赏课程和英语课程，旨在帮助他们进行艺术的体验与学习，促进孩子的多方面发展。

（六）小小书友会

本活动旨在帮助孩子们进行有效的社会适应锻炼，使他们能够在这样一个兴趣小组里，与其他孩子共同相处和交流。

（七）小小说家

本活动主要帮助孩子们通过阅读书籍，书写自己的心得体会，创作自己的作品，提升他们的成就感和自信心。

四 项目实施过程

（一）第一阶段：宣传与动员（2011年8月上旬）

1. 网络宣传

（1）在乐助义工论坛上设立专门的版块，宣传“图书码头”。

（2）在乐助义工群里（不限于）发布活动通告，让更多义工了解并参与到图书爱心漂流活动中。

2. 前期动员

（1）召开义工动员大会，向义工介绍本次活动基本情况与流程，了解本次活动的意义。

（2）初步建立“图书码头”团队，明确责任与分工，调动大家的参与积极性。

（3）与机关、社会团体、企事业单位、社区、学校等进行前期洽谈，争取建立初步合作关系。

（二）第二阶段：募集与整理（8月下旬）

1. 图书募集

（1）学校。整合学校图书资源，动员在校学生，特别是即将毕业的学生捐出他们手中的课外阅读书籍、教材以及教辅资料。

（2）机关、企事业单位。动员机关、企事业单位人员捐出他们以及他们孩子手中不再阅读的书籍。

（3）社区。整合社区资源，展开图书漂流活动宣传，并与社区合作，建立“图书码头”捐赠点。

（4）公益组织或社团。动员民间公益组织或社团，参与到图书爱心漂流活动的宣传与实施中来。

2. 整理工作

组织义工团队，整理募集到的书籍，对这些书籍进行登记，按内容分类，贴上标签，附上图书漂流卡。对除书籍外的其他捐赠物，登记入册，妥善保管。对捐赠的个人和单位，赠送具有一定纪念意义的纪念卡或回音卡、捐赠证书等。

（三）第三阶段：图书漂流（9 月开始）

1. 孤儿

根据孤儿的阅读需要，配发相关书籍，由社工在家访的时候，带给孤儿，并指导孤儿进行阅读。

2. 外来务工人员子女

收集外来务工学校中的外来务工人员子女的阅读要求，建立阅读档案，定期由义工送到外来务工学校交给他们。

3. 困难学子

展开社区调研，了解社区中困难家庭子女的阅读情况，针对他们的需要，建立个性化阅读方案，并配发相关的阅读书籍。

（四）第四阶段：主题活动（9 月—12 月）

在各个时间段，各部门相互配合开展一系列主题活动。

1. 建立图书码头（9 月上旬）

开具书单，招募义工网购，并在乐助社工事务所建立小型的图书码头。同时，为前来送书的义工举办小型读书分享活动。

2. 图书码头书展（9 月中旬）

在图书码头活动中心，为孤儿、外来务工子女以及社区中贫困家庭的子女举办书展。在书展期间，每个展位旁都将有义工成员为他们进行讲解，同时推荐适合他们的图书，也可以让他们根据自己的需要找到相应的书籍。与此同时，在书展期间，安排孩子们分享他们的读书心得与感受。

3. 抄书目活动（9 月下旬）

受助者在开放的图书码头抄写书目，并把自己在阅读中摘录的一些经典句子与大家分享，最终对他们进行统一的评估，根据字体、抄写态度对他们进行评分、奖励，增进孩子们对图书的兴趣和了解。

4. 电影展（10 月上旬）

放映一些根据名著、小说改编的并且具有教育意义的电影，在观看之后，组织大家交流感想，对于对此感兴趣的孩子还可以指导其写观后感。

5. 读书交流会（10 月中旬）

（1）开展读书交流会。读书交流会由受助者自愿参加，乐助社工事务所的社工与义工共同实施，开展一些读书交流；在节假日安排义工到受助者家中解答图书阅读中的相关问题，同时听取他们的意见，对于配发的图书及相关管理中的问题等，及时进行解决。

（2）开展主题读书活动，邀请名校的老师、社会上的学者与一些爱读书的困境儿童分享他们的读书感受。

6. 知识竞赛（10 月下旬）

开展书籍知识竞赛，根据配发图书的内容，制作适合孩子们回答的趣味问答题，设立一、二、三等奖及优秀奖，对表现优秀的孩子奖励学习用具、图书等。

7. 建立“图书码头”分部（11 月上旬）

（1）与外来务工学校合作，建立“图书码头”分部。

（2）支持外来务工学校开展以“放飞希望、传递知识”为主题的课外阅读推广活动。

（3）建立流动儿童与城市常住儿童以及义工结对档案，构筑图书爱心漂流平台（心心相印）。

8. 图书爱心漂流（11 月下旬）

（1）通过本地学校动员，发动社会关注和解决流动儿童课外读物缺乏问题。

（2）招募小爱心使者开展与流动儿童的物物（主要是图书）交流活动。

9. 联欢会（12 月下旬）

将受助者与捐赠的机关团体、企事业单位、社区居委会等机构组织的代表联合起来，举办联欢会、交流会，形式可以多样包括游戏、互动交流等，以加强彼此的交流沟通。

五 项目评估

为保证图书漂流活动项目的服务质量，提升图书漂流活动项目的社会效益，需要对整个项目过程进行有效的评估。

（一）评估的原则

（1）科学合理的原则。科学的评估主要体现在评估程序的恰当性、评估方法的正确性、评估指标的有效性与可信性以及评估标准的合理性上。

（2）评估的多元化、社会化原则。评估过程中应征求各相关利益群体的意见，特别是服务对象人群的意见。

（3）专业化原则。运用专业的方法进行评估。

（二）评估主体

（1）无锡市锡山区慈善会。

（2）服务对象包括孤儿、外来务工子女以及社区贫困家庭的子女。

（3）外来务工学校。

（4）图书码头分部所在社区。

（5）乐助社工事务所与乐助义工。

（6）资助方。

（三）评估指标

评估指标主要包括基本服务标准、服务量标准及服务成果标准三个方面。

1. 基本服务标准

服务机构应按照图书漂流码头基本服务标准开展日常服务与管理。与此同时，定期安排服务对象、义工以及社工对机构服务标准进行总结与监督。

2. 服务量标准

服务量标准的评估包括：乐助社工事务所的社工与义工募集的书籍

的数量与质量，以及在建“图书码头”的数量与质量；“图书码头”参与的人数与频次；服务对象阅读书籍的次数；以及每次“图书码头”主题活动的社会效益等。

3. 服务成果标准

服务成果标准包括：服务对象及其相关人员对所提供服务的满意度；学校、图书码头所在社区对服务机构的服务认可度；相关职能部门和组织以及媒体对服务机构的评价。

六 活动效果

（1）已募集到 1 000 本以上书籍，这些书籍包括课外读物、教材和辅导书等。

（2）在乐助空间里已建立了图书码头，服务覆盖人数超过 300 人以上。

（3）乐助社工事务所的社工与义工已经协助部分孤儿进行了图书漂流活动。

（4）已动员项目区域内的政府、社区外来务工学校、企业、义工组织以及各类社区服务机构参与图书漂流活动，并以此为基础，让彼此之间建立积极的合作关系，成为推动困境儿童阅读机会增加的利益共同体。

（案例来源：无锡市锡山区乐助社工事务所龚婷婷。）

单亲家庭社工服务项目

一 项目背景

家庭是社会的细胞，家庭的变迁影响着社会的发展。如今单亲家庭这一特殊的家庭结构在各个国家均呈逐步上升趋势。民政部门有关统计资料显示，我国单亲家庭比十年前增加了7成，尤其是以女性为户主的单亲家庭大量增多，单亲母亲已成为社会的新增弱势群体，亟须社会各界对她们提供有效的帮助。

无锡市崇安区政府于2010年6月在省内率先尝试政府购买社工服务项目，区妇联积极响应，组建注册了专业社工机构——舒心家庭社工服务社，申请承接政府购买社工服务项目——单亲家庭社工服务，探索服务单亲家庭的新型社会工作模式，推进服务于家庭和服务于妇女儿童工作的专业化、社会化和规范化发展。

崇安区舒心家庭社工服务站（以下简称“舒心”）是一家针对贫困、单亲、教育缺失等特殊家庭开展专业妇女家庭社会工作服务的公益性组织，于2010年7月正式成立，拥有项目督导3名、专业社工12名、家庭志愿者30名。机构以项目化运作来承接政府购买社工服务项目，运作两年来，产生了较好的社会影响。

“舒心”的主要服务领域包括单亲家庭舒心服务、青少年成长教育服务、婚姻关系疏导服务等。近年来，承接实施崇安区政府购买社工服务项目——单亲家庭社工服务（如图3—3）。机构以江南大学社会工作专业教授、香港资深社工为核心，建立了一支社会工作实务经验丰富的专业督导队伍，发挥了专业社会工作者、妇女工作者和家庭志愿者队伍的优势，使“舒心”在较短时间内用良好的服务赢得了社区居民群众的认同与信任。

（一）理论基础

本项目以优势视角和增能理论为理论基础，充分发掘服务对象的潜能和优势，为他们建设一个社交互助平台，提供一个展示自我的舞台。

1. 优势视角

优势视角（strength perspective）是一种关注人的内在力量和优势资源的视角，其核心理念是相信人们天生具有一种能力，即通过利用他们自身的自然资源来改变自身的能力。优势视角着重于挖掘案主自身的优点，帮助案主认识其优势，从而达到解决案主外在或潜在问题的目的。

优势视角下的助人关系是合作的伙伴关系——涉及与他人一起共事的权力，而非一个人凌驾于另一个人之上的权力。伙伴关系要求社工不仅要为案主制订助人计划，而且要在助人过程中与案主分享权力和决策，让案主为其自我恢复负责。

2. 增能理论

增能是个人在与他人和环境积极互动的过程中，获得更大的对生活空间的掌控能力和信心，以及促进环境资源和机会的运用，以进一步帮助个人获得更多能力的过程。增能社会工作认为，个人需要不足和问题的出现是由于环境对个人的排斥和压迫造成的，社会工作为服务对象所提供的帮助应该着重于增进他们的能力，以对抗外在环境的压力。

在增能社会工作中，社会工作者应避免以权威的姿态出现，而要与服务对象建立平等的伙伴关系。在助人过程中，社会工作者应该真正做到与服务对象对话，鼓励他们讲出自己真实的经验。在针对群体运用增能社会工作时，社会工作者应该鼓励群体成员建立协同关系，促进成员之间的互相帮助。在与服务对象的关系中，社会工作者的角色是多元的，但最基本的角色是他们的伙伴。

（二）工作理念

运用社会工作的专业理念与工作方法介入单亲家庭服务，既可以在宏观上呼吁和影响社会政策与福利制度的制定，又可以在微观上运用社会工作的技巧与方法，通过个案、小组和社区社会工作等多种形式相结合，促使服务对象的问题得到有效解决，促进服务对象家庭和社会的和谐稳定。

单亲家庭是一个敏感的称谓，是被社会标签化了的，使用这一名称直接对单亲家庭开展个案和小组社会工作，容易造成单亲家庭的阻抗和加深社会标签的烙印，这样对社会工作的开展是很不利的。因此在开展工作过程中，避免对外强调“单亲家庭”，只将“单亲家庭社工服务”作为内部的项目名称来使用。

图 3—3 崇安区政府购买社工服务项目启动仪式现场

二 项目基本信息

(一) 项目目标

1. 任务目标

(1) 进行个案辅导。包括对心理不适进行危机干预和对有特殊需要的家庭进行个案辅导，帮助服务对象寻求更多的社会支持，建立正常的生活秩序。

(2) 组织开展小组活动，构建互助平台。建立小组，引导和帮助单亲家长和孩子发挥主观能动性，积极参与小组活动；构建互助平台，丰富目标家庭的生活外延，帮助单亲家长和孩子树立生活信心，提升目标家庭的生活质量，促进家庭和社会的和谐。

(3) 增强社区团体意识。强化单亲家庭的社区参与意识以及集体归属感，引导和帮助其发挥主观能动性，积极参与各类活动，更好地融入社区，建立新的支持网络，寻求到更多的社会资源。

(4) 建立延伸性服务品牌。通过建立服务平台开展各种活动，如单亲母亲QQ群、青少年快乐成长营，宣扬坚强团结精神，传播合作、健康、和谐的美好理念。

2. 过程目标

(1) 走访单亲家庭，确定服务对象，沟通了解他们的需要，制订介入方案，确定评估标准。

(2) 以社会工作的优势视角和增能理论为出发点，梳理、重建、整合单亲家庭社会关系网络。在项目实施中搭建沟通和交流的平台，强化一定区域内单亲家庭与其他成员之间的互动以及社区互助的意识和理念。

(3) 提供社会支持、就业机会，帮助单亲家庭摆脱经济压力，提高单亲家庭对社区重建的参与度。

(4) 为单亲家庭营造相对宽松的社会环境，充分发挥其正向功能。

(二) 服务对象

“舒心”主要服务于崇安辖区内需要帮助的单亲家庭。服务对象包括：

(1) 主动前往“舒心”求助的单亲家庭。

(2) 由社区妇联及其他相关机构转介的单亲家庭。

在上述对象中，开展问卷调查，从中选择急需帮助的20户单亲母亲家庭作为个案服务对象。

(三) 参与人员

(1) 项目督导1名。

(2) 项目社工8名，其中社工师3名，助理社工师5名。

(3) 项目志愿者12名，其中社区妇联主席8名，心理咨询、法律维权、家庭教育等专业人士4名。

(四) 实施时间

2010年7月—2010年12月。

(五) 实施地点

无锡市崇安区。

三 需要分析

本项目通过问卷调查发现，单亲母亲面临经济资源减少的困境。一旦离婚或丈夫去世，家庭收入急剧下降，生活陷入困境。同时单亲母亲面临社会支持减少的困境，社会往往给单亲母亲特别是离婚的单亲母亲贴上屈辱的标签。由一人抚养孩子所带来的压力增大又会消耗女性大量的时间和精力，直接限制了单亲母亲发展。此外，还有部分家庭存在亲子沟通和教育等方面的问题。

因此，帮助单亲母亲勇于面对现实、探索反思自我、增强自信自爱，是走出经济危机、情感困惑，积极应对挑战，重新规划人生的基础。社工通过外部干预和帮助增强单亲家庭成员的社会生存与竞争能力，保护单亲母亲家庭在社会参与、就业、合法收入等方面的权利。通过组织一系列活动帮助单亲母亲建立互助资源网络，鼓励单亲母亲积极参与社区活动，扩大社会交往，建立较强的社会支持系统；通过亲子小组、家长小组等活动协助单亲母亲更好地处理亲子关系，帮助孩子健康成长；针对有需要的单亲母亲开展个案辅导，提供长期个别化专业服务。

四 项目实施过程

(一) 服务方式

对全区单亲家庭进行摸底，以社会工作视角开展现状调查，了解单亲家庭所面对的困境与难题，分析需要，制定目标；以社会工作的优势视角和增能理论为出发点，梳理、重建、整合单亲家庭社会关系网络；通过个案、小组、社区工作方法，激发服务对象潜能，使其摆脱原有羁绊，再组幸福家庭（如图 3—4）。

(二) 实施进度

本项目的总周期为 2010 年 7 月 15 日—12 月 30 日，具体的进度安排如下。

1. 初期筹备阶段（2010 年 7 月 15 日—7 月 30 日）

(1) 开展项目讨论，拟订服务计划。聘请专家督导，招募社工、义工，形成“社工＋义工＋专家督导”的模式。制定单亲家庭社工服务项目实施方案，初稿多次征求意见，经专家督导指导修改后定稿；设计单亲家庭社工服务项目实施流程表，以便社工按照时间节点安排服务工作。

（2）拟定服务对象，科学分类。了解各社区单亲家庭的组成状况以及生活现状，掌握单亲家庭的目前需要。初步拟定20户单亲家庭作为此次项目的服务对象，这些家庭不同程度地存在经济困境、家庭教育缺失、心理危机等问题。

（3）汇总基本信息，建立服务档案。开展社区调查，掌握20户单亲家庭的家庭基本信息，为个人及家庭建立服务档案，了解他们的需要，与他们建立工作关系。

（4）拟定服务口号，加强初期宣传。设计“舒心社工”标识，制作“舒心社工”宣传折页，内容包括：服务范围、服务内容、服务宗旨、社工理念、“舒心社工”QQ群号、心理咨询热线等。开展初期项目宣传活动，通过活动增强“舒心”在社区中的舆论影响。

2. 中期实施阶段（2010年7月31日—11月25日）

（1）开展渠道服务。针对服务对象的各种问题和需要，开发社会资源，开拓与政府有关部门沟通的渠道，建立有效的应对模式。

（2）开展志愿服务。一是动员服务对象本身参与志愿者工作，一方面可以增加与他们的沟通，另一方面可以为他们提供发挥能力和特长的机会，帮助他们实现自我价值，从而提升他们的满足感。二是引进大学生、热心公益且有一定特长的专业人士，通过开展各项志愿服务活动，使这些志愿者帮助服务对象，同时也促进他们与服务对象的互动。

（3）开展社工专业服务。根据服务对象的需要和问题，运用个案、小组、社区社会工作专业知识和技巧，开展专项活动。

A. 个案工作。

社工通过“一对一”服务，为服务对象提供物质和心理方面的支持和服务，以帮助服务对象减轻压力、解决问题、挖掘生命潜能，不断提高个人和家庭的幸福指数。

一是上门访谈，确立服务关系。每个社工认真做好上门访谈工作，事先详细了解服务对象家庭基本情况，合理拟订访谈提纲、预约访谈时间，通过一次、两次乃至多次访谈，与服务对象建立初步的服务关系。

二是运用社会工作社会生态系统理论分析服务对象所处的环境，分析服务对象的需要，勾画出服务对象的社会网络资源图，在此基础上制订针对性强、切实可行的社工服务计划，开始“一对一”的个案辅导。

三是注重沟通交流，及时分享经验。在个案援助计划执行期间，多次组织社工展开讨论和分析。遇到好的方法及时分享，遇到服务中的困惑及时商议解决，如面对服务对象的不配合、如何提高服务对象参与的主动性等问题各抒己见。同时，还及时整合心理支持、就业创业培训等 5 类支持资源，提供给有需要的单亲家庭。

四是查缺补漏，规范个案资料。逐步统一规范形成现在的家庭基础资料、社工服务计划、社工服务记录、个案服务评估与反思等 4 个大类 7 个小类的内容。

五是分析个案，寻找同质对象开展小组工作。在个案服务的基础上，梳理出 6 位具备相同特质的单亲母亲（即缺乏心理支持、需要通过倾诉减压、自身较为积极乐观、愿意通过自己的努力改变现状等），社工帮助她们建立小组。

B. 小组工作。

社工通过专业技巧，招募有相同背景、相似压力的服务对象形成小组开展活动，引导和帮助服务对象发挥主观能动性，通过小组成员之间互动互助，使参加小组活动的个人获得压力宣泄、心理成长、行为改变和社会能力的发展。

一是借助专业机构。由于 6 位单亲母亲都需要寻求心理支持，需借助心理咨询专业机构来实施小组工作。经过选择，确定无锡源沐心理咨询中心（以下简称“源沐”）作为合作伙伴。

二是协商活动方案。与“源沐”一起商议开展小组工作方案，确定小组活动主题是“幸福单亲路”，安排 4 次小组活动。

三是适时调整方案。10 月 11 日开始第一次小组活动，但是活动的效果并不理想，单亲母亲都很沉默。于是，及时与小组活动负责老师沟通，调整活动方案。从第二次小组活动起，以单亲母亲为主，通过身体锻炼、情绪调节、观念引导等环节，单亲母亲在首次的拘束后便很快彼此敞开心扉，将自己的真实情感和生活经历与同伴分享，使小组活动能够在预定的设计情景中圆满地达成目标，取得较好的效果。

C. 社区工作。

社工依托社区服务中心、社区工作站，形成关怀和照顾服务对象的网络，为她们提供多元化服务，针对她们生活、心理、情感、社交等需要开展活动，从而发展和强化服务对象与社区居民之间的互动、互助关系，营造社会关爱大环境。

一是借力开展扶贫帮困。本项目运作适逢秋季开学，各个条线、单位对社区贫困家庭子女纷纷开展助学行动。社工借助社区青少年成长基金、助学基金等，为贫困单亲家庭募集资金近万元，及时解了燃眉之急。

二是借力提供志愿服务。有的单亲家庭中有残疾人需要陪伴、孩子学习需要辅导等困难，社工借助“欢乐义工”等组织，招募心理咨询师、大学生志愿者协助做好单亲家庭帮扶工作。

三是借力指导家庭教育。多数单亲家庭的子女教育出现了问题，社工运用社区家长学校这一平台，邀请崇安区家庭教育讲师团专家专门解析单亲家庭子女教育问题，指导单亲母亲如何教育这些较为特殊的孩子。

四是借力进行司法援助。有的单亲母亲与夫家发生了房产纠纷，在区妇联的帮助下，社工及时联系区法院法官，为单亲母亲作法律指导，及时维护单亲母亲的合法权益。

五是借力推介培训就业。有的单亲母亲下岗失业在家，社工借助区妇联、街道劳动保障部门等机构，介绍单亲母亲或者子女参加免费就业培训，联系合适的工作，迄今已有 3 位单亲母亲重新上岗。

六是借力改善邻里关系。社工借举办社区邻里节之机，邀请单亲母亲家庭成员参加活动，增进母子之间、邻里之间的了解、认识与理解，强化单亲母亲家庭与其社会支持网络成员之间的关系。

3. 后期总结评估阶段（2010 年 11 月 26 日—12 月 30 日）

一是专门设计跟进服务评估表。在专家督导的指导下，设计修改跟进服务评估表，下发给社工。

二是重视结案阶段的工作，上门进行问卷调查。社工上门开展问卷调查，进行情绪安抚，告知单亲家庭社工服务项目暂告一段落，今后会继续提供帮扶服务。

图 3—4 项目实施过程中开展的各项活动

左上图，项目启动会；右上图，为贫困单亲家庭募集资金近万元；左中图，为需要残疾人陪伴、孩子学习辅导的单亲家庭提供服务；右中图，介绍单亲或其子女参加就业培训；左下图，邀请单亲母亲家庭成员参加社区邻里活动；右下图，项目专家开展督导评估。

三是撰写个案评估报告和小组评估报告。根据问卷调查情况，社工撰写 20 户单亲家庭的个案评估报告和小组评估报告，对服务中的优势和不足进行分析。

四是拟写项目总结与评估报告。

五 项目评估

1. 案主收获

项目评估调查显示，20 户单亲家庭的母亲或者孩子对这次社工服务的满意度较高，无论是社会支持还是亲子关系，甚至经济困境都得到了一定的改善和缓解。

一是获得了心理支持。进一步增加了服务对象对社工的信任，使单亲母亲更多地看到了社会对单亲家庭等弱势群体的关怀，有勇气更加积极地面对困难与挑战。特别是在小组活动后，单亲母亲的心理压力得到了舒缓，不像以前“老觉得自己很差，什么条件都没有”，而是能够从更积极的角度看待自己和家庭，增添了对未来的希望，能够有更强的动力去学习，去克服生活里的困难与问题。

二是提升了成长能力。许多单亲家庭在社工、义工的帮助下，得到了社会各方的援助，经济条件得以改善，单亲母亲日益自信开朗，有的靠自己的力量获得了一份尚属满意的工作，改变了无力感，实现了增能。

三是加强了亲子沟通。通过环保夏令营亲子互动游戏、单亲母亲支持小组活动、专家家庭教育指导、社工个案辅导等，多数单亲母亲和子女的关系得到了改善。

2. 社工收获

对于 8 位专业社工而言，这个服务项目是一个全新的尝试，感慨颇多，收获不小。

一是社工能力得到较好的锻炼。社会工作是看重经验积累的一项工作，经验的丰富不仅可以帮助社工更加熟练地运用各种技巧和方法，更可以帮助社工对个案做出准确的判断和找准努力的方向。社工通过尊重和沟通，真诚的关注和倾听，与服务对象建立了良好的关系。在服务过程中运用优势视角和增能理论，采用“任务中心模式”、“心理社会模式”、“危机介入模式”、“叙事疗法”等专业工作模式，积极实践“助人自助”的理念，短期内取得了较好的效果。

二是服务对象给予了更多的启示。许多社工在项目感悟中写道：当我们以社工的身份影响着服务对象时，服务对象也在影响着我们……有的单亲母亲让我们看见了女性的坚强：丈夫突然去世后，面对两个未成年的女儿和年老的父母，她顾不得自己伤心，毅然擦干心中的泪水，扛起了全家人生活的重担，坚强地去面对！有的单亲母亲让我们看见了女性的柔韧：几年前同时遭遇了下岗和离婚，对生活和爱人的怨恨曾一度占据了她的生活，但是她渐渐释怀了，脸庞留下的是历经风雨以后的平静和宽容。在个案辅导过程中，单亲母亲对社工的信任与依赖，增添了社工的热情和勇气。她们的改变和感激，增加了社工的“助人自助”信心。

3. 社会效果

在实施单亲家庭社工服务项目期间，“舒心”通过社工运用社会工作理念及其特有的工作方法，使单亲母亲对单亲身份的自卑感有了改观。有些单亲母亲已经把社工当作自己的朋友，不管是开心还是遇到问题都会找社工聊聊。同时，“舒心”通过专业社工服务扩大了社会影响力，得到了上级领导和社会的认可。2011 年 6 月，单亲家庭社工服务项目被评为江苏省妇女社会工作方案征集评选实践类二等奖。

4. 机构主管单位收获

崇安区妇联作为“舒心”主管单位充分感受到，“舒心”承接和实施单亲家庭社工服务项目，不但拓展了区妇女工作新领域，延伸了区妇联的工作手臂，开辟了妇联参与社会公共服务的新途径，也培养了一批具有一定社会工作理论和实务能力的妇女干部。

一是接受了工作新理念。在实践中认识到，妇女的诉求更加多样化、个性化和复杂化，传统的妇女工作模式已不适应，而社会工作作为运用专业理念和方法助人的职业活动，其所倡导的平等、尊重、民主、接纳和助人自助的工作理念，有其独特的优势，符合当前妇女发展需要和妇女工作的需要。

二是探索了工作新模式。引入妇女社会工作理念和专业方法，将社会工作与妇联工作有机结合，服务于妇联单亲家庭工作的新模式，对于区妇联工作有着创新价值。

三是提供了工作新途径。这次帮扶的单亲家庭大多需要经济援助和心理支持，特别是对单亲母亲的心理支持，这是平时妇联工作所触及不到的。开展社工专业服务，为妇联做好单亲家庭帮扶工作提供了新路径。

四是增强了工作新能力。这次参加单亲家庭社工服务项目的社工、义工中，担任社区妇联主席的占85%。妇联干部在妇女工作与社会工作相融双赢的新模式中得到了进一步的锻炼，服务能力有了新的提高，为今后区妇联力塑“舒心社工”品牌奠定了基础。

六 经验与反思

(一) 经验总结

“舒心”在实施单亲家庭社工服务项目中，从全区招募了8名社工，其中获得全国中级社工师资格的有5人、初级的有3人。社工在项目运作中充分体现了以下特点。

1. 工作热情高

社工们认为社会工作理论学了不少，真正在实际中用得很少。本项目给了社工提供了一次很好的实践机会。因此，社工十分珍惜这次“试水”机会，无论是在服务对象——单亲家庭的挑选，还是在上门访谈、个案计划制订、实施等方面都体现了较大的热情和工作积极性。

2. 操作能力强

虽然项目运作没有范本可以参照，但是大家通过不断努力，每一个阶段都反复推敲，使个案资料台账经过几遍的“磨合”后形成了现在较为规范的样本。有些社工在做个案时，善于利用资源对服务对象进行经济、心理等多方面的帮扶，使服务对象的物质和精神生活有了较大的改观。

3. 团队合作好

社工和义工从项目运作开始就始终合二为一，社工在义工的协助下，义工在社工的指导下，合力服务好单亲家庭。正是由于没有服务范本可循，每到一个阶段，“舒心”召集社工、义工开展讨论，融合集体的智慧，提出要求措施，使这次探索性的社工服务项目能够较为顺利地走到现在。

（二）项目反思

1. 项目实施时间较短

这次规定的时间起初只有三个月，后来作了延长，但是要达到项目预期要求，使单亲家庭成员受益，还是显得较为仓促。

2. 社会支持资源有限

“舒心”尽可能为社工、义工开展单亲家庭社工服务提供了5类社会支持资源，但还是十分有限，特别是在为困难单亲家庭实施经济救助帮扶方面显得力不从心。

3. 社工服务时间不够

这次聘请的社工大多在社区工作，有的还担任社区党总支书记、副主任、妇联主席等职，日常工作繁忙程度可想而知。在开展单亲家庭社工服务项目时，他们与服务对象的沟通通常不能达到预定的1～2个小时。这对于服务对象的帮扶，特别是心理帮扶不能起到很好的效果。

4. 社工理论联系实际的水平有待进一步提高

多数社工是第一次接触真正意义上的社工服务，在进行个案访谈时缺乏经验，往往把它等同于平时的社区干部家访，访谈语气摆脱不了“行政口吻”。在个案的评估和分析中，有些还不能很好地结合社会工作理论加以提升。

参考文献

[1] 何雪松．社会工作理论．上海：上海人民出版社，2007.

[2] 张文霞，朱冬亮．家庭社会工作．北京：社会科学文献出版社，2005.

[3] 朱眉华，文军．社会工作实务手册．北京：社会科学文献出版社，2006.

[4] 王瑞鸿．社会工作项目精选．上海：华东理工大学出版社，2010.

[5] 李婵．社会学视野下的单亲家庭．湖南人文科技学院学报，2004（5）．

（案例来源：无锡市崇安区舒心家庭社工服务站李立、杜婧芸。）

“社会妈妈”帮学助困活动

一 项目背景

镇江市“社会妈妈”帮困助学活动源自一个案例：镇江一位外来的拾荒老人杨兆英十多年默默无闻倾情抚养一个弃婴杨路，后来自己身患重病无力医治的情况被人们发现。其事迹于2002年12月3日刊登在当地的《京江晚报》上，随后就有了《镇江：因为爱心更美丽》、《杨兆英老太昨出院　祖孙俩真诚谢社会》、《小路来信谢社会》、《我很希望成为你的朋友》、《“爱的奉献”唱响古城》等一系列报道，短短一个月的时间，给予杨家的捐款和慰问像“雪崩”一样涌向祖孙俩，捐赠电话的、捐赠电视机的、捐赠全年牛奶的、解决住房问题的全面到位。在全社会的关怀下，杨路上了职高，连续两年获得学校“三好学生”称号，2004年还获得学校“优秀学生干部”称号，校运动会上她摘取女子组3 000米的桂冠，同时，在学校老师和妇联工作人员的引领下，她懂得了回报。节假日，她带同学们到市福利院，去为孤残儿童做一些力所能及的事。

2003年年初，镇江市妇联开展的一项调查表明：镇江市有这样的一个儿童群体，因为家庭成员伤残、重病或者遭遇了一些突发事件，生活困难、学业难以为继，有些孩子的生存状况不比杨路好。妇联认为自己作为一个组织，应该关心杨路，更应该关心和支持社会上类似于杨路这样的一个群体，于是便有了“社会妈妈”帮困助学活动。

为使贫困家庭的孩子特别是女童同样享有受教育的权利，消除由于经济差异、家长素养差异而给这些孩子带来的教育机会、教育水平的不平等，体现“教育关怀”的理念，2003年3月5日，市妇联与《京江晚报》联手，共同策划了“社会妈妈”捐资助学品牌，“社会妈妈”从经济、学业、心理等方面给受助儿童以关爱，为贫困儿童这个群体的健康成长营造良好的环境，力求把社会对一个个体的全方位关爱，引导到对这样一个群体的关爱中。

二 项目基本信息

（一）服务对象

3～18 岁贫困儿童青少年（含超过 18 岁的在校大学生、研究生），特别是贫困的流动留守儿童。

（二）参与人员

所有有爱心的个人、家庭、团队、企事业单位。

（三）实施时间

2003 年 3 月 5 日至今。

（四）覆盖地点

贫困儿童以在镇江市就读的本地学生、外来务工人员子女为主，辐射全省以及四川、新疆等地与镇江结对的友好城市；资助者以镇江本地爱心人士、爱心企业为主，辐射外市、省内外及海外。

三 需要分析

儿童青少年所在社区（村）、街道（乡镇）对他们的经济状况进行筛选后，镇江市妇联儿童工作部和镇江翔平心理教育培训中心，运用我国著名心理测量专家、华东师范大学心理学系周步成教授与中国华厦赛科技术发展有限公司联合研制开发的 S－MART2004 中小学心理测评系统，对全市 680 名小学四年级以上的学生发放了问卷和量表，进行心理健康测试，同时进行测试的还有 120 名普通学生，作为对照组。结果表明："恐怖倾向"、"身体疾病"和"自责倾向"成为贫困、流动、留守儿童的主要困扰；而"冲动倾向"和"对人焦虑倾向"成为所有受测学生共同的困扰。除了量表测试之外，我们还到问题相对集中的五所中小学校实地了解情况，结果表明，测试结果与这些孩子的表现十分吻合。

根据分析，上述现象产生的主要原因有：受经济因素的影响，孩子健康成长所需要的正常开支得不到满足，孩子自卑心理严重；父母经济收入不稳定，不确定因素较多，孩子不安全感加深；父母经常性地缺位，孩子得不到及时关怀；孩子身边的监护人文化水平偏低，孩子的心理需要得不到科学而适当的满足；父母工作压力大、经济负担重，容易造成对孩子期望不切实际，严重干扰孩子的心理成长。总结起来其原因为：亲情友情长期缺失；经济基础薄弱，安全感缺乏；父母素质偏低，不懂科学引导等。直面目前我们在贫困、流动、留守儿童心理健康方面所面临的困境，切实解决所存在的问题，要依靠学校、家庭和社会共同努力。要借助社会力量，广泛宣传和普及心理健康科学知识；要依托学校优势，帮助他们树立积极的生活态度，发现需要重点关注的对象；要联合专业机构，对重点人群进行跟踪和干预。

基于上面的需要分析，在“社会妈妈”帮困助学活动中，一方面要从经济上给予帮扶，让孩子和他们的家庭感受到有人关注他们并愿意主动伸出双手来帮助他们；另一方面要从心理上给予支撑，让孩子和他们的家庭感受到有人能够体会他们的困境、能够帮助他们释放不良情绪。

四 项目实施过程

（一）选择需要得到资助的儿童青少年

在镇江就读的3～18岁贫困儿童青少年（含超过18岁的在校大学生、研究生），特别是贫困的流动留守儿童。选择需要资助的儿童青少年的主要条件如下。

（1）经济条件为第一筛选条件：低保家庭、特困家庭的儿童，贫困流动、留守儿童。其家庭经济状况需经所在社区（村）、街道（乡镇）进行确认，无疑议。

（2）学习态度为第二筛选条件：学习刻苦，个人努力。其学习表现需由所在班级、学校进行评价确认。

（二）受到资助后的操作程序

（1）儿童青少年受助后，督促其给提供帮助的“社会妈妈”去信表示感谢，每个学期向“社会妈妈”汇报学习情况。

（2）资助者带资助儿童青少年离校或离家，必须经过学校班主任和监护人同意。

(3) 主办方每年组织几次主题活动，加强资助者、受助者之间的联系，为资助结对工作的顺利进行提供服务。

(4) 每个结对信息都通过《京江晚报》给予公布，捐款发放情况接受资助者以及全社会的监督。

(三) 项目的顺利开展（如图3—5）

保障“社会妈妈”帮困助学活动顺利开展的四个主要原因如下。

1. 诚实守信让资助者放心

慈善公益事业必须实行规范管理，才有社会公信力。作为慈善公益事业范畴的“社会妈妈”也不例外。

市妇联专门制定并下发了“社会妈妈”工作要求，始终坚持“三公开”，认真把好“三个关口”，确保了活动的公信度。(1) 制定标准，实行规范管理，把好儿童入口关；(2) 设立专户，实行透明管理，把好资助款出口关；(3) 定期督查，运用机制管理，把好尊重捐赠人意愿关。程序规范、运作透明的工作机制和严格管理、内部监督的自律机制，提高了“社会妈妈”活动组织者的社会公信力。

2. 与时俱进使活动有感召力

慈善公益事业必须实行科学管理，才有社会感召力。

新义务教育法出台后，2007年前后，镇江市“社会妈妈”主动实现转型。

(1) 资助方式转型：变为“成长”和“成才”两种类型，对贫困的学习成绩不适合继续接受普通教育的，支持他们完成职业教育；(2) 重新确定资助标准和方式：资助者可采取循序渐进式、爱心传递式、阶段助推式等，资助贫困家庭的孩子完成学业，为社会培养各类有用人才；(3) 资助路线转型：采取“高端路线”与“低端路线”相结合的方式，主要着眼于“低端路线”，即吸引社会各界人士（公众）加入慈善行列，这也是国际社会积极倡导的一种慈善救助方式。尽管这种方式做起来很辛苦，每个资助者甚至若干个资助者的资助是有限的，每一分善款都来之不易，但我们的理念是，帮助一个孩子，提供一个机会，就会有无数种可能。

同时，“社会妈妈”不断拓展活动外延。(1) 上下联动：镇江大市范围内的各辖市区都开展了形式多样的“社会妈妈”帮困助学活动。（2）扩大范围：在重点资助品学兼优贫困儿童、残疾儿童、单亲特困儿童、留守儿童的同时，将资助对象放宽至流动和残障等特殊儿童。（3）多方引资：在社会各界的关心支持下，从南京鸿国集团获得资助12万元，连续六年每年定向资助近70名贫困流动儿童。同时，扬州企业家向我市智障儿童捐赠古筝、提供志愿者业务培训，以增强孩子们的各方面技能。

3. 品牌化设计让活动有生命力

慈善公益事业必须实行“有情操作”，才有社会生命力。

我们效法社会营利组织，经常、持续、规范和相对稳定地生产名牌产品那样，不断设计有吸引力的慈善公益项目，让“社会妈妈”活动存续并发展壮大起来。

（1）授之以渔。选择受助的纯农户，组织农业科普夏令营，通过参观高科技农业示范园，请农技师传授新型农业技术，赠送优良种子，并上门指导种植，以增强受助家庭的“造血”功能。

（2）精神关怀。邀请省市知名教育学、心理学专家举办讲座，在给予贫困女童物质资助的同时，更注重给予精神上的关心。对“社会妈妈”资助的四年级以上的孩子以及丹徒、句容等地流动留守儿童，进行心理健康测评，为有心理困扰的学生制订书面指导方案，依托学校心理老师，给其提供及时有效的心理辅导。依托各级小公民道德实践基地，开展丰富多彩的道德实践活动，引领受助儿童健康成长。

（3）多样关爱。吸引中小学生，通过举办主题班会、开展校园义卖、捐献零花钱等方式集体加入“社会妈妈”行列；引导大学生以智力方式加入“社会妈妈”行列，同学们在帮助他人的同时，陶冶了情操。策划“春蕾绽放　引领成长”活动，为受助儿童搭建展示才华的平台，让社会为其喝彩，增强他们战胜困难的信心和勇气，促进其身心健康发展。

4. 整合推动、精心策划让活动有影响力

慈善公益事业必须动员社会各方力量参与，才有影响力。

善举是一种自主、自觉行为，既不能强迫，也不能摊派。因此，需要借助媒体的力量，推动形成“人人以乐善好施为荣，个个行助人为乐之举”的社会氛围。集媒体和组织者于一身的《京江晚报》，在“社会妈妈”活动中发挥了不可替代的作用。

（1）以招募“社会妈妈”来启动活动。2003年3月5日，市妇联与《京江晚报》联手，共同向社会发出“贫困女童呼唤‘社会妈妈’真情奉献扶助幼苗成长”的倡议，公布了“社会妈妈”助学基金专户账号，呼吁社会帮助首批急需帮助的儿童，动员社会组织、家庭和个人都来争当“社会妈妈”。倡议一见报，原计划在3天内连续推出的12名困难儿童即被“一抢而空”。

（2）以营造氛围来推动活动。主流媒体十分关注和支持“社会妈妈”活动，《人民日报》、《中国妇女报》、《中国教育报》、《新华日报》、《香港商报》、《扬子晚报》、《镇江日报》、《京江晚报》及中央电视台、凤凰卫视以及省和市电台、电视台等，先后300多次对我市的“社会妈妈”活动进行了报道。《京江晚报》作为主办单位，10年来先后100多次进行跟踪报道，其中有20多次是整版报道。镇江市电视台《星周刊》、《百姓故事》、《金山聚焦》、《纪录》等栏目先后制作了10多个专题片，宣传“社会妈妈”的感人事迹。这些报道极大地提升了“社会妈妈”以及镇江市妇联自身的公众形象和社会影响力。

（3）以参与者讨论来提升活动。我们分别深入丹徒、京口、润州区，召开社会各界人士座谈会，听取他们对活动的意见和建议；邀请老领导、社会工作者、专家学者对活动开展评述，《京江晚报》整版刊登点评，扩大社会影响；开展“社会妈妈”现象大讨论，进一步提升对“社会妈妈”活动的认识，明确努力目标，即呼唤更多人加入这个爱心群体，帮助贫困儿童完成学业，教育孩子成人成才，打造文明城市“名片”和“社会妈妈”品牌。

（4）以弘扬善举来引导活动。在活动开展5年、10年等节点上，我们推出了一批“社会妈妈”先进典型，他们中有资助学生最多、最具创新资助方式、资格最老或年龄最大的“社会妈妈”，10年来一直坚持不懈做“社会妈妈”的爱心人士、爱心企业等。“社会妈妈”来自社会各个行业、各个阶层，身份不同、贫富不一、年龄有差异，但他们的热情、爱心相同，都代表着“社会妈妈”的群体形象，他们的精神、行动感动着受资助的孩子及其家长，感动着广大市民，使越来越多的爱心人士加入“社会妈妈”的行列之中，形成了“人人帮我，我帮人人”的良好氛围。

（5）以热点活动来打造精品活动。2008 年 5 月 31 日，了解到有一批地震灾区的儿童来到了我市，我们组织开展了“社会妈妈和你在一起”庆“六一”活动，通过游览镇江名胜、参观博物馆、与心理专业人员开展联谊活动等形式，力求抚慰他们受伤的内心。2009 年汶川地震一周年前夕，我们决定将

图 3—5 “社会妈妈”帮学助困活动项目的顺利展开

左上图，2008 年 1 月“社会妈妈”为特教中心儿童送去爱心毛衣；右上图，先后有 1 000 多名大学生“社会妈妈”志愿者活跃在社区学校；左中图，“社会妈妈”活动一周年，举办题为“春蕾绽放　健康成长”的“社会妈妈”与受助儿童联欢会；右中图，江苏省副省长许津荣在担任镇江主要领导期间为领养的孩子编织毛衣、写亲笔信；左下图，“社会妈妈”与汶川儿童在一起；右下图，受到资助的板桥镇孩子在心愿墙上写心愿。

镇江市对口支援的板桥镇纳入“社会妈妈”帮困助学行列，并且组织了20名“社会妈妈”代表到板桥镇看望结对孩子，3年帮困助学、50名灾区儿童、18万元捐款以及专业的心理援助队伍，让大爱镇江精神在千里之外得到广泛的传播。

五 项目评估

对“社会妈妈”项目效果的评价主要通过以下两方面进行。

首先，从贫困儿童通过该项目获得的帮助进行评估。主要包括：吸纳和发放捐款人数；受助儿童数量以及增长率；受助儿童范围以及占需要帮助儿童总数的比例，评价覆盖面；实际效果抽样调查；通过跟踪比对，分析受到帮助前后，服务对象尤其是贫困的流动留守儿童的心理健康状况。

其次，从该活动的影响力、社会各界的反响以及妇联组织实施该项目的公信度、美誉等层面进行评估。

自2003年以来，已经有3 000多人加入到“社会妈妈”行列，5 000多人次受到“社会妈妈”的资助和关怀。孩子们在“社会妈妈”的关心呵护下茁壮成长，不少孩子现已就读大学甚至研究生。有的受助儿童像杨路等在自己成年后，也当起了“社会妈妈”。“社会妈妈”公益活动实践，记录了一个个普通人的感人故事，彰显了中华民族的传统美德，营造了关爱他人、关爱社会的浓厚氛围，诠释了镇江爱心之城的丰富内涵，对构建和谐镇江起到了积极的促进作用。社会评价其为“三个工程”，即育人工程、阳光工程、民心工程。该活动于2006年被江苏省文明委评为省未成年人思想道德建设工作创新案例一等奖，成为我市乃至全省的帮困助学品牌；2009年被授予镇江市首届“大爱之星”荣誉称号（如图3—6）。

六 经验与反思

1. 发展慈善公益事业，妇联组织应该积极作为

“社会妈妈”活动的实践表明，在发展慈善公益事业、弘扬慈善公益文化、构建和谐社会的进程中，妇联组织应该积极作为。

（1）妇联组织应当积极作为，推动慈善公益事业发展。

新的发展形势下社会保障要以社会保险、社会救助、社会福利为基础，以慈善事业、商业保险为补充。发展慈善公益事业，对于缩小社会差距、缓解社会矛盾、促进社会公平具有积极意义。慈善公益事业是稳定社会的重要力量，是和谐社会的“滑润剂”。在加快完善社会保障体系的过程中，妇联组织应当积极发挥自己的作用。

图3—6 “社会妈妈”广受好评

左图，2009年“社会妈妈”荣获首届“大爱之星”荣誉称号；右图，2009年大爱镇江颁奖晚会上的“社会妈妈”方阵。

（2）妇联组织应当正确面对妇女诉求，解决实际问题。

在社会经济发展中，妇女群体从整体上看还处于弱势地位。在“社会妈妈”资助的贫困儿童家庭中，单亲母亲家庭、隔代收养家庭占38%，流动人口家庭、纯农户家庭、双下岗家庭占41%，残疾、癌症、重病成员的家庭占19%，其他困难家庭占2%。妇女贫困化和贫困妇女化问题，已引起社会的普遍关注和重视。如何既为贫困妇女提供“输血式扶贫”以解燃眉之急，又采取“造血式扶贫”引导妇女成为社会发展的参与者和实践者，让妇女在自我发展中增进摆脱贫困的能力，从根本上解决贫困问题，是新形势下妇女群众对妇联组织的利益诉求，理应成为各级妇联特别关注的领域和重要任务。

（3）妇联组织应该构建公益平台，增进社会阶层间的沟通与理解。

“社会妈妈”公益活动，为主流社会阶层特别是富裕阶层搭建了向贫困阶层、弱势群体提供钱、物、服务等实际帮助的平台。在不断壮大的

"社会妈妈"行列中，有90多的长者也有不满10岁的幼者，有市级领导也有下岗职工，有百佳市民也有巾帼文明示范岗单位，有企业老总也有社会团体。帮助一个孩子，带动一个家庭，影响一片群众，稳定一方社会。"社会妈妈"公益活动，有利于增进不同社会阶层之间的沟通与理解，密切相互之间的联系，减少乃至避免由于相互之间的长久隔阂、误解而可能引致的摩擦与冲突，进而实现不同社会阶层成员之间和睦相处。慈善公益事业事关困难群众，反映不同社会阶层的利益需要，为维护社会稳定作出了贡献。

2. "社会妈妈"活动实践，引发对慈善公益事业的思考

（1）慈善公益文化，是未成年人思想道德建设的助推器。

"社会妈妈"作为公益活动，需要形成良性互动的态势。通过鼓励、引导、示范，唤醒人们心中的慈善之心，加入施爱行列；引导受助者学会感恩，学会回报社会，明白爱的真谛。"社会妈妈"五周年之时，我们没有举办盛大庆典，而是以"大爱"的名义，开展了感恩爱——给"社会妈妈"写封信，感谢"社会妈妈"的帮助，与"社会妈妈"面对面交流，加深双方的了解，传播爱——广泛宣传"社会妈妈"中的感人事迹，扩大影响力和参与面，延续爱——集聚社会力量，为更多的孩子开展"爱心书屋"等系列主题活动，使"社会妈妈"的博爱惠及更多的需要帮助的孩子，使更多的孩子受到爱的教育。最早受到"社会妈妈"资助的杨路，已踏上工作岗位，她将剩余的爱心款两万元转捐给了"社会妈妈"基金，并和丈夫一道当起了"社会妈妈"。由此可见，爱心结出了硕果，爱心得到了传承。

（2）强化全民（包括企业）的公益意识和社会责任感是当务之急。

慈善公益事业是一项庞大的社会事业，必须动员全社会力量积极参与。与发达国家相比，我国公民和团体的慈善公益意识还不够强，这是影响和制约我国慈善公益事业发展的最深层原因。应从构建社会主义和谐社会的高度不断强化社会公众（特别是富裕阶层）与团体（特别是企业）的社会责任意识。要把人们的慈善公益之心真正变成慈善公益行动，并使慈善公益事业成为风尚，必须增强全社会的慈善公益意识。有了这种慈善公益意识，才谈得上弘扬作为传统文化和先进文化的慈善公益文化。慈善公益事业为了人民群众，必须依靠人民群众。若没有群众的广泛参与，就只能停留在组织号召捐赠的层次上。

（3）培养第三部门，“小政府，大社会”是理想格局。

为完善第三次分配的运行机制，可将被称为“社会稳定器”的慈善公益事业交由独立于市场和政府之外的第三部门（社会团体、慈善组织、基金会、志愿服务机构等公益组织）来主办。从长远看，政府在慈善公益事业中必然要从主动作为的“运动员”角色回归到被动作为的“裁判员”角色，即慈善公益事业应交由独立于市场和政府之外的第三部门来主办，政府只起宏观协调和保障作用。介于政府和市场之间的第三部门的独立存在和发展壮大，可以减轻政府的负担和降低管理成本，也可以做市场无能为力的事情，特别是在政府和市场都有可能失灵的地方，能发挥其作用。让第三部门与政府、市场之间“三足鼎立”，相互依存，相互服务，相互以长补短、以强扶弱、以余济缺，形成一种在财富总量不变的情况下的第三次分配，实现收入在不同社会成员之间的转移，使弱势群体和困难群众的基本生活得以保障。

（案例来源：镇江市妇联副主席郑迎伟；儿童部部长张碧云。）

“温馨家园”城市社区低龄老人服务项目

一 项目背景

21世纪人口老龄化给国家经济、社会、政治、文化等方面带来了深刻影响，老人在养老、医疗、社会服务等方面的需求越来越大。目前，由于社会转型、政府职能转变、家庭养老功能弱化，中国老人服务业水平发展严重滞后，难以满足庞大老年群体的居家养老服务需求。

新街口街道位于南京市商业中心，现有人口95 187人，老人占总人口数13.21%，经济收入处于社会收入中下层，社会互助、自助意识较弱，普遍存在无力感和无助感。尽管各级政府部门和社区投入了大量的人力和物力，但仍然不能满足这一弱势群体的需求。随着老人数量的日益增长，老人服务力量薄弱、服务经费有限等诸多困难更加凸显，亟待完善居民居家养老服务体系。南京基督教青年会在社会各界的支持帮助下，建立了社区邻里互助社会支持关爱老人义工服务网络，探索出了“温馨家园”城市社区低龄老人服务模式。

“温馨家园”城市社区低龄老人服务项目为城市社区低龄老人提供形式多样的文体活动服务，满足老人在生理、心理和社会活动方面的多样化需求，使他们在社区生活中“老有所养、老有所医、老有所教、老有所学、老有所为、老有所乐”，在活动中激发他们帮助高龄老人的爱心服务意识，从而开创新形势下城市社区居家养老、邻里互助的服务新途径。

在此项目策划推进中，我们采用社会工作的专业督导方法，整合海内外专业社工、心理学专家资源，帮助新街口街道及社区干部组织开展社区干部和低龄老人义工培训服务活动，结合高校社工大学生义工进社区服务工作，丰富低龄老人文体小组活动内容，提高当地居民活动组织能力和社会责任感。

二 项目基本信息

（一）服务对象

采用社会工作的专业方法，帮助新街口街道干部组织开展60名社区干部和低龄老人义工积极分子培训服务活动。在边学边实践的社区服务中，通过南京基督教青年会外来义工的介入，丰富低龄老人文体小组活动内容，提供义工领袖组织管理经验的分享，提高当地居民活动组织能力和社会责任感。在互动教学内容中，对本街道80岁以上高龄独居困难老人入户探访，激发低龄老人义工领袖的爱心和同情心，为今后发展低龄老人义工队伍打好基础。

（二）参与人员

南京基督教青年会资深专职社工、新街口街道及各社区干部、在宁高校社工系部分教师、心理专家和高校大学生义工形成项目工作团队，60名社区社工和低龄老人居民义工学员参与，青年会“温馨家园”社区服务管理中心实施管理。在确保项目团队内部行政管理体系有效沟通和执行的基础上，重点加强与被督导机构新街口街道的外部沟通与合作，加强与在宁高校社工教师的工作沟通机制，建立与项目资助方玄武区民政局、社区老人的相互信任关系，整合海内外义工资源为社区老人服务。

（三）实施时间

项目实施时间是2011年8月至2012年8月。

（四）实施地点

地点是新街口街道下属的六个社区。

三 需要分析

2012年7月10日全国老龄委正式发布2010年第三次（2000年、2006年）全国城乡老年人口调查结果，60岁以上老人占总人口比重达13.7%，其中，老年男性占49%，老年女性占51%，低龄老人占56.2%，城乡“空巢”老人占49.3%。老人存在着保障和收入水平较低，抵御风险能力弱，护理照料需求增长明显，照料服务资源短缺，健康风险因素多，医药负担仍然沉重，居住安排更倾向于独立居住，家庭“空巢化”日趋严重等问题和挑战。

新街口街道属南京市老城区，居住人口密集，居民家庭收入低，该街道老龄化程度在玄武区是最高的，而各级政府部门下拨给街道用于老人服务的资金有限。随着社区老龄化程度的加剧，社区干部居家养老服务工作量增大，对社区内高龄困难老人的照顾问题凸显人力资源不足。街道社区干部虽然身先士卒，带动社区党员和居民积极分子进行服务，但义工个体服务行为多，因此需要以社区居委会为核心，采用社会工作的理念和技巧，形成志愿者服务管理网络，不断扩大义工队伍，满足社区老人居家养老的需求，建立高龄老人社会支持系统。这是应对中国社会老龄化日益严重，政府花费资金最少又行之有效的社会管理创新模式。

根据上述社会需求，南京基督教青年会学习海内外基督教青年会中标政府社区购买服务的成功模式，结合自身人力资源和工作优势，设计了该项目。

四 项目实施过程

（一）服务方式

南京基督教青年会建立了专业社会工作者的服务团队，采用社会工作的专业督导方法，整合海内外专业社工专家资源，帮助新街口街道全年组织培训了六社区60名社区干部和低龄老人义工积极分子。同时，我们组织学员对本街道291位80岁以上高龄独居困难老人入户探访，激发这些学员的爱心和同情心，为今后逐步发展低龄老人义工队伍打好了基础。

（二）项目实施进度（如图3—7）

1. 2011年8月—9月

挑选第一期培训学员30人，并在每个社区召开社区干部、义工骨干座谈会，做好街道六个社区低龄老人工作文体活动现状的了解，形成基线调查报告。在座谈中，统一大家对“温馨家园”社区服务项目重要性的认识，同时就培训主题征求学员的意见，增强培训效果。

2. 2011 年 10 月—2012 年 1 月

第一期社区低龄老人居民义工骨干培训班开课。采用授课互动方式了解低龄老人的服务需求，就如何参与社区公共事务，如何为社区高龄独居困难老人服务提供指导。培训主题有：义工理念培训；组织技巧培训；服务技巧能力培养；激发社会责任感，居民义工社区工作参政议政实务能力开发。

挑选第二期培训学员 30 人。加强 30 名社区老人义工骨干的内部互动沟通，结合街道日常工作，组织社区内外志愿者开展高龄老人探访工作，巩固老人各类文体小组活动，开展社区群众文体活动。其中，重点是加强内部组织管理，提高活动质量，筹备“迎青奥、做义工”老人大型文体活动。

3. 2012 年 2 月—6 月

培训第二期社区低龄老人居民义工骨干 30 人。组织参与培训的 60 名义工，分别对街道 291 位独居老人对象逐一入户进行专业的老人服务需求摸底调查，对独居老人的身体状况、心理健康、居家人居环境进行评估，建立 291 位独居老人居家养老服务需求的档案（电子书面文档），为入户持续开展居家养老心理慰藉服务做好准备。调查表格由南京基督教青年会设计、登记归类、造册，报街道和社区备案一份。

以六社区培训学员为骨干，成立了六社区居民义工服务队，定期开展服务活动，逐步发展居民义工。

6 月 15 日，开展“迎青奥、做义工”老人大型文体活动，根据学员培训课出勤率和开展老人服务活动频率进行表彰，给予 30 名优秀学员奖状和奖品，鼓励更多的社区老人积极做义工。

4. 2012 年 7 月—8 月

南京基督教青年会派出义工做好现有居民小组活动的巩固工作，并对一年的项目督导提交项目结案报告，接受项目资助方玄武区民政局督导评估。

图 3—7 “温馨家园”城市社区低龄老人服务项目的开展

左图，社区居民义工服务队授旗仪式；右图，“迎青奥、做义工”老人文体活动。

五 项目评估

(一) 项目效果

2009 年至今南京基督教青年会发掘海内外义工资源，重点在新街口街道各社区开展老人服务。服务累计达到 5 000 人次。社区居民对南京基督教青年会的服务活动有了一定的认同感。项目启动后，主要服务内容如下。

(1) 组织海外青少年义工与社区老人联欢，既丰富了老人的业余生活，也使海外青少年学习了中国文化。他们服务老人的数量为 232 人次。

(2) 培训社区干部和低龄老人居民义工骨干学员 60 人，指导学员利用学过的知识，组织社区居民群众开展文体活动，服务数量为 960 人次。

(3) 组织学员和大学生义工对社区高龄独居困难老人进行入户探访，服务数量为 291 人次。

(4) 指导高校社工大学生 850 人次参与社区服务工作，提高社工服务技能，增强他们的社会责任感，服务内容包括探访高龄老人、组织文体活动，收集社区居民潜在义工名单等。

(5) 与驻区单位珠江路小学合作，每周三下午针对行为偏差学生进行“完美人格小义工”成长小组活动，一年服务数量为900人次。为寓教于乐，春节前动员50名小学生为100名社区老人进行“迎龙年送温馨”免费现场写赠春联活动，增强社区老人和青少年对社区的归属感，提高社会责任感。

(6) 以各社区10名学员为骨干，成立六社区居民义工服务队，组织活动，初步形成社区义工管理小组，为今后发展居民义工打好了基础。

本项目与一般的社区居家养老照顾中心不同，体现“助人自助”的社会工作专业理念，是社区管理能力建设项目。它不仅为社区低龄老人文体活动提供了社工专业辅导服务，提升了他们的社会责任感，使他们成为义工骨干，更重要的是复制了海内外基督教青年会成功运营的社区管理中心模式，整合社区内外义工资源，通过培训挖掘当地低龄老人“可再生生产力”参与社区事务的积极性，实现了低龄老人的“老有所为”。学习了培训课程，学员能结合所学知识，学习策划老人服务活动，并在社区干部的配合下组织实施。学员参与社区服务的热情有所增长，增强了其对社区的归属感。

本项目同时为高校社工大学生提供了公益服务平台，使他们在国际化社工专业服务机构的督导下，成为具有爱心和社会责任感的社区服务专业人才，成为社区居民义工网络的组织者和管理者，在实践中成为和谐社区建设的骨干力量。

在项目实施过程中，新街口街道及六社区干部与我们青年会“温馨家园”社区服务中心密切合作，形成合力，共同发展居民义工，共同策划各社区的服务活动，初步形成了社区、青年会社工、居民义工“三社联动”的社区老人活动框架。如北门桥社区主动与青年会签订三社联动协议，希望我们参与他们的义工管理督导工作，在低龄老人义工“一对一”配对为邻居高龄老人服务方面，更好地激励了低龄老人义工服务的持续热情。

通过培训，社区干部和社工进一步提升了服务意识，强化了社会责任感，在青年会外派社工大学生的社区服务中，他们互动交流，双方都受益匪浅，提高了社工服务技能，意识到整合社会资源、发展义工队伍对社区工作的重要性。

本项目得到了街道社区的大力支持。新街口街道及六社区干部积极支持申请本项目，配合南京基督教青年会解决项目推进过程中产生的困难。在社区高龄独居老人家访中，社区所有网格管理员参与，保证了此项任务的顺利完成。新街口街道及唱经楼、北门桥、大石桥、成贤街、香铺营、长江路六社区的干部认为“温馨家园”的社区服务项目有利于社区管理和建设，因此愿意提供场所和通知服务对象准时参与活动，而且积极参与项目活动的策划和组织工作。

尽管本项目只开展了一年，但社区居民对“温馨家园”社区服务中心有了一定的知晓度，愿意积极参与我们组织的活动。

（二）项目的社会影响力

2012 年获江苏省妇联妇女社会工作实践类方案（全国参赛 110 份，共有 8 个方案获奖）三等奖。相关媒体的报道依次为：2012 年 2 月 28 日《南京日报》，2012 年 5 月 1 日《扬子晚报》，2012 年 6 月 20 日《扬子晚报》。

通过本项目的宣传，2012 年向香港那达苏慈善基金会成功申请“口福行动”项目资金，每年为南京市 100 名低保户或低保边缘户 60 岁以上缺齿 14 颗以上的老人安装假牙，名额优先向玄武区倾斜。2012 年 3 月 2 日上午由江苏省口腔医院具体实施该项目。

引进韩国、美国以及我国香港青少年义工资源为社区老人服务，并开展青少年文化交流活动。

组织在宁高校的海外留学生为街道特困家庭子女开展周末英语趣味活动，逐步发展家长成为我们的义工。

组织珠江路小学学生为 100 名老人写春联，促进老年居民与青少年义工的互动沟通。

南京基督教青年会实施的“温馨家园”社区服务项目，为街道及社区培训了国际化、现代化社会管理的义工队伍管理人才，提升了社区干部管理老人活动的能力，激发了社区义工的潜力，使社区义工有了施展才能的空间，能增添了低龄老人文体活动的多样性和趣味性。同时为在宁高校的社工专业研究生和大学生提供了社会服务的实践平台，累计安排大学生850人次服务活动。

(三) 项目创新性

这是南京市率先开展的社区居民义工社工专业技能培训的项目，体现“助人自助”的社会工作理念，提高了低龄老人参与社区事务的积极性，实现了“老有所为”，变零散关怀为社区专业网格服务，逐步使高龄独居困难老人得到邻里便捷的心理慰藉服务，减轻了政府服务老人的压力。

为高校社工学生提供了公益服务平台、职前工作体验和培训。

培育了“温馨家园你我他，社区服务靠大家，你帮我来我帮你，共筑和谐温暖家”的社区文化，探索出街道与社会组织合作建设社区居家服务中心的成功模式。

(四) 项目的可持续性

(1) 随着老人服务需求持续增长，政府有委托专业机构建立服务网络的持续需求。

(2) 人力资源的可持续性。本项目培养出有社区义工服务管理专业技巧能力的社工和居民义工骨干，使社区有了管理服务资源，并将发动更多爱心人士参与老人服务，从而保证了人力资源的可持续性。

(3) 社区服务管理中心的能力持续提高。南京基督教青年会总结了“温馨家园”中心一年来的服务经验，将进一步加强与海内外青年会学习和交流，完善中心的管理工作。

(4) 资金来源的可持续性。项目具有政府持续购买服务的潜力，未来能衍生出其他服务，回应社区居民多样化的需求。青年会将通过自我评估来调整优化项目执行流程和内容，拓展、深化服务，为持续申请资金做准备，也将通过不同渠道整合社会资源（包括资金、人力资源和社会支持），满足老人安享晚年的需求。

六 经验与反思

项目实施过程中，因缺少人员、经费，所以项目管理人员均为兼职义工服务，这样在项目推进上有时会影响项目的进度。社区干部平时工作很忙，居民义工也有其他活动安排，有时不能准时参加培训和服务活动，也影响到项目的培训和服务成效。具体经验总结与反思如下。

（1）教学方式需要不断更新，并在课后进行社区活动以巩固服务技巧。项目培训之初，有些老师授课时理论色彩较浓，经过管理人员与老师的沟通，进行了教学方式的创新，采取老师授课，社工大学生示范技巧，并加入到居民培训课中进行辅导练习的教学方式，使社工技巧转变为大家眼见为实、简单易学的方法，受到居民义工的欢迎。课后，围绕课程内容，安排社工大学生进入六个社区，通过老人服务活动巩固学习成果，使学员知道如何运用这些知识开展活动。

（2）活动参与者因主观或客观原因培训不能出满勤，影响了培训效果。青年会第二年的项目申请将工作的重点放在开展社区老人活动上，用组织活动的形式具体辅导居民义工骨干如何发展义工、如何开展活动。

（3）本期项目的管理人员是兼职负责项目工作的，虽然青年会整合高校社工师生进社区进行专业服务的能力很强，但因居民义工发展存在不确定因素，需要持续工作才能奏效，因而青年会需要聘请专职社工常驻六社区工作，进行协调管理，从社区居民中发现义工人才。目前本项目没有专职社工人员经费，青年会在全额支付项目人员工资费用。

（4）青年会开展此项目的第一期项目内容以培训为主，主要提升社区干部和居民义工积极分子对发展义工重要性的认识、提升为老人服务的理论知识和实际服务能力。我们计划继续申请第二期项目，重点是在六社区辅导学员和居民义工开展老人服务活动，加大高校社工师生进社区督导、服务的频率，在活动中进一步发展各类居民义工人才。目前我们与新街口街道社区干部的工作合作关系和谐，如不能申请到第二期项目资金，将影响到项目的持续发展，居民义工发展工作也会停滞下来。

（5）在动员现有社区居民文体小组成员参与社区服务工作中，存在一些困难。有的居民兴趣小组骨干仅仅满足于“自娱自乐”的活动方式，没有感恩社区的意识，需要对其进行思想工作，逐步说服动员使其成为义工，但他们是否参加服务存在未知数，因而需要结识更多的居民，从中物色到更多的居民义工人才。

在今后的日子里，南京基督教青年会“温馨家园”社区服务中心将积极整合海内外资源，与街道社区干部协同推进社区公共服务管理的社区化、公益性、自治化，为共同构建老人服务多元化互助网络作出贡献。

参考文献

王思斌．社会工作综合能力．北京：中国社会出版社，2010.

（案例来源：南京基督教青年会赵东曙。）

昆山市好阿姨居家养老服务项目

一 项目背景

目前，中国老人入住养老机构的比例仅为1%，绝大多数老人在选择养老方式时对家庭养老情有独钟。随着我国人口老龄化程度的加剧，加强养老服务工作显得十分重要。从昆山市的实际情况来看，昆山市从1988年开始就已跨入人口老龄化城市行列。如今，老年人口约占全市户籍人口的18%，其中70周岁以上老年人5.9万人，占老年人口的49.99%，人口老龄化、高龄化、空巢化问题严重。

昆山市民政局对辖区内5万多名60周岁以上老人进行了一次关于养老需求的问卷调查。调查显示，在50 129名受调查老人中，希望居家养老的为44 404人，占受调查老人的88.6%。对这5万多名老人子女所做的调查则表明，92%的子女希望父母能够居家养老。同时，选择居家养老者当中，28%的老人认为需要社会提供养老服务，29.7%的子女也认为需要社会提供养老服务。在居家养老所需服务方面，精神娱乐需求尤为突出，39.3%的老人需要社区组织开展娱乐活动，8.3%的老人需要提供精神慰藉服务。此外，15%的人需要提供家政服务，14.8%的人需要提供医疗护理服务，10.5%的人需要提供日常照料服务。

针对昆山市老年人的养老需求，政府积极寻找应对人口老龄化举措，形成机构养老和居家养老相结合的服务网络，在这一形式下，昆山市妇联主动与民政局合作，开展了昆山市好阿姨居家养老服务项目。

二 项目基本信息

居家养老，与家庭养老和机构养老不同，指的是以家庭为核心、以社区为依托、以专业化服务为依靠，为居住在家的老年人提供以解决日常生活困难为主要内容的社会化服务。居家养老的形式主要有两种：一种是由经过专业培训的服务人员对老年人提供上门照料服务；另一种是在社区创办老年人日间服务中心，为老年人提供日托服务。

针对昆山市居家养老服务情况，2008 年 8 月，昆山市妇联好阿姨服务中心承接居家养老服务项目，实现了居家养老人性化服务，一方面为老年人提高了生活质量，另一方面为妇女实现再就业拓展了渠道。

三 需要分析

经调查研究，居家养老服务对象各方面的需要情况如下。

1. 生活需要

调查资料显示，15％的人需要提供家政服务，10.5％的人需要提供日常照料服务。老年人的日常生活照料是其最需要的项目之一，相对而言，老年人年龄体力跟不上，需要服务人员照顾他们的生活起居。

2. 精神需要

在居家养老所需服务方面，精神娱乐需求尤为突出，39.3％的老人需要社区组织开展娱乐活动，8.3％的老人需要提供精神慰藉服务，给老年人提供心理、精神上的关爱。

3. 医疗保健需要

在居家养老所需服务方面，14.8％的人需要提供医疗护理服务，以满足老年人的健康保健需要。

4. 法律需要

此外，法律服务也是提高老年人自我保护意识，维护老年人合法权益的需要。

四 项目实施过程

（一）申请程序

1. 申请

申请人向户口所在地居（村）委会提出申请，填写《昆山市居家养老服务申请表》，并提供相关证明。

2. 初查

居（村）委会对申请人家庭情况进行初查，符合条件的上报街道办、区（镇）民政部门。

3. 复核

区（镇）民政部门所在地财政部门审核后报市民政局复核。

4. 通知

市民政局复核后返回区（镇）民政部门并按季度抄送市财政局，同时市民政局通知至昆山市妇联好阿姨服务中心承办，开展居家养老服务。

5. 服务

市好阿姨服务中心联合区（镇）妇联组织确定服务人员进行居家养老服务，并签订有关协议，确定居家养老服务内容等。

（二）服务内容

项目开展中主要面向居家老年人开展生活照料、医疗保健、精神慰藉、法律等服务，具体如下。

1. 生活照料服务

以营造良好的生活环境、满足日常基本生活需要为主，为老年人提供日常生活照料和生活护理方面的服务，如卫生清洁、洗衣做饭、代购物品等。

2. 医疗保健服务

以满足老年人基本健康和医疗护理需要为主，利用各社区内医疗机构，建立老年人健康档案，陪同老年人参加健康检查、诊断、治疗，开展半护理或全护理及部分照料服务。

3. 精神慰藉服务

以满足老年人精神生活需要为主，开展谈心聊天、读书读报、心理疏导等情感交流、心理沟通、行为支持等服务。

4. 法律援助服务

以帮助老年人提高自我保护意识，维护老年人的合法权益为主，为老年人提供法律咨询、权益维护等服务。

（三）实施过程

1. 第一阶段（2008 年 8 月—2008 年 10 月）

本阶段的主要任务是贴合需求，积极开拓养老服务新项目。

2008 年 8 月，昆山市妇联好阿姨服务中心全面开展居家养老服务，确立了“居家养老服务人性化”的理念。一方面开展调研，摸清昆山老人的养老需求；另一方面整合资源，开辟服务项目，设置了家政料理、康复护理、精神慰藉、医疗保健等菜单式服务内容，为每个老人制定了个性化服务方案。

2. 第二阶段（2008 年 10 月—2008 年 11 月）

本阶段的主要任务是组织实施，建立养老服务新规范。

（1）构建一个服务网络，统筹服务开展。市妇联依托镇（街道）、社区（村）基层妇女组织构建居家养老服务组织网络。一是市级设立居家养老服务中心，具体工作由市妇联好阿姨服务中心扎口管理，负责拟定居家养老服务实施方案，制定具体操作办法，指导、协调、监督全市居家养老社会化服务工作。二是区镇（街道）建立居家养老服务工作站，由各区镇妇联主席为各区镇（街道）居家养老服务的负责人，负责本辖区内的项目组织实施。三是社区和村建立居家养老服务工作室，由社区妇联主席和村妇女主任具体落实本社区、本村的居家养老服务工作。

（2）建立服务制度，保障服务开展。市妇联制定了《昆山市妇联关于承接居家养老服务项目的具体办法》，昆山市好阿姨服务中心在深入调查研究、借鉴经验的基础上，加强制度建设，建立了昆山市妇联好阿姨服务中心承接居家养老服务项目的一整套工作制度，包括《居家养老服务管理制度》、《居家养老服务中心职责》、《居家养老服务中心承诺》、《居家养老服务工作流程》、《居家养老服务菜单式服务项目》、《居家养老服务评估制度》、《居家养老服务工作例会制度》、《居家养老服务工作信息通报制度》、《居家养老服务档案制度》等规章制度和办法，为居家养老服务工作的开展提供了依据和规范，有利于为老年人提供及时、便捷、高质量、人性化的服务。

(3) 运作服务程序，优化服务流程。由符合服务条件的老年人本人或家属向民政局提出书面申请，镇民政部门受理、调查、核实、分类，根据实际情况和有关政策规定，提出养老服务的方式和补助标准，报市民政局审核批准后，交好阿姨服务中心实施。

好阿姨服务中心接到审批表后，根据民政局规定的老年人的补贴标准、服务时间等要素，与对应区镇妇联负责人员联系，区镇妇联根据要求为老年人物色服务人员，在征得老年人同意后，安排服务人员体检，体检合格后，由好阿姨服务中心对其进行居家养老专业培训，经培训合格后，双方签订协议，服务人员上岗服务，村居妇联主席跟踪服务质量，镇妇联按月向民政部门结算服务经费，按月及时将服务经费发放给服务人员。昆山市好阿姨服务中心展开服务跟踪，做到“每户必访”，每月对服务对象进行1～2次的走访调查，同时会同民政部门进行不定期的抽查，加强对服务质量的把关。

(4) 培养服务人员，提升服务水平。为了有效提升居家养老工作的水平，好阿姨服务中心着力加强居家养老服务人员队伍建设，根据居家养老服务项目的服务对象分散的特点，由老年人所在村居妇联根据老年人的特点，物色老年人愿意接受的素质好的服务人员。

经过体检签约后，好阿姨服务中心对服务人员进行专门培训，在职业道德、服务态度、服务技能、身体素质、安全防护等方面进行了特色的岗前和岗中培训，培训有计划、有教材、有师资。

3. 第三阶段 (2008年11月至今)

本阶段的主要任务是全面实施，推进居家养老服务工作的开展。

依据《居家养老服务管理制度》规定，各区(镇)妇联组织与昆山市好阿姨服务中心全面实施居家养老服务工作。

自2008年居家养老服务工作实施以来，昆山市好阿姨服务中心通过开展居家养老服务工作，已为全市享受政府居家养老优惠政策的311位老年人提供了优质的、无偿的养老服务，并为 5 000 多位老年人提供了低偿的居家养老服务，使老年人在家享受服务，享受亲情融洽的家庭生活氛围，帮助老年人提高生活质量，让老年人老有所乐、老有所养，得到了昆山市民的一致好评。

五 项目评估

昆山市好阿姨居家养老服务项目采取三方监督制度，主要为服务对象、服务对象所在社区的基层管理组织及服务中心三方共同监督执行。

服务对象定期依据《居家养老服务卡》针对服务人员的服务质量进行满意度测评。

各区（镇）妇联定期至辖区范围内居家养老服务对象进行回访调查，并记录在《回访记录表》上，同时针对《居家养老服务卡》的服务情况作调查了解。

服务中心定期抽样，进行回访调查，以同步确认相关服务实施情况。

市民政局及各区（镇）民政局、市妇联及区（镇）妇联组织与服务中心一同逐步落实回访，并统计记录服务对象提出的意见及建议，加强对服务质量的把关。

六 经验与反思

（一）经验总结

1. 居家养老服务促进资源共享

在居家养老服务工作中，市妇联以家庭为核心，以社区为依托，以专业化服务为依靠，通过充分利用和整合各种社会资源，积极为享受政府优惠政策的老年人提供了优质无偿的服务，同时，好阿姨服务中心积极拓展品牌内涵，为不享受政府优惠政策的高收入老年人提供了个性化的居家养老有偿服务，形成多种形式并存的服务方式。2009 年 6 月，市妇联成立“昆山义工妈妈社团”和“金阿姨党员志愿者工作室”，根据社区居民的需求，采用无偿的志愿者服务和有偿服务相结合、大型公益活动和个性化关怀相结合的形式，为社区老年人提供生活照料、家政服务、心理咨询、康复服务、精神慰藉、法律援助和紧急救助等服务，有力促进了全市居家养老服务工作的发展。

2. 居家养老服务促进社会和谐

居家养老服务为家庭减轻了照顾老年人的负担，促进了家庭和谐，也促进了邻里乡亲关系，使更多的人了解了居家养老服务工作的实质，并为全市各镇、村（社区）下岗、失业、失地人员及更多人群创造了就业机会，提供了就业平台，带动了更多的人加入这个队伍。

3. 居家养老服务促进妇女就业

居家养老服务工作的开展，一方面展示了妇女服务社会、服务家庭的崭新风貌，有效提升了昆山老年人的生活质量；另一方面，居家养老工作为促进妇女就业、减轻家庭负担、促进家庭和谐、促进邻里关系，起到了很好的推动作用。通过承接居家养老服务项目，有效提升了妇联组织参与社会公共事务管理的能力，以及服务妇女、服务家庭的能力，也密切了妇联组织和广大百姓的血肉联系，同时成为服务中心拓展妇女就业渠道、和谐邻里关系、推进和谐家庭建设的又一创新实践。

（二）项目反思

随着老年人多层次、多方面、多样化的养老需求，现行的社会化居家养老模式逐渐出现了一些新的困局，主要集中表现在三个方面。

1. 资金问题

居家养老所需经费支出虽然不多，但随着居家养老工作的广泛开展，资金紧张问题必将凸现。政府给服务开出的价位并不高，明显低于市场价格，加上服务质量的跟进、管理的加强、员工的培训都需一定的资金保障，给居家养老服务的开展带来了不小的困难。

2. 服务队伍问题

社区服务内容单一，服务功能相对薄弱，服务人员专业化程度不高，服务信息不对称，难以迅捷提供高效服务，不能充分满足老年人多样化、个性化的需求。

3. 覆盖面问题

就目前而言，昆山市居家养老服务的覆盖面不大，服务对象主要是政府援助的困难老人，能真正享受到养老福利服务的老年人不多。居家养老在社会上很受欢迎，许多符合条件的老年人都想加入，但未能成功。

为使居家养老服务这一新生事物走得更远、行得更好，我们建议从以下几个方面加以完善。

（1）加大对居家养老服务工作的宣传力度，争取社会各界的支持和参与。市妇联以“孝老爱亲，家和人圆”为主题，加强对家庭赡养老人的宣传，倡导开展形式多样的亲情关怀活动，通过广泛开展敬老、养老、助老的道德宣传和教育，营造尊老爱老的良好社会氛围。

（2）通过居家养老服务工作，为老年人做实事，服务中心要进一步规范居家养老管理制度，深入居家养老服务工作，促进居家养老服务工作的落实。

（3）积极组织开展形式多样的敬老、爱老、助老等亲情关怀活动，争取社会各界的支持和参与，依靠社会力量，调动昆山数量庞大的爱心组织、慈善团体，发动社区、单位、学校，扩大志愿者的队伍，使社会各界能利用自身的条件，利用节假日给老年人提供力所能及的居家养老服务。

（4）进一步利用社会保障资源，积极开展居家养老服务培训工作，培育一支专业化队伍，以提高我市养老服务社会化的整体水平，促进和谐社会的发展。

参考文献

[1] 关于开展居家养老服务工作的实施意见（昆民〔2008〕88号/昆财字〔2008〕192号）. 2008.

[2] 市政府印发关于推进居家养老服务工作的实施意见的通知（昆政规〔2012〕8号）. 2012.

[3] 在全市养老服务工作推进会上的讲话（昆政办通报第8号）. 2012.

（案例来源：昆山市好阿姨服务中心高洁。）

家庭暴力防治宣传倡导计划

一 项目背景

我国于20世纪90年代起开始关注家庭暴力问题。1995年第四次世界妇女大会在北京召开后，反对针对妇女的家庭暴力在内地引起了社会各界的关注，学界也出现一些有关家庭暴力的研究。尽管我们在防治家庭暴力方面进行了不懈的努力，例如始于20世纪90年代后期由主要来自北京的妇女领域专家、民间妇女组织和妇联等共同建立的、为期近六年的“反对家庭暴力网络”建设，又如陕西妇女理论婚姻家庭研究会开展的题为“建立县、乡、村级反家庭暴力的支持性社会环境”项目。虽然在协助受暴妇女摆脱家庭暴力方面取得了成效，但目前为止全国仍未建立起一个普遍性的、现实有效的防治网络，社会对家庭暴力的干预和防治呈现出地域资源分配不均、防治机构间缺乏互动、工作人员对家庭暴力和性别议题认识不足的局面，这样的局面除了与我国广大的区域面积、庞大的人口基数及复杂多元的社会文化环境等因素有关，也与家庭暴力防治网络的建设程度（广度、深度、力度、历时）有关。

目前，我国受暴妇女能获得的干预资源有限，大多数服务都停留在记录、安慰和调解的层次上，较少有直接的、有约束力的、强制性的干预资源。以妇联为例，它协助受暴妇女摆脱家庭暴力的主要手段是记录、安慰和调解，这些手段的可行性与有效性在多数情况下取决于受暴妇女本身的观念和行动，因此对广大妇女群体进行家庭暴力的宣传与倡导具有必要性，它有助于加强广大妇女同胞对家庭暴力及其应对手段的认知，也有助于缓解家庭暴力对女性造成的侵害。

方案尝试把社会工作的理念与方法引入家庭暴力问题的防治工作中，

通过对受暴妇女开展专业社会工作、对公众开展家庭暴力防治的宣传与倡导活动，深化公众对家庭暴力及其应对手段的认知，从而更好地避免或缓解家庭暴力对女性造成的侵害。

方案设计中主要涉及“增权理论”和“被爱包围”工作模式。本方案本着社会工作“助人自助”的理念，通过在现有家庭暴力防治机构（妇联、社区等）逐步引入社会工作专业实践活动，协助受暴妇女心理重建，强化其社会适应能力，同时宣传各项防治家庭暴力的措施和手段，提升广大妇女的自我保护能力，并降低受暴妇女求助过程中被二度伤害的可能性。服务过程中，本方案强调人本精神，采取优势视角，相信每个人的潜能，通过积极倾听、同理心，促使个人改变并获得发展，强调案主优点的发现，秉承“人在情境中”的观点，着重案主提升自我决定能力并促使案主更为有效地运用各项社会支持性资源，力图为遭受家庭暴力的案主营造一个更好的生活重建环境。

二 项目目标

（一）总目标

方案的总目标分为三个方面：一是通过团体工作，协助处于家庭暴力危机中、准备摆脱或已经摆脱家庭暴力的妇女，勇敢面对自己的婚姻或新生活，以新的姿态看待自己，重建对婚姻的信心及对未来生活的希望。二是通过将个案工作方法与理念运用于日常家庭暴力咨询中，提升妇联基层工作者的服务能力，增强受暴妇女的信心与自我控制感。三是通过高校与社区宣传与倡导活动，进行反对家庭暴力相关知识宣传，引导人们关注亲密关系暴力，协助群众更好地认识家庭暴力对家庭、对社会的危害。

（二）分阶段目标

第一阶段的目标是培训家庭暴力防治机构的一线工作人员，培养他们的社会工作专业意识，对他们进行倾听与同理心相关训练，并就如何提高个案咨询服务的质量与他们展开讨论。

第二阶段的目标是指导培训后的家庭暴力防治机构工作者（如妇联信

访处工作人员、社区工作人员等）对前来自己所在机构咨询的受暴妇女进行需要调查、评估、小组活动方案设计。通过需要调查与评估结果，在团体计划书框架中填入适合的、具体的活动流程，确定团体参与者的招募渠道，制定并调整评估方式与评估量表内容。若工作者对团体工作的工作方法与具体实践不了解，则可招募社会工作专业志愿者完成具体团体活动的设计及带领工作。

第三阶段的目标是与高校联系，在高校进行家庭暴力防治巡回讲座，邀请专家学者、社会工作者与高校学生共同讨论恋爱婚姻关系中常见的问题及积极的应对方式、家庭暴力的危害性等内容。同时，在有条件和意愿的社区中，进行反对家庭暴力的板报宣传，或在社区工作站开设“家庭工作坊”，由社区工作者对有需要的家庭开展咨询及个案服务，可长期运行。

三 需要分析

我国受暴妇女救助服务自20世纪90年代发展至今，形成了法律、传统公共部门、“准”公共部门共同编织的家庭暴力防治网络，主要特点为：以《婚姻法》（2001年修正）为法律基础，以妇联、居（村）委会、派出所、法院为资源提供主导，以医院、庇护所、验伤中心、民间组织（社会工作/心理咨询机构）、施暴者单位等为资源提供辅助。全国妇联开展的“2009受暴妇女需求调查”结果显示，在众多为受暴妇女提供资源的公共部门中，求助人数最多、比例最高的途径或机构依次是：妇联、派出所/110、居委会、村委会、乡镇政府、法院、热线电话/心理咨询机构、施暴者工作单位、庇护所/妇女救助站、法律援助中心。受暴妇女在选择施救方时较倾向于妇联、派出所/110、居委会三大传统公共部门。从实施效果来看，这些部门主要以事后处理为原则，以劝解、安慰与警告为手段，具有时间滞后性，此外，救助服务大多通过单一施救公共部门实现，一定程度体现出服务的碎片化。

长久以来，“家丑不可外扬”、“清官难断家务事”等思想意识使家庭内各项事务几乎被界定为个人私事，加之女性的生理柔弱性、社会地位弱势性和社会分工家庭化因素，使遭受家庭暴力的妇女表现出较少反抗性与较多文化、经济和家庭关系的顾虑。随着女性主义全球性崛起与社会进步发展，家庭暴力对女性的危害日益被重视，逐渐从个人私事到普遍现象再到社会问题，从污名到同情再到实施救助，价值转变的本质在于强调政府在家庭暴力防治问题上的责任。当妇女面临家庭暴力风险时，单一的风险管理工具不足以抵抗家庭暴力对妇女身心的侵害，尤其是当受暴妇女个人关系网络失灵时，正式机构、社会政策及社会干预机制的作用便得以凸显。从社会工作专业视角出发，提升家庭暴力防治资源提供、输出、整合方面的制度性、系统性、多样化、互动性及专业性是满足受暴妇女需要的重要手段。本方案中的团体工作、个案工作、高校及社区宣导活动，有助于从多方面提升家庭暴力防治服务的多样性、多个公共部门的互动性及专业性。本方案是为家庭暴力受害者或有家庭问题者量身打造的系统社会工作干预计划，考虑到了资源的可及性、可用性和可操作性，能以较小的成本开展一系列有助于提升家庭暴力防治服务品质的活动。

四　方案计划

（一）服务对象

（1）前往妇联咨询的受暴妇女群体。

（2）对家庭暴力防治主题或家庭相关主题有兴趣的社区群众。

（二）实施人员

方案实施人员可为：（1）各级妇联权益部、信访处；（2）社区工作站从事社会工作服务的工作人员，如社区专职社会工作者或社区已取得社会工作师资格的工作人员；（3）社会上招募的志愿者，乐于助人，有社会工作、心理学等专业背景者优先考虑。

（三）进度安排

开展“被爱包围，向家庭暴力说不”系列活动，采用专业服务与社区倡导相结合的方法，其具体内容如下。

1. 团体社会工作

主办单位：基层妇联组织。

带领人：具有社会工作、心理咨询相关从业经验的工作人员或社会招募的志愿者。

(1) 团体活动设计一："爱与抉择：留下或离开?"

团体目的：协助处于家庭暴力危机中的妇女，勇敢面对自己的婚姻，以新的姿态看待婚姻中的自己。与其他有类似经历的人，相互合作支持，共同探讨摆脱暴力可能采取的应对方式及影响，在"留下或离开"的抉择中找到自己的答案。

团体成员的招募：团体对象为有家庭暴力问题的妇女，约8～12人，居住在相应地区，能够全程参与者优先考虑。招募方式为推荐前往妇联权益部、信访处咨询家庭暴力相关问题的妇女参与（可采用电话联系等方式向过往进行过此类咨询的妇女推荐），网站发布信息，社区宣传。招募过程应重点强调受暴妇女申请信息的保密性。请申请人注明报名方式、报名日期及联络方式，填写报名表（遭受家庭暴力的基本情况、参与意愿等）。

团体活动日期：从开始活动到结束，每周一次，每次2～2.5个小时，计八周。

团体活动地点：妇联会议室。

团体活动内容：

第一次：爱情与迷茫：我是谁，我的婚姻故事，我的困惑，我对团体的期待。

第二次：爱情的拐点：共同讨论家庭暴力的出现、成因、影响及现有应对途径。

第三次：爱情练习题：检视婚姻家庭中的自己及他人（自我察觉、角色、定位）。

第四次：爱情变奏曲：我的婚姻怎么了？探讨婚姻中常见问题及应对冲突的方式。

第五次：关于留下：留下的理由，留下可能面临的挑战，留下的自我保护。

第六次：关于离开：离开的理由，离开可能面临的挑战，离开的途径探讨。

第七次：关于答案：我和丈夫，我和孩子，我和支持我及能够提供支持的那些人。

第八次：姐妹情深：团体回顾，我的人生，我的未来，大家的祝福。

(2) 团体活动设计二："雨后彩虹：创痛后的新生。"

团体目的：协助准备摆脱或已经摆脱家庭暴力的妇女，勇敢面对自己的新生活，以新的姿态看待自己，重建对婚姻的信心及对未来生活的希望。与其他有类似经历的人，相互合作支持，共同成长并规划未来。团体成员的招募、活动日期及地点，参见团体活动设计一。

团体活动内容：

第一次：爱情路上：我是谁，我的婚姻故事，我对未来的困惑，我对团体的期待。

第二次：爱情后遗症：共同讨论家庭暴力经历对未来婚姻可能产生的影响。

第三次：爱情练习题：检视自己及成员的婚恋观（自我察觉、角色定位）。

第四次：爱情的困惑：分享困惑，借助头脑风暴解答困惑，自己对困惑的看法。

第五次：爱情不是全部：关于生活中自信的重建，我的事业，我的成就。

第六次：关于随缘：主动与被动，积极与消极，你会如何行动?

第七次：你能行：讨论婚姻中的常见问题，如何面对冲突，如何进行自我肯定练习。

第八次：姐妹情深：团体回顾，我的人生，我的未来，大家的祝福。

2. 个案社会工作

妇联权益部、信访处在接待受暴妇女时，可以考虑为有需要者提供后续追踪服务，保证咨询服务的连续性，增强妇女摆脱家庭暴力的信心。

3. 走进校园——亲密关系及家庭暴力防治宣导讲座

可倡导高校进行类似讲座，引起青年群体对亲密关系暴力的关注，讨论恋爱婚姻关系中常见的问题及积极的应对方式，协助青年群体更好地认识家庭暴力对家庭、对社会的危害。

4. 社区倡导

（1）无暴力社区——家庭暴力防治宣传周。

每年开展一次家庭暴力防治宣传周，通过社区板报、博客、网站、横幅等手段在社区进行家庭暴力防治的相关知识宣传。

（2）我和我的家——婚姻家庭作品征集活动。

在社区工作站或居委会开辟专栏，展示大家的作品，由社区居民投票评选出年度优秀作品，颁发奖状，并有机会成为该年度社区形象的代表。

（3）家庭工作坊——社区工作站与你肩并肩。

社区工作站开展“家庭工作坊”服务，为有需要的家庭提供以家庭为整体的咨询服务，服务对象及其家庭成员将共同参与咨询服务的全过程，由原先服务对象单一求助，转变为服务对象及愿意参与服务过程的家庭成员为服务对象问题的解决共同出谋划策、各司其职，充分调动原有家庭社会支持系统的作用，强化社会工作干预效果。

五　项目评估

评估主要采用参与式评估方法，使用问卷、量表、访谈、座谈会等方式。

（1）团体活动采用前测问卷和后测问卷，校园宣导可考虑采用问卷反馈或感想反馈（每位参与者用纸写下自己的感想，交给演讲者）的形式。

（2）社区宣传短期内较难见到明显成效，可由社区干部定期向社区居民寻求意见反馈，“家庭工作坊”同样可进行前测问卷和后测问卷的评估。通过评估，为长期开展方案中的相应社会工作实践活动提供修正意见。

六　预期效果

方案预期成果主要包括以下四个方面。

（1）借由团体社会工作，能协助受暴妇女勇敢面对自己的婚姻，勇敢面对自己的生活，以新的姿态看待自己，重建对婚姻的信心及对未来生活的希望。以上团体活动可作为长期项目，从而协助更多受暴妇女，缓解家庭暴力对女性造成的侵害，推动家庭暴力防治事业发展。将团体社会工作引入妇联日常工作范畴，也可被视为妇联在服务提供专业化方面的创新。

（2）社区可通过家庭暴力宣传周、作品征集活动增加社区工作亮点，通过“家庭工作坊”实现婚姻家庭问题调解的方法创新。

（3）专业服务与社区宣导相结合的方法，对于宣扬反对家庭暴力、提高公众正确处理家庭暴力的能力，具有正面引导作用。

（4）以上活动均具有可持续性，活动内容可依据年度目标进行调整，活动成本也较小，均可发展为长期项目。

参考文献

[1] 宋志远．NGO组织网络的成员参与和权力分配的结构分析：以“反对家庭暴力网络”为例．中国非营利评论，2007（1）.

[2] 高小贤．整合资源，建立县、乡反家庭暴力的支持性社会环境：陕西妇女理论婚姻家庭研究会合阳项目介绍．妇女研究论丛，2003（4）.

[3] DuBois，B. L. & Miley，K. K. *Social Work*：*An Empowering Profession* (7th Edition). MA：Allyn and Bacon，2010.

[4] 陈树强．增权：社会工作理论与实践的新视角．社会学研究，2003（5）.

[5] Rappaport，J. In Praise of Paradox：A Social Policy of Empowerment Over Prevention. *American Journal of Community Psychology*，1981（1）.

[6] 刘淑娟．增权理论视阈下针对妇女家庭暴力研究．东北师范大学学报（哲学社会科学版），2010（6）.

[7] Gutierrez，L. M.，Parsons，R. J. & Cox，E. O. *Empowerment in Social Work Practice*：*A Sourcebook*. Pacific Grove，California：Brooks/Cole Publishing Company，1998.

[8] 石彤．对受暴妇女服务的整合模式．妇女研究论丛，2010（4）.

（案例来源：南京大学社会学院孙睿雯。）

温馨调解室社会工作实务项目

一 项目背景

婚姻和谐是社会和谐的重要组成部分，婚姻和谐对于推进社会经济发展，减少社会不稳定因素具有重要意义。金坛妇联在和谐家庭的建设中，对婚姻和谐做了大量的推动工作。一方面注重舆论宣传的正面引导作用，树立了全国、省五好文明家庭典型，营造了良好的舆论氛围；另一方面更注重从微观方面剖析婚姻问题、家庭矛盾，通过各种方式，发挥妇联职能作用，促进婚姻家庭矛盾的解决，其中温馨调解室已成为妇联解决婚姻矛盾，促进家庭和谐的重要阵地。

温馨调解室针对性强，其主要目标是解决问题家庭的婚姻矛盾。一是致力于恢复夫妻双方的和谐关系，为社会来访人员中夫妻感情尚未破裂的矛盾夫妻进行心理疏导，分析婚姻问题产生的根源，促使这类夫妻重归于好。二是对社会来访妇女中夫妻感情确已破裂者提供咨询服务，维护妇女儿童的合法权益，帮助其解脱痛苦。三是接受法院的委托调解和邀请调解，充分发挥妇联组织在处理婚姻家庭案件中的独特作用，全面保障家庭成员的民事权利，缓解家庭矛盾，节约诉讼成本，促进家庭和睦。四是发挥温馨调解室的延伸功能，开展法律咨询和宣传教育工作。

温馨调解室社会工作实务项目由人民调解发展而来，并将人民调解与行政调解、司法调解结合起来，通过公检法职能部门搭建专业的调解平台，提高妇联调解工作的权威性和实效性。同时注重调解环境的营造，在妇女儿童之家创建中开辟了市、镇、村（社区）三级温馨调解室，将妇联的工作优势融入到相关司法程序中去，取得了显著的效果。温馨调解室以淡雅、温馨的装饰，以宁静祥和的气氛让广大妇女更真切地感受“娘家人”温馨、专业、实效、便捷的服务，处处体现出浓厚的人文关怀。

二 项目基本信息

温馨调解室设立在妇女儿童之家中，将人民调解工作与妇联组织的办信接访、普法教育、实事维权相结合，通过对案件的主动介入、全程参与、跟踪督办，变事后维权为事前维权，变单一的劝导宽慰为努力争取合法权益最大化，以构筑社会各方参与的全方位、立体化维权网络。

（一）服务对象

温馨调解室的接待对象主要分为两类：一是直接因婚姻家庭纠纷到各级妇联寻求帮助的妇女；二是诉调对接、公调对接中的当事人。

（二）人员设置

温馨调解室属公益性质，不收取任何费用。要充分发挥人民调解工作室的作用，人员配置尤为重要，既要保证调解人员数量，更要保证调解人员质量。各地妇联都十分重视调解室的人员组建。金坛妇联在调解室的组建上，特别注重整合社会资源，吸纳了一批法律知识丰富、热心婚姻家庭工作的专业人士参加，成立了女法律工作者志愿者队伍。这支队伍共 28 人，其中公安机关女警官 4 人、检察院女检察官 5 人、法院女法官 8 人及女律师 10 名，同时配备女心理矫正咨询师 1 名。这些女法律工作者、咨询师大多具有多年的办案经验，善于做调解工作，同时热心公益事业，愿意为温馨调解室无偿贡献自己的力量。

（三）机构设置

金坛温馨调解室办公室设立在金坛市妇联。市级温馨调解室设置在妇联妇女儿童活动中心，村（社区）温馨调解室设置在相应的妇女儿童活动中心。为了营造温馨的调解环境，金坛妇联在调解室的布置中强化了中国的传统家庭文化的氛围，使前来寻求帮助的当事人能够充分感受到和谐家庭的美好。同时妇联与公检法司等部门进行沟通，定期安排女法律工作者的志愿者值班，确保来访人员随时能得到有效的帮助。

三 需要分析

近年来，离婚纠纷呈稳步上升趋势。从宏观方面考察，全国离婚率连续7年递增，在法院部门办理的民事纠纷受理案件中，离婚案件也占了相当的比例。离婚纠纷的不断增加，对和谐社会发展的影响是显而易见的，婚姻矛盾的直接受害者不仅仅是夫妻双方，同时还会祸及家庭中的子女和其他成员，甚至会演变成严重的家庭暴力和恶性犯罪事件。婚姻矛盾严重危害子女的身心健康，是导致青少年犯罪的一个重要原因。在常州地区（5个区2个县级市）近年来法院受理的未成年人犯罪案件中，80%左右的青少年犯罪都根源于家庭矛盾。父母离异或是父母感情不和是导致子女在长期的家庭纠纷中性格扭曲、缺乏管教并渐渐走上了犯罪道路的直接原因。例如金坛在2006年发生了一起极端的未成年人犯罪案件。张某系该市初三学生，父母婚姻关系不和并离婚，张某随母亲生活，由于长期在父母的打骂争吵中生活，张某的性格日趋扭曲，最终不满母亲严厉的管教而残忍地杀死了自己的母亲。除了对家庭中未成年人产生负面影响，夫妻双方在矛盾的不断升级中，也容易发生家庭暴力甚至演变成刑事案件。近年来，许多媒体都报道了因婚姻纠纷引发的各类刑事案件，有些社会影响十分恶劣，全社会对于这类问题的关注度越来越高，各级妇联组织也越来越关注婚姻矛盾的解决并致力于以家庭单位的和谐促进社会的和谐稳定，因此温馨调解室应运而生。温馨调解室总的来说可以满足服务对象的以下需要。

（一）疏导的需要

在项目运作过程中，一些服务对象并无感情破裂等严重的婚姻家庭纠纷，矛盾仅源于家庭琐事，当事人需要的仅仅是情绪上的疏导。温馨调解室通过宽松、温馨的环境和专业调解员的劝慰在一定程度上能满足许多服务对象的情绪疏导需要。

（二）婚姻家庭关系恢复的需要

对于婚姻家庭出现问题但夫妻感情并未破裂的夫妇，温馨调解室能够满足他们恢复婚姻家庭关系的需要。如秦某诉求离婚案件，夫妇双方仅仅因为家庭支出等琐碎小事而矛盾不断。对此，温馨调解室将重点放在婚姻家庭关系的恢复上，最终使得这起诉至法院的案件得以撤诉。

（三）解除婚姻关系的需要

一些案件中，服务对象的感情确已破裂，婚姻已经成为双方痛苦的根源，但是由于子女抚养、财产分割等问题，双方在危机婚姻中互相折磨。对于这些服务对象来说，亟须中间调解人温和地化解矛盾，促成婚姻关系的解除。

（四）婚姻家庭关系解除过程中未成年人利益实现最大化的需要

妇联不仅关注妇女权益的保障，也注重未成年人权益的保护。婚姻家庭矛盾，往往涉及未成年人的权益，对此，温馨调解室在一定程度上将服务对象的子女权益纳入工作范畴，能够满足未成年人利益最大化的需要。

四 项目实施过程

具体实施过程分为以下三个阶段。（如图 3—8）

（一）筹备阶段（2010 年 1 月—2010 年 12 月）

妇女儿童之家在创建中明确了温馨调解室工作的指导思想、总体目标。综治办、公检法司等单位的配合，形成合力并联合出台了系列制度性文件，将妇联调解室的工作规范化、制度化、日常化。先后联合出台了《关于建立婚姻家庭矛盾纠纷诉调对接机制的工作意见》、《关于建立婚姻家庭矛盾纠纷公调对接机制的工作意见》、《关于成立金坛市妇联人民调解委员会的通知》、《温馨调解室调解人员工作职责》。同时建立了市、镇、村（社区）三个层面的调解工作例会制度和联席会议制度，定期听取、研究、部署工作，协调问题，实现调解工作效益最大化。

（二）实施阶段（2011 年 1 月—2011 年 12 月）

自上而下开展妇女儿童之家创建工作的同时，开展温馨调解室的组建，完善人员设置、机构设置和职能运作程序。

1. 更新调解工作范畴和流程

与法院加强协调，接受法院的委托调解和邀请调解。将人民法院在案件纠纷受理前后、开庭审理前、庭审中以及执行阶段的案件均纳入妇联接受调解或者接受邀请调解的范畴。对人民法院受理的离婚纠纷等涉及妇女权益的案件，如果可以适用简易程序审理，并且事实清楚、情节简单、有调解可能的，则人民法院在征得双方当事人同意后，可按照法定程序，委托温馨调解室进行调解。委托调解时应当向妇联组织出具书面委托函，并将诉状、答辩状及证据材料的复印件随函移送至妇联人民调解工作室办公室。妇联在接受委托后，由人民调解工作室女法律工作者的志愿者依据事实和法律，寓情寓理进行调解。调解室工作人员在调解过程中应当按照《中华人民共和国民事诉讼法》、《中华人民共和国婚姻法》等法律法规做好委托调解并做好调解结果的确认工作。妇联组织接受的委托调解案件的期限不计入审限，但原则上不超过一个月，如果在处理的过程中发现案情复杂，则应及时移交法院相关庭室进行处理并向人民法院出具调解终结书，同时将调解笔录及其他调解期间形成的相关材料一并移交人民法院。调解成功的，则以妇联人民调解的名义制作调解协议。调解协议由双方当事人及其诉讼代理人签名、盖章或者捺印，经人民法院审核确认后，即发生法律效力。除了接受法院的委托调解，金坛妇联还推荐了妇联的部分干部作为人民陪审员，接受法院的邀请调解和陪审工作，发挥妇联优势，密切配合，形成合力，共同研究和解决疑难复杂婚姻家庭案件中出现的重大问题。

2. 创新联合培训制度

为进一步提高调解员的调解水平和对接能力，我们通过三条途径创新联合培训制度。

一是请进来学。建立了调解员年度培训计划及工作制度，对调解员进行集中和个别培训，增强调解员化解各类纠纷矛盾的底气和保障社会和谐的能力。

二是走出去学。不定期组织妇联调解员旁听法院依法公开审理的各类案件，通过旁听、思考、评议和总结交流，逐步提高调解员综合业务素质和依法处理纠纷的能力。同时将20名政治素质较高、工作经验丰富、具有一定协调能力的妇联干部，调整到婚姻家庭纠纷调解员队伍中，加强温馨调解室工作队伍的力量。

三是就地学。邀请人民法院对调解未成功的案件进行巡回审理，巡回法庭可设在案件所在镇、村（社区）或其他适宜地点进行，帮助调解员分析调解未成的原因并答疑解惑。

3. 新建优先审执反馈制度

凡涉及温馨调解室调解的案件一律适用优先程序。对当事人及其诉讼代理人提出的依职权调查、调档取证等诉讼要求，法院一律优先审理与执行。对妇联出具的调解协议，除有法定无效情形外，在两个工作日内确认法律效力。对妇联调解未成功的案件，在审理终结后向相关妇联组织寄送生效的裁判文书，并就案件审理中发现的问题提出建议。

（三）推进阶段（2012 年 1 月至今）

在妇女儿童之家实现全覆盖的基础上，全面实现市、镇、村（社区）温馨调解室的全覆盖工作。结合妇联工作，有针对性地开展法律咨询和法制宣传活动。以村、社区、女企业家企业为宣传阵地工作，在重大节点举办大型法律咨询活动，定期走进社区进行普法宣传，针对金坛劳动密集型企业中女职工较多，平均受教育程度较低的特点，由妇联组织女志愿者走进企业进行授课，增强女职工的维权能力。

五 项目评估

该项目的评估方式主要依据调解成功率，同时关注社会效果。

2010 年以来各级妇联组织依托妇女儿童之家的创建，已成立 56 家温馨调解室，调解各类纠纷 800 余起，其中市妇联依托温馨调解室开展法院诉调对接案件 45 起，调解成功秦某离婚案等 34 件，其中深入当事人家中调解 15 件次，到高淳监狱开展调解 1 件次，维权效能大幅提高。

除了调解成功率高，温馨调解室也取得了良好的社会效果。

图3—8 温馨调解室工作的开展

左上图，任命公检法司等法律工作者为人民调解员；右上图，省妇联来金坛调研听取调解工作联席会；左中图，基层温馨调解室正在开展调解工作；右中图，金坛妇联开展调解员培训班；左下图，妇女调解员在认真听课；右下图，“三八”节期间在春风社区开展法制宣传。

（1）以案释法，维权工作更活。总结温馨调解室中的典型案例，在中国妇女网、《江苏法制报》和金坛电视台等媒体发表评析、评论，教育和引导广大妇女增强自身维权能力。各级妇联调解员通过诉调对接实践进一步了解了司法程序，创造性地摸索出了“引导法”、“感化法”、“社会帮助法”、“利弊分析”等多种调解方法，以法服人，以情动人，为已经激化的矛盾找到了冷静处理的渠道，使维权工作活了起来。

(2) 重点帮教，关注弱势群体利益。将调解过程中的弱势群体纳入金坛开展的“心系贫困母亲、情暖特困家庭”、“爱心妈妈”、“春蕾计划”等系列活动中。通过妇联的“爱心助困基金”、教育的“阳光爱心救助基金”、慈善的“周氏志成冠军奖学助学基金”、企业的“晨风工友爱心基金”等传递关爱。同时，制定了专门的工作制度和工作台账，适时提出有效措施对这些困难家庭实施对口援助。如：直接与相关部门联络，通过行政管理部门公共职能权力帮助符合条件的困难家庭办理最低生活保障；对离婚后子女受教育困难的家庭，通过多种渠道联络资助者予以资助；对家庭成员有重大疾病或严重残疾的家庭送上慰问款等。通过这些物质帮助，让深陷困难的妇女群众感受到国家和社会的关心，从而减少不和谐因素，营造和谐氛围。

六 经验与反思

(一) 经验总结

1. 深化了妇联对危机婚姻的恢复作用

温馨调解室的机构性质使得它对危机婚姻的恢复作用更强，更有利于通过对危机婚姻的法律指导和心理辅导来促进婚姻关系矛盾双方的和好。人民调解室不是政府工作机构，而是政府简政放权的一个群众性组织，依旧是妇女的娘家，更容易为妇女接受。由于其组织的民间性（私立性）、非营利性、自治性和志愿性，调解室侧重于与当事人之间的情感交流，同时，调解室的工作人员均为通过司法考试又具有多年从事法律工作经验的女性，善于做沟通和调解工作，对许多危机婚姻的矛盾化解作用显著，她们说情说理并在法律的框架内解决纠纷，在情理法的糅合中，当事人更容易摆脱对公权力机关（如法院）的恐惧和抵触，从而理性地接受调解建议。

2. 帮助感情破裂的夫妻双方认清矛盾，摆脱困境

为感情确系破裂的夫妻提供法律帮助或者直接调解离婚。温馨调解室

工作属于人民调解的范畴，其无论是在调解环境还是在调解人员的配置上都让当事人更为放松。调解员可以在法的基础上分析案情，分清责任和是非，着重讲情讲理。对处于弱势地位的妇女群体，调解通过直接介入维护其权益，显示出比强制性的判决更直接的效果和优势。一方面为当事人省去了到法院打官司的复杂流程，大大节约了当事人的时间和精力；另一方面为当事人节约了诉讼成本。人民调解具有公益性，几乎不需要当事人支付任何费用就能够解决婚姻矛盾，如果调解离婚，经法院确认的调解协议则具有和法院判决书一样的效力。最后，在调解的过程中，调解员更注重家庭成员之间关系的恢复，调解员即使建议感情确已破裂的双方离婚，也会与离婚双方进行沟通，就子女的抚养和管教问题、双方家庭的矛盾和解进行警示与疏导，预防离婚带来的系列负面效应。

3. 发挥了妇联的宣传和维权咨询服务功能

一方面，能够借助调解室的人员配置优势定期不定期举办各类义务宣传和法律咨询活动，宣传健康的婚姻观和家庭观，普及维权知识。另一方面，对于需要到法院起诉离婚的比较复杂的案件，调解室会根据案件的需要对弱势群体进行必要的法律援助。

（二）项目反思

由于温馨调解室还处于起步阶段，存在着许多不足之处。

（1）调解员的来源和素质还需要进一步提高。一方面妇女法律志愿者队伍虽然是公益性质的，但由于成员都有本职工作，不可能抽出大量的时间参与温馨调解。同时在基层，妇女干部工作纷繁，开展温馨调解的精力有限，而且调解的专业能力也有限，这已成为限制温馨调解深入开展和广泛开展的瓶颈。

（2）缺乏经费保障来实现温馨调解室长期有效运转。温馨调解室具有公益性质，这就涉及经费保障问题。由于不能向服务对象收取费用，全市各级温馨调解室的运转依赖当地政府组织，有些温馨调解室由于资金缺乏成为制度摆设而陷于瘫痪。

（3）缺乏鼓励机制。由于温馨调解室的公益性质，采取措施鼓励更多的人参与这项工作成为其广泛发展的重要因素。

参考文献

[1] 刘江江. 人民调解法治新论. 北京：中国政法大学出版社，2012.

[2] 王恒勤. 人民调解理论与实务. 北京：中国政法大学出版社，2011.

[3] 郭建安，郑霞泽. 社区矫正通论. 北京：法律出版社，2004.

（案例来源：常州金坛市妇联朱珍娣、钱永锋、汤丽娜。）

沙盘游戏工作室

一 项目背景

为了更好地为社区家庭及青少年提供服务，探索并验证适合社区特点的青少年心理保健服务的办法，研究问题家庭及问题儿童的个性化辅导模式，南京玄武区锁金村万家帮家园和谐促进中心联合锁金村街道计划生育协会、关工委、妇联等有关部门自2008年4月起在社区建立了沙盘游戏工作室，配置了沙盘及沙具，工作人员学习掌握了复旦大学及华南师范大学心理学博导申荷永教授及其团队的心理治疗方法，希望通过沙盘游戏来帮助服务对象认识自我，减轻压力，改善家庭关系和人际关系，促进个人发展和家庭和谐，并以此带动促进社区和谐。

本项目得到了玄武区计生局和关工委、南京市中小学生科技活动基金、锁金村街道办事处等部门的大力支持。2011年，我们在南京玄武区民政局开展的购买社会工作服务活动中申请到了项目活动经费，2012年获得江苏省慈善总会的资助，同时得到街道支持，扩大了服务阵地，增添了新的服务设备。

（一）理论基础

沙盘游戏是一种非语言的心理治疗技术，也是心理治疗的有力工具。它由瑞士的心理学家多拉·卡尔夫（Dora M. Kalff）创立。荣格学派沙盘游戏治疗的前身是“世界技术”（world technique），由英国的儿科医生玛格丽特·洛温菲尔德（Margaret Lowenfeld）在20世纪20年代末期发明。如今，在整个欧洲和美国，沙盘游戏已经找到了属于自己的位置。在过去，沙盘游戏主要被用于儿童心理治疗，现在已成为对成人、夫妻、家庭和团体进行治疗，实现个人成长，增进沟通以及解决问题的一种工具，被广泛使用。

沙盘游戏提供“自由与保护的空间”，在一个小小的盘子中，装有或湿或干的沙子，来访者可以在沙盘上自由使用小物件，创造出一个场景。来访者在心理咨询师的陪伴下，从沙具架上自由挑选沙具在装有细沙的沙箱里进行构建，运用触觉、视觉、听觉和嗅觉，将其最内在的意识和无意识想法、感觉变成物质的形式。通过运用积极的想象和创造性的游戏，把无形的心理事实以某种象征性的形式呈现出来。它创造了一个从无意识到意识、从心灵到物质、从非语言到语言的沟通桥梁。由于三维的视觉形式取代了语言沟通，因此绕过了来访者的心理防卫。来访者通常说不出自己的困难、痛苦、冲突的来源及解决方案，当这种困境发生时，沙盘游戏就提供了一个机会，让来访者可以用意象来呈现发生在个人内在或外在世界的各种状况，从而获得转化与治愈。

（二）工作理念

我们的理念是为居民提供公益性质的专业心理保健服务。

工作室建在社区，不仅面对需要心理治疗的人群，更多的是为心理健康和亚健康的居民提供心理保健服务。很多人或出于经济原因，或社会偏见的影响，在有了心理困惑的时候不能及时得到援助。而工作室建在社区，采取公益模式，降低了心理咨询的门槛。工作室建在居民家门口，没有围墙。孩子有了压力，放学后可以自己直接过来。因为对于儿童来说，那就是个游戏。他们可以通过游戏宣泄情绪、减轻压力，在积极想象中，学会沟通、改善关系。咨询师通过陪伴，观察游戏中呈现的情景，再与家长做深度交流，从而促成家庭成员之间的有效沟通。咨询师在整个过程中，始终是守护者、见证者。孩子及其家庭可以在咨询师伴随、见证的过程中共同成长。

二 项目基本信息

（一）服务对象

1. 直接服务对象

该项目直接服务对象为本街道居民，预计每年服务 400 人次。其中以青少年及其所在的核心家庭为主，兼顾单亲家庭、空巢独居老人等。

2. 间接服务对象

来访者的家庭为间接服务人群，数量应大于等于直接服务人群，暂定为直接服务人群的两倍。

（二）参与人员

（1）青少年及他们所在的核心家庭。

（2）单亲家庭。

（3）空巢及失独老人。

（4）有资质的志愿者。

前三项为服务对象，最后一项为服务者。

（三）时间

工作室全年定期开放，平时每周至少两天，根据需要可预约增加服务时间，每年暑期为小学生团体每周一、三、五全天开放。

（四）地点

南京市玄武区锁金一村5号二楼。

三 需要分析

随着社会的进步和经济的发展，人们需要承受的压力日趋增加。家庭是社会的基本细胞，孩子又往往是家庭中关注的核心，孩子的问题背后往往折射出家庭中的问题关系。而家庭和谐对整个社会的和谐至关重要。

本项目的服务对象以本社区的青少年为主。该群体普遍存在学业压力，该群体的父母都处于职场竞争阶段，常呈现焦虑状态，与孩子的亲子沟通容易产生问题。孩子因为大多为独生子女，家庭中少有同辈沟通条件，在与父母及外界沟通时亦容易发生对抗。

锁金村街道自2001年起就曾经尝试将心理保健服务引入为社区居民服务的范畴中。心理咨询专业人员曾做过谈话咨询、网络咨询、电话咨询，但服务对象的涉及面都比较窄，往往是有较大心理障碍的人才会悄悄前来。而且有的时候，特别在面对儿童时，仅仅面谈是难以沟通的。因此，2008年，我们选择在社区建立沙盘游戏工作室，用沙盘游戏这种非语言技术为社区居民提供心理保健服务。

四 项目实施过程

(一) 服务方式

本项目服务方式为：锁金村街道办事处提供硬件，如房子、办公家具等；锁金村万家帮家园和谐促进中心具体实施，招募有资质的心理专业工作者，以志愿者形式，通过个体沙盘游戏、团体沙盘游戏、小组工作等方式，为社区居民提供心理保健服务。工作人员上岗前均参加了专业课程的培训学习。

(二) 实施进度

该项目实施4年来，已有1 534人次接受了沙盘游戏心理保健服务，该受益人群以青少年为主，涵盖了人生发展的各个阶段。他们中年龄最大的已经84岁，年龄最小的才2岁。另有小组工作538人次。4年总计服务2 072人次。本项目工作已常态化，正以每年服务400人次以上运行。

(三) 个案介绍

1. 个体沙盘

(1) 儿童：我的噩梦消失了。

这是一个七岁小女孩的沙盘（如图3—9），一共只做了两次。家长带她来是因为她“总是做噩梦”。家长的焦虑状态引起了咨询师的关注。量表测试显示，该家长为中度焦虑。职场竞争压力引起家长的焦虑并影响到孩子。当家长明白是自己的焦虑情绪在影响孩子而非孩子本身有病时，开始调整自我情绪。两周后，孩子的噩梦完全消失。

图 3—9　一个七岁小女孩的沙盘

（2）作业拖拉的背后：从炸弹到星星的梦。

这是一个单亲家庭的二年级男孩作品（如图 3—10）。来咨询是因为学校所有老师对孩子进行负面评价，其中最主要问题是作业拖拉。家长情急之下采取暴力行为，孩子的作业完成情况越发拖拉，形成恶性循环。

图 3—10　一个二年级男孩的沙盘

在交流中咨询师了解到：因为婚姻破裂，家长面临生活和工作的双重压力，往往将压力投射到孩子身上。孩子的前几次沙盘中都有一个独特的“炸弹”（见图 3—10 的左图中的左下角黑色状物），而且不停重复把一切都炸光的动作。沙盘呈现了孩子内心的恐惧和冲突，这种冲突在沙盘中得以释放。

家长的焦虑量表测评显示为中度焦虑。当家长意识到自己的情绪对孩子的影响时，开始调整自己的情绪，改变行为，用正性评价取代对孩子的负性评价和暴力行为。

游戏过程快乐并放松。第六次会面时，家长提到孩子的作业拖拉状况已好转，老师的评价开始由负性转向正性，而家长的情绪趋向平和，焦虑程度减轻。

(3) 家长：我知道我们的问题在哪里了。

这是一个 11 岁男孩的沙盘（如图 3—11）。由于家长工作很忙，和孩子共处时间较少。所以孩子给沙盘取名为梦幻家园。

图 3—11　一个 11 岁男孩的沙盘

家长在看了孩子的沙盘之后，深受触动，意识到孩子的需要仅仅是希望能像史努比一样，一家三口坐在一起看电视。孩子对亲情的需要，对家长关注的需要在沙盘里得以完全呈现。

家长的思考促使其作出了行为的改变，尽量多抽时间陪孩子，亲子关系因此改善。很多家长在陪伴孩子游戏的过程中都能感受到，不但孩子在进步，自己也学到了很多东西。

（4）大学生：告别失恋，迈向未来。

这是一个22岁大四女生的沙盘（如图3—12），她在咨询师陪伴下对自我进行了探索，五次沙盘之后走出了长达两年的失恋阴影，重新回到了正常的生活轨道。

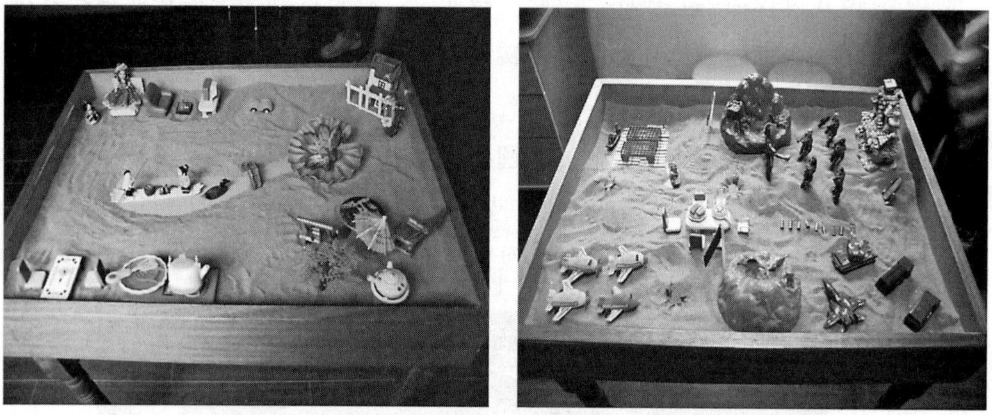

图3—12　一个22岁女生的沙盘

（5）离婚妇女：我的心结打开了。

这是一个49岁女性的沙盘（如图3—13），她离婚8年了。婚姻破裂造成的不安全感使她拒绝一切关心和帮助，从而失去了所有的朋友。孤独的她在非常无助的情况下前来求助。她的前三次沙盘如出一辙，反映了自己希望走出阴影广交朋友的愿望。经过治疗，她开始作出改变，下岗的她重新找了份工作，又变成一个快乐的人。她对咨询师说："我的心结打开了。"

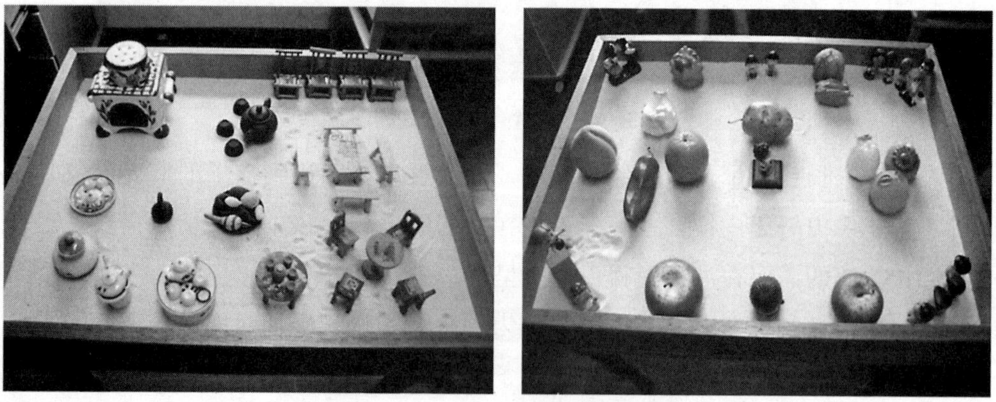

图3—13　一个49岁女性的沙盘

（6）空巢老人：夕阳无限好。

这是一个56岁女性的沙盘（如图3—14）。场景由不舍又无奈地看着离家到外地工作的孩子的背影，转换到悠闲自得高朋满座的生活。惆怅情绪得到处理，退休生活充满阳光。

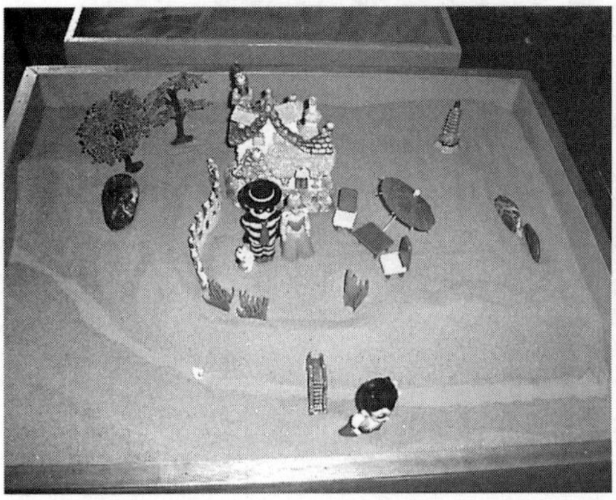

图3—14　一个56岁女性的沙盘

（7）归侨：社区的居民有福了。

一位青年女性归侨在春节回国探亲时慕名前来体验沙盘。回国后，她给咨询师发来邮件说："那个沙盘游戏我很喜欢，可以看到人内心的东西，然后改过。这个方法治疗大人非常直接，甚至好过谈话疗法。在你们那个社区里有这样的服务和帮助，是我没有想到的，我觉得你们小区的人有福了，又有支持你们的领导也是你们的福气。"

2. 团体沙盘

（1）规则和合作。

在2009年至2012年暑假期间，沙盘游戏工作室专为学生开设了团体沙盘专场，每周开放三天。孩子们在游戏中自行决定顺序，并按照规则轮流摆放。游戏培养了孩子们的团队合作精神，增强了遵守规则的意识。

（2）外来务工人员子女：我也是社区小主人。

图3—15中的小姑娘，是外来务工人员子女。看着她那灿烂的笑容，谁也想不到，5周之前，她还是一个不敢多说一句话，不敢多走一步路的孩子。在暑期团体沙盘游戏活动中，这孩子完全融入到群体之中，真正成

了社区小主人。

图 3—15　外来务工人员子女在玩沙盘游戏

3. 小组工作

（1）生命成长工作坊。

2011 年 5 月，我们举办了生命成长工作坊。带领老师对服务对象开放式提问关于生命成长过程中遇到的问题，如夫妻关系、亲子关系、家庭教育等影响到生命成长的问题，通过聆听、分享和交流，感受爱与尊重，引导服务对象提高自我认知。该活动深受服务对象欢迎。

（2）青少年成长小组。

2001 年 8 月，在团体心理治疗专家的带领下，我们为 12～18 岁的中学生举办了两期青少年成长小组活动。活动以动力学（精神分析）取向为背景，对团体成员的人际交往能力、学习动机、情绪宣泄、伤痛疗愈等进行干预。活动结束时，同学们纷纷留言表示自己的恋恋不舍，觉得收获最大的是学会了许多应对方法，解决了一些心理问题。

（3）老年心灵茶吧。

2012 年 3 至 6 月，我们在本中心及各社区邻里服务中心先后开展了老年心灵茶吧小组活动，共 52 次活动，参加人员 416 人次。心灵茶吧的举办为老人们提供了一个很好的交流平台，让他们真正感受到了来自社区的关爱。

五 项目评估

（一）目标达成情况

本项目设计之初，预计每年为社区居民提供心理保健服务 400 人次，现在项目实施 4 年，统计数据为总计超过 2 000 人次接受了服务，平均每年超过 500 人次，已全面达成目标。一些个案咨询工作初步收到了成效。特别是在帮助儿童减轻压力，改善与家长及同学的沟通上取得了较好效果。量表显示家长的焦虑减轻，亲子关系随之改善。儿童在游戏中学会了合作，获得了自信。

（二）成效评估

1. 社区居委会的支持力度

居委会工作人员对此项活动表示认可并大力支持，不但提供场地、茶水，还积极组织相关人员参加活动。

2. 社区居民的知晓度与参与度

社区居民对项目口口相传，曾发生过有个孩子在家被父亲打了，他很愤怒，自己跑到沙盘室来，在游戏中宣泄自己的情绪。还有的会介绍自己的邻居、同学等人员来。

3. 相关媒体的报道

江苏公共频道、江苏国际频道、江苏少儿频道、南京新闻台、湖南卫视、中央电视台中文国际频道、《扬子晚报》、《金陵晚报》、《现代快报》、《家教周报》等多家媒体相继对项目进行了采访报道。

4. 社会影响

沙盘游戏工作室成立以来，受到各方关注，接待了很多社会各界人士的参观来访（如图 3—16）。2009 年，本项目获南京市文明办的创新服务奖；2010 年，获南京市首届十佳社区优秀服务项目奖；2011 年，论文《沙盘游戏治疗一例：成人社交恐怖症的个案报告》被第 14 届全国心理学学术大会论文摘要集收录。

图 3—16　美国前驻华大使夫人在和咨询师及孩子们交流

5. “撬动”的社会资源

以万家帮家园和谐促进中心为平台，以沙盘游戏心理保健服务为主线，依托政府，整合社会资源，与多家公益组织、多所大学、多家心理咨询机构合作，为居民提供了专业服务。

6. 服务人群的满意度

凡享受过项目服务的人群，对服务均较满意。此外，还经常有人慕名而来。

家长表示，受益匪浅，看到了自己和孩子沟通时的不足。

参加小组活动的同学表示：活动相当有趣，可以激发自己的潜能；难得有与朋友如此坦诚交谈的机会，促进了互相了解，对他们的交际能力有所提升；解决了一些心理问题；学会了许多紧急或其他情况的心理应对方式，体验到了成长的快乐，激发出了探究的欲望，获得了自信的感觉；并且大家都很快乐，收获很多。他们对沙盘游戏的最多建议是，希望游戏时间久些再久些。

老年朋友通过互相分享生活经验和人生感悟，认识了更多的朋友，感受到友情与温暖的同时，也通过游戏等活动让自己心情愉悦，思维得到训练，在老年人之间形成相互理解和支持的力量。

六 经验与反思

万家帮家园和谐促进中心从心理保健入手，由政府搭台，机构运作，专业义工实施，为社区的家庭和谐做出了尝试。锁金村的实践证明，心理工作室建在社区有极强的生命力。

沙盘游戏工作室将心理学技术以社会组织的方式在社区落地生根，为将心理学应用于社会服务的实践做出了探索。沙盘游戏作为桥梁将专业的心理学知识、公益组织与社区服务有机地结合起来，成为现代社会工作方式上的一种创新发展模式。

前期沙盘游戏工作室以儿童为主，但在工作中我们发现，儿童和家庭密切相关，原生家庭对儿童的影响至关重要。另外，随着老龄化社会的提前到来，空巢独居老人、失独老人会越来越多，这个群体的心理状态不容忽视。因此，在今后的服务中，我们将加大对家庭及老人的投入。

该项目需要高素质的心理咨询专业人士，对专职人员和志愿者的要求很高，而高素质的心理咨询专业人士对费用的要求比较高。在市场上，多数心理咨询服务不仅是有偿的，而且价格不菲。因此，如何吸引高素质的心理咨询专业人士成为项目专职人员是项目以后发展扩大面临的难题。

参考文献

[1] [美] 博伊科，古德温．沙游治疗：心理治疗师实践手册．北京：中国轻工业出版社，2012.

[2] 伊娃·帕蒂斯·肇嘉．沙盘游戏与心理疾病的治疗．广州：广东高等教育出版社，2006.

（案例来源：南京玄武区锁金村万家帮家园和谐促进中心主任马桦；锁金村沙盘游戏工作室心理咨询师罗玉兰。）

苏州市“和谐家庭社区行”公益服务活动

一 项目背景

家庭是社会的细胞，婚姻是家庭的核心，没有稳定和谐的婚姻家庭，社会的基础将不再稳固。近年来，伴随着市场经济的深入和体制改革的深化，人们的伦理道德观念、价值取向发生了深刻变化，婚外恋、家庭财产纠纷、子女教育等问题越来越突出，婚姻家庭在结构、功能等方面发生了很大的变化。2011 年，苏州市妇联接待的来信来访中，75%以上是婚姻家庭问题。如何维持婚姻关系的稳定与和谐，怎样调节家庭内部的各种关系，遇到矛盾纠纷如何化解和缓和，成为本项目最关心的问题。

苏州市婚姻家庭健康指导中心是一个为妇女和家庭提供婚姻家庭、婚恋情感、子女教育、心理健康、依法维权等婚姻家庭生活各方面服务的公益性机构。中心的服务宗旨是缓解婚姻家庭矛盾，促进婚姻家庭健康发展，构建社会主义和谐社会。中心特聘 4 名资深专家顾问和近 40 名心理咨询师、律师、家庭教育专家组成苏州市婚姻家庭健康指导中心专家志愿团，设计开展苏州市“和谐家庭社区行”公益服务活动，把工作向社区和家庭延伸，让更多的妇女和家庭享受我们的贴心服务。

二 项目基本信息

苏州市“和谐家庭社区行”公益服务活动于 2010 年 3 月启动，以苏州 7 个城区的 10 个社区近 2 万户家庭为服务对象，以苏州市婚姻家庭健康指导中心专家志愿者团队成员为主体，联合妇联干部、社区工作人员，通过开展主题活动、专题讲座、个案辅导，提供心理咨询、家庭教育、妇幼保健、素质教育等服务，尤其是为不同层次家庭提供婚姻家庭关系指导服务，促进家庭人际关系的协调。

三 需要分析

根据近期苏州市调解中心统计，全市婚姻家庭矛盾纠纷调解占全市调解总数的29％，去年“80后”的离婚率达到了28％，与此共存的是，不少处于弱势的妇女在对待家庭内部的各种纠纷、矛盾、暴力时，没有选择合适的方式加以解决，更多的是忍气吞声，或直接离婚，而在离婚过程中又遭遇子女监护权难争取、共同财产不明确、家暴取证难等问题。

另外，作为中国第一代独生子女的主体，“80后”逐步步入婚姻，他们的婚姻家庭问题越来越引起社会关注。苏州市妇联通过抽样调查的方式，开展了对“80后”婚姻家庭状况的调研，结果发现，子女教育、家务分工、性格不合是“80后”婚姻家庭冲突的三大原因，“80后”婚姻家庭被住房、姻亲关系、子女抚养责任以及家庭财务等问题困扰，而家庭暴力、婚外情、同居关系则成为“80后”婚姻家庭产生危机的主要原因。

围绕新时期婚姻家庭呈现出的新情况、新问题，苏州市婚姻家庭健康指导中心关注时代变迁中的家庭变化，努力把握当代婚姻家庭发展的新特点、新规律，缓解婚姻家庭矛盾危机，促进婚姻家庭健康发展。中心坚持“关口前移、以人为本，教育引导、社区为本”的服务理念，积极应对家庭及社区发展的需要，有效利用中心城区分站网络，提供优质、专业的社会服务，以解决服务对象面临的家庭问题，提升社区居民家庭的生活品质和幸福指数。

四 项目实施过程

（一）服务方式

1. 开展服务需求调查

苏州市妇联设计了妇女群众对社区服务需求的调查问卷，2011年10月以来，已对城区的12个社区的4 464名社区居民开展了需求调查，并针对需求调查的数据，制作详尽、科学的社区居民状态数据分析报告，使服务有的放矢地贴近民心。

2. 开展家长心理体检和孩子综合状态测试

由中心聘请专家，深入农村、社区，为家长进行公益的心理体检，为孩子做免费的公益综合状态测评，并根据体检和测试的结果，对家长和孩子进行公益面询。

3. 开展居民面对面咨询服务

由中心派出专家志愿团成员，他们会在每周的指定时间为辖区居民提供面对面的咨询服务（如图 3—17）。

4. 开展专题讲座

紧扣与婚姻家庭建设相关的家庭教育、家庭美德、创业致富、妇女维权、心理疏导、妇幼保健等方面的服务内容，聘请知名专家进行多主题的系列公益讲座（如图 3—18）。

图 3—17　专家志愿团与居民面对面进行公益咨询服务

图 3—18　相城区开展相关主题活动

5. 编印《婚姻宝典》

调查显示，大部分“80 后”婚姻家庭所面临的家庭冲突和危机主要源于以下方面：一是婚前对婚姻家庭建设的必备知识缺乏；二是各自在婚姻家庭建设中的角色定位不清和责任意识不强；三是新婚夫妇在婚姻家庭关系中缺乏有效的沟通方法。今后五年，将是“80 后”进入婚姻的高峰期，对他们开展婚前家庭建设实务培训指导，对即将步入婚姻殿堂的年轻人进行夫妻沟通技巧、夫妻心理调适、婚姻危机处理等知识的指导，将有利于提高新一代婚姻家庭的健康幸福指数，有利于促进社会的和谐稳定。因此，中心专家志愿团成员精心编印了《婚姻宝典》一书。

（二）实施进度

2009年10月，成立苏州市婚姻家庭健康指导中心。

2010年3月，启动苏州市“和谐家庭乡村（社区）行”公益服务活动（如图3—19和图3—21）。

2010年9月，针对苏州拆迁过程中出现的情况，选取苏州高新区拆迁户家庭开展专题辅导，邀请专家专门讲授维权知识和沟通方面的技巧，引导他们依法诉求，树立健康心态及和谐家庭理念（如图3—20）。

图3—19 本活动启动仪式

图3—20 高新区开展相关主题活动

2010年共开展公益专题讲座29场。

2010年6月至2011年1月，针对“80后”婚姻家庭在社会上引起的广泛反响，以抽样调查的方式，对苏州市“80后”开展大规模抽样调查，发布了《苏州市“80后”婚姻家庭状况调研与对策建议》调研报告，分析和掌握了苏州市“80后”的婚姻家庭现状。

2011年9月，苏州市婚姻家庭健康指导中心在平江、沧浪、金阊三个城区设立分站，把中心的服务送到社区。

2011年9月，与爱心企业学大教育共同开展“和谐家庭社区行”公益服务活动。

2011年共开展公益专题讲座128场。

2011 年 5 月至 2012 年 2 月，为了更好地帮助新婚夫妇经营婚姻、建设幸福家庭，中心专家志愿团成员精心编印了《婚姻宝典》一书，专门面向新婚夫妇，尤其是“80 后”准夫妇进行婚前的“婚姻家庭入门指导”。2012 年 2 月初，全市维护妇女权益暨“平安家庭”创建工作推荐会上举行了《婚姻宝典》的首发仪式（如图 3—22），由婚姻登记处免费赠送给每对前来登记的新人。截至 2012 年 6 月底，《婚姻宝典》首批 10 000 册，已基本发放完毕，群众反响很好。

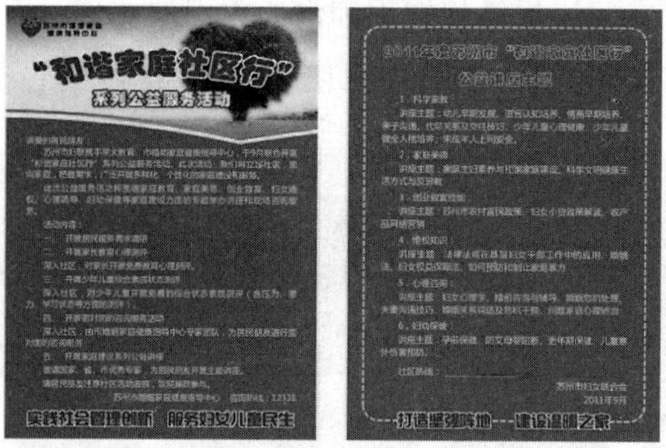

图 3—21 “和谐家庭社区行”系列公益服务活动宣传单

A02 要闻·聚焦

维护每个家庭的平平安安

苏州人的《婚姻宝典》昨首发

80 后急需上上婚姻家庭入门课

婚姻宝典，让爱走得更远

图 3—22 《婚姻宝典》媒体宣传

2012 年 2 月，中心注册成为民办非企业，成功转制成为社会组织。它将为探索新时期婚姻家庭健康指导服务运用社会工作方式，为全市家庭提供家庭处境化、家庭成员增能、家庭个别化和满足家庭成员需要的指导服务具有里程碑意义。

2012 年 3 月，中心在原有三个城区分站的基础上，在吴中区、相城区、高新区、园区设立了分站，全面拓展妇联组织参与社会管理的途径和领域，让更多的妇女和家庭享受我们的专业化、精细化的贴心服务，从而进一步保证了“和谐家庭社区行”公益服务活动的常态化。

2012 年 5 月 11 日，苏州市婚姻家庭健康指导中心一届一次理事会召开，宣布中心将朝着规范化、专业化、社会化和项目化的方向发展。

2012 年 6 月，得到上海银行的资助，再次印刷了 3 万册《婚姻宝典》，保障了年内登记的每对新婚夫妇拿到《婚姻宝典》。

五 项目评估

到 2012 年 6 月为止，“和谐家庭社区行”共举办了 324 场专家讲座，苏州市婚姻家庭健康指导中心专家志愿团自 2009 年成立以来，接受咨询 2 523人，开展典型心理个案 17 个，此外，开展了“80 后”青年婚姻家庭现状调研，编撰了婚姻家庭《幸福宝典》，在主流媒体上设立了专栏和专题，进行典型个案剖析 10 个，宣传文明先进的婚姻家庭文化。

“和谐家庭社区行”公益服务活动立足社区，以家庭和谐带动社区和谐，从而促进社会和谐，形成了多方共赢的格局。

一是妇女、家庭、儿童、社区能够从中直接获益。“和谐家庭社区行”公益服务在居民集中的社区开展活动，让妇女组织就近就便为妇女提供服务，让妇女能够直接感受到妇联组织的温暖，获得精神上的鼓舞。同时，从预防的角度来缓和婚姻家庭矛盾，协调人际关系，培养社区内居民的互助精神、公民意识、社会责任感，以家庭和社区的平安服务于社会的和谐稳定，因此，社区的接纳程度很高。

二是扩大了妇女组织的影响力。通过该活动，丰富了社区女性的知识，提升了她们的素质，传播了家庭美德和现代家庭建设新理念、新方法，延伸了妇联的工作手臂，扩大了工作覆盖面，把组织妇女、引导妇女、服务妇女、维护妇女儿童合法权益的各项工作真正做到了基层和妇女群众身边，使情况掌握在基层、感情融洽在基层、问题解决在基层、矛盾化解在基层、促进妇女发展的任务落实在基层、妇女工作活跃在基层。

三是打造妇女工作服务品牌。社会工作作为一种以助人自助为宗旨，运用各种专业知识、技能和方法协助个人、家庭、团体或社会调试关系、解决社会问题，并改进其生活或促进其福利的专门职业，在缓解社会矛盾、帮助弱势群体、增进生活和谐、加强人本关怀方面具有非常突出的作用，已成为现代社会发展中不可或缺的重要方面。“和谐家庭社区行”公益服务活动开展以来，借助专业的社会工作方法，提供专业化、个性化、多元化、人性化的服务，增强了服务的科学性、有效性和持续性，打响了苏州市婚姻家庭健康指导中心的服务品牌。

六 经验与反思

三年来，市妇联秉承社会工作理念，在参与社会管理中主动对接、主动作为，广泛争取专家、志愿者的热情参与，整合协调社会各类资源，从而使“和谐家庭社区行”公益服务活动的各项活动持续顺利开展了三年，打响了一个工作品牌，组建了一支服务队伍，形成了一种工作模式。特别是妇女社会工作以妇女为本、以需求定服务、多元化、长效化的服务理念，被全市各级妇女组织和妇联干部广为接受和运用，带来了妇联组织服务理念的深刻变化和服务技能的提高，实现了工作方法的突破、角色的转换。

(1) 在工作态度上，传统的妇女工作及其机构与服务对象是一种不平等的上下级关系；专业妇女社会工作强调助人者与受助者之间的平等、合作关系，强调专业服务过程中助人自助的原则。通过“和谐家庭社区行”公益服务活动的实施，苏州市妇联干部接受了社会工作等相关专业的训练。他们帮助他人解决困难的过程也是整理自己的思想，提高自己分析问题、解决问题能力的过程。妇女工作者的工作技巧和工作能力在项目实施中得到提升，而他们自身则在助人自助中得以成长。

(2) 在工作对象上，传统的妇女工作对象除了参政议政意识较强的女干部群体外，更多的是农村妇女、下岗女工、有困难的妇女、老年妇女等。大量知识女性、职业女性游离于妇女组织之外，她们对妇联组织的知晓率低、认可度不高。“和谐家庭社区行”公益服务活动以问题家庭为切入点，扩大到社区所有妇女、家庭，满足妇女群体的多元化需求。在活动中，专家、志愿者用专业化手法开展婚姻家庭咨询、人际关系调整、亲子教育、女性互助、情绪辅导等服务，吸引了不同职业、不同领域的女性，扩大了妇女组织连接妇女群众的广泛性，扩大了妇女工作的覆盖面。

(3) 在工作方法上，“和谐家庭社区行”服务活动在持续加强传统法律维权、心理疏导的同时，不断探索新的、有效的服务方式，逐渐形成以和谐文化、法制文化为引导，以个案咨询、专题讲座、主题活动、互动参与为载体的服务模式，在维护妇女法定权利的同时，以理服人、以情感人、以德动人，以文化的力量促进家庭的和谐、社会的稳定。

（4）在工作队伍上，“和谐家庭社区行”服务活动主要依靠苏州市婚姻家庭健康指导中心专家志愿团成员，虽然成员在法律、心理、家庭教育、妇幼保健等领域具有专业资质，然而，社会工作长期以来已经形成了一套专业理论和方法，社会工作者也是一个专门的职业，从这点来说，“和谐家庭社区行”服务活动还不是由专业社工来执行的。探索“妇工＋社工＋义工志愿者”模式的妇联领域社会工作方式方法，培育一支集妇女工作者、社会工作者和义工志愿者三方优势的专业队伍，是下一步工作的目标。

（5）在工作环境上，社会工作在国外发展较早。在我国，社会工作还处于刚刚兴起阶段，政府在认识上还不够到位，职能部门在推进社会工作发展的举措落实上还不够有力，对社会工作项目的认定还存在偏差，资金来源的渠道还不够广，妇女社会工作缺乏系统的理论来指导实践，这些制约因素都直接影响着妇女社会工作的发展。我们相信，随着社会的发展，社会工作的重要性必将被政府认可，被大众接受。“和谐家庭社区行”将在服务活动的执行中，边实践，边思考，边修正，主动承担由政府转移出来的社会管理职能，按照建设专业化、职业化的社工队伍要求，加快妇女儿童领域社工队伍建设，积极探索市场化、专业化、社会化的服务，把项目建成一个符合现代城市需要、具有区域特色、体现人文关怀的妇女儿童家庭服务项目。

（案例来源：苏州市妇联主席、苏州市婚姻家庭健康指导中心负责人谢建红。）

后 记

2011—2012年，江苏省妇联、江苏省男女平等宣传教育中心在全国范围内开展社会工作方案征集评选活动，共征集到来自全国各地社区社工、高校社工专业师生、妇联干部、各类社会公益组织及公益人士的以妇女、儿童、家庭为主题的工作案例近300个，经过初评、终评，评选出了一批优秀社会工作方案。为共享优秀成果，助推妇女社工实践，省妇联决定出版这本《妇女儿童家庭社会工作实务案例》。我们组织专家力量组成本书编委会，多次召开专题会议，讨论书稿体例，筛选优秀案例，选定案例模板，反馈作者修改，最终遴选出30个社会工作案例编入本书。

江苏省妇联领导高度重视、关心和支持本书的出版工作，多次听取工作汇报，协调解决相关问题；领导班子全体成员及各部门负责人担任评委，并为本书出版提出了宝贵意见。南京大学社会学院彭华民副院长为本书拟定了专业框架，还亲自帮助联系协调有关出版事宜；肖萍副教授在专题分类、模板修定、篇目筛选等方面给予了专业化的指导和把关；王丽、孙睿雯、李凯三位硕士研究生对入编方案进行了基础性修改。全书由省妇女研究所沈美华、刘希刚、徐振敏组织编辑，由江苏省妇联副主席李蓁、南京大学社会学院副院长彭华民、省妇女研究所所长沈美华统一定稿。

在此，向为本书出版贡献智慧、付出汗水的全体人员表示衷心感谢!

江苏省妇女研究所

2012年12月

图书在版编目（CIP）数据

妇女儿童家庭社会工作实务案例/江苏省妇女联合会组编．—北京：中国人民大学出版社，2012.12

21世纪社会工作案例教材

ISBN 978-7-300-16824-1

Ⅰ.①妇… Ⅱ.①江… Ⅲ.①妇女工作-社会工作-案例-中国②儿童-社会工作-案例-中国③家庭-社会工作-案例-中国 Ⅳ.①D669

中国版本图书馆CIP数据核字（2012）第299295号

21世纪社会工作案例教材

妇女儿童家庭社会工作实务案例

江苏省妇女联合会　组编

Funü Ertong Jiating Shehuigongzuo Shiwu Anli

出版发行	中国人民大学出版社		
社　　址	北京中关村大街31号	**邮政编码**	100080
电　　话	010－62511242（总编室）		010－62511770（质管部）
	010－82501766（邮购部）		010－62514148（门市部）
	010－62515195（发行公司）		010－62515275（盗版举报）
网　　址	http://www.crup.com.cn		
经　　销	新华书店		
印　　刷	北京玺诚印务有限公司		
规　　格	185 mm×260 mm　16开本	**版　　次**	2013年1月第1版
印　　张	21.25	**印　　次**	2021年6月第4次印刷
字　　数	298 000	**定　　价**	49.90元